入选福建省『十四五』普通高等教育本科规划教材项目

普通话水平测试指要

主　编　王勇卫　林华东

副主编　郑小雅

编　委　郑亚芳　郭泽青　陈燕玲　蔡育红　李凤吟　张晓琳　戴朝阳

厦门大学出版社
XIAMEN UNIVERSITY PRESS
国家一级出版社
全国百佳图书出版单位

图书在版编目（CIP）数据

普通话水平测试指要 / 王勇卫，林华东主编.
3 版. -- 厦门 ：厦门大学出版社，2025. 1. -- ISBN
978-7-5615-9621-0

Ⅰ. H102

中国国家版本馆 CIP 数据核字第 2024WP3405 号

责任编辑　曾妍妍
美术编辑　李夏凌
技术编辑　许克华

出版发行　厦门大学出版社
社　　址　厦门市软件园二期望海路 39 号
邮政编码　361008
总　　机　0592-2181111　0592-2181406(传真)
营销中心　0592-2184458　0592-2181365
网　　址　http://www.xmupress.com
邮　　箱　xmup@xmupress.com
印　　刷　厦门市金凯龙包装科技有限公司

开本　787 mm×1 092 mm　1/16
印张　14
字数　300 千字
版次　2004 年 8 月第 1 版　2025 年 1 月第 3 版
印次　2025 年 1 月第 1 次印刷
定价　42.00 元

本书如有印装质量问题请直接寄承印厂调换

厦门大学出版社
微信二维码

厦门大学出版社
微博二维码

目　录

国家语言文字工作委员会
国 家 教 育 委 员 会
广 播 电 影 电 视 部

（国语〔1994〕43 号）

关于开展普通话水平测试工作的决定

各省、自治区、直辖市语委、教委、高教、教育厅（局）、广播电视厅（局）：

《中华人民共和国宪法》规定："国家推广全国通用的普通话。"推广普通话是社会主义精神文明建设的重要内容；社会主义市场经济的迅速发展和语言文字信息处理技术的不断革新，使推广普通话的紧迫性日益突出。国务院在批转国家语委关于当前语言文字工作请示的通知（国发〔1992〕63 号文件）中强调指出，推广普通话对于改革开放和社会主义现代化建设具有重要意义，必须给予高度重视。为加快普及进程，不断提高全社会普通话水平，国家语言文字工作委员会、国家教育委员会和广播电影电视部决定：

一、普通话是以汉语文授课的各级各类学校的教学语言；是以汉语传送的各级广播电台、电视台的规范语言，是汉语电影、电视剧、话剧必须使用的规范语言；是全国党政机关、团体、企事业单位干部在公务活动中必须使用的工作语言；是不同方言区及国内不同民族之间的通用语言。掌握并使用一定水平的普通话是社会各行各业人员，特别是教师、播音员、节目主持人、演员等专业人员必备的职业素质。因此，有必要在一定范围内对某些岗位的人员进行普通话水平测试，并逐步实行普通话等级证书制度。

二、现阶段的主要测试对象和他们应达到的普通话等级要求是：

中小学教师、师范院校的教师和毕业生应达到一级或二级水平，专门教授普通话语音的教师应达到一级水平；

县级以上（含县级）广播电台和电视台的播音员、节目主持人应达到一级水平（此要求列入广播电影电视部部颁岗位规范，逐步实行持普通话等级合格证书上岗）；

电影、电视剧演员和配音演员，以及相关专业的院校毕业生应达到一级水平。

三、测试对象经测试达到规定的等级要求时，颁发普通话等级证书。对播音员、节目主持人、教师等岗位人员，从 1995 年起逐步实行持普通话等级证书上岗制度。

四、成立国家普通话水平测试委员会,负责领导全国普通话水平测试工作。委员会由国家语言文字工作委员会、国家教育委员会、广播电影电视部有关负责同志和专家学者若干人组成。委员会下设秘书长一人,副秘书长若干人处理日常工作,办公室设在国家语委普通话培训测试中心。各省、自治区、直辖市也应相应地成立测试委员会和培训测试中心,负责本地区的普通话培训测试工作。

普通话培训测试中心为事业单位,测试工作要合理收费,开展工作初期,应有一定的启动经费,培训和测试工作要逐步做到自收自支。

五、普通话水平测试工作按照《普通话水平测试实施办法(试行)》和《普通话水平测试等级标准(试行)》的规定进行。

六、普通话水平测试是推广普通话工作的重要组成部分,是使推广普通话工作逐步走向科学化、规范化、制度化的重要举措。各省、自治区、直辖市语委、教委、高教、教育厅(局)、广播电视厅(局)要密切配合、互相协作,加强宣传,不断总结经验,切实把这项工作做好。

国家语言文字工作委员会 国家教育委员会 广播电影电视部

1994 年 10 月 30 日

普通话水平测试等级标准（试行）

一级

甲等　朗读和自由交谈时，语音标准，词汇、语法正确无误，语调自然，表达流畅。测试总失分率在3％以内。

乙等　朗读和自由交谈时，语音标准，词汇、语法正确无误，语调自然，表达流畅。偶然有字音、字调失误。测试总失分率在8％以内。

二级

甲等　朗读和自由交谈时，声韵调发音基本标准，语调自然，表达流畅。少数难点音（平翘舌音、前后鼻尾音、边鼻音等）有时出现失误。词汇、语法极少有误。测试总失分率在13％以内。

乙等　朗读和自由交谈时，个别调值不准，声韵母发音有不到位现象。难点音较多（平翘舌音、前后鼻尾音、边鼻音、fu-hu、z-zh-j、送气不送气、i-ü不分、保留浊塞音、浊塞擦音、丢介音、复韵母单音化等），失误较多。方言语调不明显。有使用方言词、方言语法的情况。测试总失分率在20％以内。

三级

甲等　朗读和自由交谈时，声韵母发音失误较多，难点音超出常见范围，声调调值多不准。方言语调较明显。词汇、语法有失误。测试总失分率在30％以内。

乙等　朗读和自由交谈时，声韵调发音失误多，方音特征突出。方言语调明显。词汇、语法失误较多。外地人听其谈话有听不懂情况。测试总失分率在40％以内。

普通话水平测试大纲

（教育部 国家语委发教语用〔2003〕2 号文件）

根据教育部、国家语言文字工作委员会发布的《普通话水平测试管理规定》《普通话水平测试等级标准》，制定本大纲。

一、测试的名称、性质、方式

本测试定名为"普通话水平测试"（PUTONGHUA SHUIPING CESHI，缩写为PSC）。

普通话水平测试测查应试人的普通话规范程度、熟练程度，认定其普通话水平等级，属于标准参照性考试。本大纲规定测试的内容、范围、题型及评分系统。

普通话水平测试以口试方式进行。

二、测试内容和范围

普通话水平测试的内容包括普通话语音、词汇和语法。

普通话水平测试的范围是国家测试机构编制的《普通话水平测试用普通话词语表》《普通话水平测试用普通话与方言词语对照表》《普通话水平测试用普通话与方言常见语法差异对照表》《普通话水平测试用朗读作品》《普通话水平测试用话题》。

三、试卷构成和评分

试卷包括 5 个组成部分，满分为 100 分。

（一）读单音节字词（100 个音节，不含轻声、儿化音节），限时 3.5 分钟，共 10 分。

1. 目的：测查应试人声母、韵母、声调读音的标准程度。

2. 要求：

（1）100 个音节中，70％选自《普通话水平测试用普通话词语表》"表一"，30％选自"表二"。

（2）100 个音节中，每个声母出现次数一般不少于 3 次，每个韵母出现次数一般不少于 2 次，4 个声调出现次数大致均衡。

（3）音节的排列要避免同一测试要素连续出现。

3. 评分：

（1）语音错误，每个音节扣 0.1 分。

（2）语音缺陷，每个音节扣 0.05 分。

(3)超时1分钟以内,扣0.5分;超时1分钟以上(含1分钟),扣1分。

(二)读多音节词语(100个音节),限时2.5分钟,共20分。

1. 目的:测查应试人声母、韵母、声调和变调、轻声、儿化读音的标准程度。

2. 要求:

(1)词语的70％选自《普通话水平测试用普通话词语表》"表一",30％选自"表二"。

(2)声母、韵母、声调出现的次数与读单音节字词的要求相同。

(3)上声与上声相连的词语不少于3个,上声与非上声相连的词语不少于4个,轻声不少于3个,儿化不少于4个(应为不同的儿化韵母)。

(4)词语的排列要避免同一测试要素连续出现。

3. 评分:

(1)语音错误,每个音节扣0.2分。

(2)语音缺陷,每个音节扣0.1分。

(3)超时1分钟以内,扣0.5分;超时1分钟以上(含1分钟),扣1分。

(三)选择判断*,限时3分钟,共10分。

1. 词语判断(10组)

(1)目的:测查应试人掌握普通话词语的规范程度。

(2)要求:根据《普通话水平测试用普通话与方言词语对照表》,列举10组普通话与方言意义相对应但说法不同的词语,由应试人判断并读出普通话的词语。

(3)评分:判断错误,每组扣0.25分。

2. 量词、名词搭配(10组)

(1)目的:测查应试人掌握普通话量词和名词搭配的规范程度。

(2)要求:根据《普通话水平测试用普通话与方言常见语法差异对照表》,列举10个名词和若干量词,由应试人搭配并读出符合普通话规范的10组名量短语。

(3)评分:搭配错误,每组扣0.5分。

3. 语序或表达形式判断(5组)

(1)目的:测查应试人掌握普通话语法的规范程度。

(2)要求:根据《普通话水平测试用普通话与方言常见语法差异对照表》,列举5组普通话和方言意义相对应,但语序或表达习惯不同的短语或短句,由应试人判断并读出符合普通话语法规范的表达形式。

(3)评分:判断错误,每组扣0.5分。

选择判断合计超时1分钟以内,扣0.5分;超时1分钟以上(含1分钟),扣1分。答题时语音错误,每个错误音节扣0.1分;如判断错误已经扣分,不重复扣分。

(四)朗读短文(1篇,400个音节),限时4分钟,共30分。

1. 目的:测查应试人使用普通话朗读书面作品的水平。在测查声母、韵母、声调读音标准程度的同时,重点测查连读音变、停连、语调以及流畅程度。

2. 要求:

(1)短文从《普通话水平测试用朗读作品》中选取。

(2)评分以朗读作品的前400个音节(不含标点符号和括注的音节)为限。

3. 评分:

(1)每错1个音节,扣0.1分;漏读或增读1个音节,扣0.1分。

(2)声母或韵母的系统性语音缺陷,视程度扣0.5分、1分。

(3)语调偏误,视程度扣0.5分、1分、2分。

(4)停连不当,视程度扣0.5分、1分、2分。

(5)朗读不流畅(包括回读),视程度扣0.5分、1分、2分。

(6)超时扣1分。

(五)命题说话,限时3分钟,共30分。

1. 目的:测查应试人在无文字凭借的情况下说普通话的水平,重点测查语音标准程度、词汇语法规范程度和自然流畅程度。

2. 要求:

(1)说话话题从《普通话水平测试用话题》中选取,由应试人从给定的两个话题中选定1个话题,连续说一段话。

(2)应试人单向说话。如发现应试人有明显背稿、离题、说话难以继续等表现时,主试人应及时提示或引导。

3. 评分:

(1)语音标准程度,共20分。分六档:

一档:语音标准,或极少有失误。扣0分、0.5分、1分。

二档:语音错误在10次以下,有方音但不明显。扣1.5分、2分。

三档:语音错误在10次以下,但方音比较明显;或语音错误在10次—15次之间,有方音但不明显。扣3分、4分。

四档:语音错误在10次—15次之间,方音比较明显。扣5分、6分。

五档:语音错误超过15次,方音明显。扣7分、8分、9分。

六档:语音错误多,方音重。扣10分、11分、12分。

(2)词汇、语法规范程度,共5分。分三档:

一档:词汇、语法规范。扣0分。

二档:词汇、语法偶有不规范的情况。扣0.5分、1分。

三档:词汇、语法屡有不规范的情况。扣2分、3分。

(3)自然流畅程度,共5分。分三档:

一档:语言自然流畅。扣0分。

二档:语言基本流畅,口语化较差,有背稿子的表现。扣0.5分、1分。

三档:语言不连贯,语调生硬。扣2分、3分。

说话不足3分钟,酌情扣分:缺时1分钟以内(含1分钟),扣1分、2分、3分;缺时1分钟以上,扣4分、5分、6分;说话不满30秒(含30秒),本测试项成绩计为0分。

四、应试人普通话水平等级的确定

国家语言文字工作部门发布的《普通话水平测试等级标准》是确定应试人普通话水平等级的依据。测试机构根据应试人的测试成绩确定其普通话水平等级,由省、自治区、直辖市以上语言文字工作部门颁发相应的普通话水平测试等级证书。

普通话水平划分为三个级别,每个级别内划分两个等次。其中:

97分及其以上,为一级甲等;

92分及其以上但不足97分,为一级乙等;

87分及其以上但不足92分,为二级甲等;

80分及其以上但不足87分,为二级乙等;

70分及其以上但不足80分,为三级甲等;

60分及其以上但不足70分,为三级乙等。

* 说明:

各省、自治区、直辖市语言文字工作部门可以根据测试对象或本地区的实际情况,决定是否免测"选择判断"测试项。如免测此项,"命题说话"测试项的分值由30分调整为40分。评分档次不变,具体分值调整如下:

(1)语音标准程度的分值,由20分调整为25分。

一档:扣0分、1分、2分。

二档:扣3分、4分。

三档:扣5分、6分。

四档:扣7分、8分。

五档:扣9分、10分、11分。

六档:扣12分、13分、14分。

(2)词汇语法规范程度的分值,由5分调整为10分。

一档:扣0分。

二档:扣1分、2分。

三档:扣3分、4分。

(3)自然流畅程度,仍为5分,各档分值不变。

样 卷

一、读单音节字词(100 个音节,共 10 分,限时 3.5 分钟)。请横向朗读!

哲	洽	许	滕	缓	昂	翻	容	选	闻
悦	围	波	信	铭	欧	测	敷	闰	巢
字	披	翁	辆	申	按	捐	旗	黑	咬
瞥	贺	失	广	晒	兵	卦	拔	君	仍
胸	撞	非	眸	葬	昭	览	脱	嫩	所
德	柳	砚	甩	豹	壤	凑	坑	绞	崔
我	初	蔽	匀	铝	枪	柴	搭	穷	董
池	款	杂	此	艘	粉	阔	您	镁	帘
械	搞	堤	捡	魂	躺	瘸	蛙	游	蠢
固	浓	钾	酸	莫	捧	队	耍	踹	儿

二、读多音节词语(100 个音节,共 20 分,限时 2.5 分钟)。请横向朗读!

国王	今日	虐待	花瓶儿	难怪	产品
掉头	遭受	露馅儿	人群	压力	材料
窘迫	亏损	翱翔	永远	一辈子	佛典
沙尘	存在	请求	累赘	发愣	外面
酒盅儿	似乎	怎么	赔偿	勘察	妨碍
辨别	调整	少女	做活儿	完全	霓虹灯
疯狂	从而	入学	夸奖	回去	篡夺
秧歌	夏季	钢铁	通讯	敏感	不速之客

三、朗读短文(400 个音节,共 30 分,限时 4 分钟)

在浩瀚无垠的沙漠里,有一片美丽的绿洲,绿洲里藏着一颗闪光的珍珠。这颗珍珠就是敦煌莫高窟。它坐落在我国甘肃省敦煌市三危山和鸣沙山的怀抱中。

鸣沙山东麓是平均高度为十七米的崖壁。在一千六百多米长的崖壁上,凿有大小洞窟七百余个,形成了规模宏伟的石窟群。其中四百九十二个洞窟中,共有彩色塑像两千一百余尊,各种壁画共四万五千多平方米。莫高窟是我国古代无数艺术匠师留给人类的珍贵文化遗产。

莫高窟的彩塑,每一尊都是一件精美的艺术品。最大的有九层楼那么高,最小的还不如一个手掌大。这些彩塑个性鲜明,神态各异。有慈眉善目的菩萨,有威风凛凛的天王,还有强壮勇猛的力士……

莫高窟壁画的内容丰富多彩,有的是描绘古代劳动人民打猎、捕鱼、耕田、收割的情景,有的是描绘人们奏乐、舞蹈、演杂技的场面,还有的是描绘大自然的美丽风光。其中最引人注目的是飞天。壁画上的飞天,有的臂挎花篮,采摘鲜花;有的反弹琵琶,轻拨银弦;有的倒悬身子,自天而降;有的彩带飘拂,漫天遨游;有的舒展着双臂,翩翩起舞。看着这些精美动人的壁画,就像走进了……

四、命题说话(请从下列话题中任选一个,共 40 分,限时 3 分钟)

1.我喜爱的职业(或专业)
2.小家、大家与国家

第一部分　普通话常用字表*

一、笔画排列

1.常用字(2500 字)

一画：一^{yī} 乙^{yǐ}

二画：二^{èr} 十^{shí} 丁^{dīng} 厂^{chǎng} 七^{qī} 卜^{bǔ} 人^{rén} 入^{rù} 八^{bā} 九^{jiǔ} 几^{jǐ} 儿^{ér} 了^{le} 力^{lì} 乃^{nǎi} 刀^{dāo} 又^{yòu}

三画

三^{sān} 于^{yú} 干^{gàn} 亏^{kuī} 士^{shì} 工^{gōng} 土^{tǔ} 才^{cái} 寸^{cùn} 下^{xià} 大^{dà} 丈^{zhàng} 与^{yǔ} 万^{wàn} 上^{shàng} 小^{xiǎo} 口^{kǒu} 巾^{jīn}

山^{shān} 千^{qiān} 乞^{qǐ} 川^{chuān} 亿^{yì} 个^{gè} 勺^{sháo} 久^{jiǔ} 凡^{fán} 及^{jí} 夕^{xī} 丸^{wán} 么^{me} 广^{guǎng} 亡^{wáng} 门^{mén} 义^{yì} 之^{zhī} 尸^{shī}

弓^{gōng} 己^{jǐ} 已^{yǐ} 子^{zǐ} 卫^{wèi} 也^{yě} 女^{nǚ} 飞^{fēi} 刃^{rèn} 习^{xí} 叉^{chā} 马^{mǎ} 乡^{xiāng}

四画

丰^{fēng} 王^{wáng} 井^{jǐng} 开^{kāi} 夫^{fū} 天^{tiān} 无^{wú} 元^{yuán} 专^{zhuān} 云^{yún} 扎^{zhā} 艺^{yì} 木^{mù} 五^{wǔ} 支^{zhī} 厅^{tīng} 不^{bù} 太^{tài}

犬^{quǎn} 区^{qū} 历^{lì} 尤^{yóu} 友^{yǒu} 匹^{pǐ} 车^{chē} 巨^{jù} 牙^{yá} 屯^{tún} 比^{bǐ} 互^{hù} 切^{qiē} 瓦^{wǎ} 止^{zhǐ} 少^{shǎo} 日^{rì} 中^{zhōng} 冈^{gāng} 贝^{bèi}

内^{nèi} 水^{shuǐ} 见^{jiàn} 午^{wǔ} 牛^{niú} 手^{shǒu} 毛^{máo} 气^{qì} 升^{shēng} 长^{cháng} 仁^{rén} 什^{shén} 片^{piàn} 仆^{pú} 化^{huà} 仇^{chóu} 币^{bì} 仍^{réng}

仅^{jǐn} 斤^{jīn} 爪^{zhǎo} 反^{fǎn} 介^{jiè} 父^{fù} 从^{cóng} 今^{jīn} 凶^{xiōng} 分^{fēn} 乏^{fá} 公^{gōng} 仓^{cāng} 月^{yuè} 氏^{shì} 勿^{wù} 欠^{qiàn} 风^{fēng} 丹^{dān}

匀^{yún} 乌^{wū} 凤^{fèng} 勾^{gōu} 文^{wén} 六^{liù} 方^{fāng} 火^{huǒ} 为^{wéi} 斗^{dòu} 忆^{yì} 订^{dìng} 计^{jì} 户^{hù} 认^{rèn} 心^{xīn} 尺^{chǐ} 引^{yǐn} 丑^{chǒu} 巴^{bā}

孔^{kǒng} 队^{duì} 办^{bàn} 以^{yǐ} 允^{yǔn} 予^{yǔ} 劝^{quàn} 双^{shuāng} 书^{shū} 幻^{huàn}

---

* 以下常用字若有多个读音，只标出其中一个读音。

五画

yù kān shì mò wèi jī dǎ qiǎo zhèng pū bā gōng rēng qù gān shì gǔ jié běn
玉 刊 示 末 未 击 打 巧 正 扑 扒 功 扔 去 甘 世 古 节 本

shù kě bǐng zuǒ lì yòu shí bù lóng píng miè zhá dōng kǎ běi zhàn yè jiù shuài
术 可 丙 左 厉 右 石 布 龙 平 灭 轧 东 卡 北 占 业 旧 帅

guī qiě dàn mù yè jiǎ shēn dīng diàn hào tián yóu shǐ zhī yāng xiōng diāo jiào
归 且 旦 目 叶 甲 申 叮 电 号 田 由 史 只 央 兄 叼 叫

lìng dāo tàn sì shēng shī hé qiū fù zhàng dài xiān men yí bái zǎi tā chì guā hū
另 叨 叹 四 生 失 禾 丘 付 仗 代 仙 们 仪 白 仔 他 斥 瓜 乎

cóng lìng yòng shuǎi yìn lè jù cōng cè fàn wài chù dōng niǎo wù bāo jī zhǔ shì
丛 令 用 甩 印 乐 句 匆 册 犯 外 处 冬 鸟 务 包 饥 主 市

lì shǎn lán bàn zhī huì tóu hàn níng xué tā tǎo xiě ràng lǐ xùn bì yì xùn jì
立 闪 兰 半 汁 汇 头 汉 宁 穴 它 讨 写 让 礼 训 必 议 讯 记

yǒng sī ní mín chū liáo nǎi nú jiā zhào pí biān fā yùn shèng duì tái máo jiū mǔ
永 司 尼 民 出 辽 奶 奴 加 召 皮 边 发 孕 圣 对 台 矛 纠 母

yòu sī
幼 丝

六画

shì xíng dòng káng sì jí kòu kǎo tuō lǎo zhí gǒng jī kuò sǎo dì yáng chǎng
式 刑 动 扛 寺 吉 扣 考 托 老 执 巩 圾 扩 扫 地 扬 场

ěr gòng máng yà zhī xiǔ pǔ jī quán guò chén zài xié xī yā yàn zài yǒu bǎi cún
耳 共 芒 亚 芝 朽 朴 机 权 过 臣 再 协 西 压 厌 在 有 百 存

ér yè jiàng kuā duó huī dá liè sǐ chéng jiā guǐ xié huá mài bì zhì cǐ zhēn shī
而 页 匠 夸 夺 灰 达 列 死 成 夹 轨 邪 划 迈 毕 至 此 贞 师

chén jiān liè guāng dāng zǎo tǔ xià chóng qǔ tuán tóng diào chī yīn xī ma yǔ
尘 尖 劣 光 当 早 吐 吓 虫 曲 团 同 吊 吃 因 吸 吗 屿

fān suì huí qǐ gāng zé ròu wǎng nián zhū xiān diū shé zhú qiān qiáo wěi chuán
帆 岁 回 岂 刚 则 肉 网 年 朱 先 丢 舌 竹 迁 乔 伟 传

pīng pāng xiū wǔ fú yōu fá yán jiàn rèn shāng jià fèn huá yǎng fǎng huǒ wěi zì
乒 乓 休 伍 伏 优 伐 延 件 任 伤 价 份 华 仰 仿 伙 伪 自

xuè xiàng sì hòu háng zhōu quán huì shā hé zhào qǐ zhòng yé sǎn chuàng jī duǒ
血 向 似 后 行 舟 全 会 杀 合 兆 企 众 爷 伞 创 肌 朵

zá wēi xún zhǐ fù gè míng duō zhēng sè zhuàng chōng bīng zhuāng qìng yì liú qí
杂 危 旬 旨 负 各 名 多 争 色 壮 冲 冰 庄 庆 亦 刘 齐

jiāo cì yī chǎn jué chōng wàng bì wèn chuǎng yáng bìng guān mǐ dēng zhōu hàn
交 次 衣 产 决 充 妄 闭 问 闯 羊 并 关 米 灯 州 汗

wū jiāng chí tāng máng xìng yǔ shǒu zhái zì ān jiǎng jūn xǔ lùn nóng fěng shè
污 江 池 汤 忙 兴 宇 守 宅 字 安 讲 军 许 论 农 讽 设

fǎng xún nà xùn jìn dǎo yì sūn zhèn yáng shōu jiē yīn fáng jiān rú fù hǎo tā mā
访 寻 那 迅 尽 导 异 孙 阵 阳 收 阶 阴 防 奸 如 妇 好 她 妈

xì yǔ guān huān mǎi hóng xiān jí yuē jì chí xún
戏 羽 观 欢 买 红 纤 级 约 纪 驰 巡

七画

shòu nòng mài xíng jìn jiè tūn yuǎn wéi yùn fú fǔ tán jì huài rǎo jù zhǎo pī
寿 弄 麦 形 进 戒 吞 远 违 运 扶 抚 坛 技 坏 扰 拒 找 批

chě zhǐ zǒu chāo bà gòng gōng chì zhé zhuā bàn qiǎng xiào jūn pāo tóu fén kàng
扯 址 走 抄 坝 贡 攻 赤 折 抓 扮 抢 孝 均 抛 投 坟 抗

kēng fāng dǒu hù ké zhì niǔ kuài shēng bǎ bào què jié yá huā qín fēn cāng fāng
坑 坊 抖 护 壳 志 扭 块 声 把 报 却 劫 芽 花 芹 芬 苍 芳

yán lú láo kè sū gǎn gàng dù cái cūn xìng jí lǐ yáng qiú gèng shù dòu liǎng lì
严 芦 劳 克 苏 杆 杠 杜 材 村 杏 极 李 杨 求 更 束 豆 两 丽

yī chén lì fǒu hái jiān lái lián bù jiān hàn dīng chéng shí wú zhù xiàn lǐ dāi
医 辰 励 否 还 歼 来 连 步 坚 旱 盯 呈 时 吴 助 县 里 呆

yuán kuàng wéi ya dūn zú yóu nán kùn chǎo chuàn yuán tīng fēn chuī wū ba hǒu
园 旷 围 呀 吨 足 邮 男 困 吵 串 员 听 盼 吹 呜 吧 吼

bié gǎng zhàng cái zhēn dìng gào wǒ luàn lì tū xiù sī měi bīng gū tǐ hé dàn
别 岗 帐 财 针 钉 告 我 乱 利 秃 秀 私 每 兵 估 体 何 但

shēn zuò bó líng yōng dī nǐ zhù wèi bàn shēn zào fó jìn chè yì fǎn yú xī zuò gǔ
伸 作 伯 伶 佣 低 你 住 位 伴 身 皂 佛 近 彻 役 返 余 希 坐 谷

tuǒ hán lín chà gān dù cháng guī miǎn kuáng yóu jiǎo shān tiáo luǎn dǎo yíng
妥 含 邻 岔 肝 肚 肠 龟 免 狂 犹 角 删 条 卵 岛 迎

fàn yǐn xì yán dòng zhuàng mǔ kuàng chuáng kù liáo yìng lěng zhè xù xīn qì yě
饭 饮 系 言 冻 状 亩 况 床 库 疗 应 冷 这 序 辛 弃 冶

wàng xián jiān mèn pàn zào càn dì wāng shā qì wò fàn gōu méi shěn chén huái
忘 闲 间 闷 判 灶 灿 弟 汪 沙 汽 沃 泛 沟 没 沈 沉 怀

yōu kuài wán sòng hóng láo jiū qióng zāi liáng zhèng qǐ píng bǔ chū shè shí sù
忧 快 完 宋 宏 牢 究 穷 灾 良 证 启 评 补 初 社 识 诉

zhěn cí yì jūn líng jí céng niào wěi chí jú gǎi zhāng jì jì lù ā chén zǔ fù
诊 词 译 君 灵 即 层 尿 尾 迟 局 改 张 忌 际 陆 阿 陈 阻 附

miào yāo fáng nǔ rěn jìn jī qū chún shā nà gāng bó zòng fēn zhǐ wén fǎng lǘ niǔ
妙 妖 妨 努 忍 劲 鸡 驱 纯 纱 纳 纲 驳 纵 纷 纸 纹 纺 驴 纽

八画

fèng wán huán wǔ qīng zé xiàn biǎo guī mǒ lǒng bá jiǎn dān tǎn yā chōu
奉 玩 环 武 青 责 现 表 规 抹 拢 拔 拣 担 坦 押 抽

guǎi tuō pāi zhě dǐng chāi yōng dǐ jū shì bào lā lā lán bàn xìng zhāo pō pī bō
拐 拖 拍 者 顶 拆 拥 抵 拘 势 抱 垃 拉 拦 拌 幸 招 坡 披 拨

zé tái qí qǔ kǔ ruò mào píng miáo yīng fàn zhí qié jīng máo lín zhī bēi guì xī bǎn
择 抬 其 取 苦 若 茂 苹 苗 英 范 直 茄 茎 茅 林 枝 杯 柜 析 板

sōng qiāng gòu jié shù zhěn sàng huò huà wò shì cì zǎo yǔ mài kuàng mǎ cè bēn
松 枪 构 杰 述 枕 丧 或 画 卧 事 刺 枣 雨 卖 矿 码 厕 奔

qí fèn tài ōu lǒng qī hōng qǐng zhuǎn zhǎn lún ruǎn dào fēi shū kěn chǐ xiē hǔ lǔ
奇 奋 态 欧 垄 妻 轰 顷 转 斩 轮 软 到 非 叔 肯 齿 些 虎 虏

shèn xián shàng wàng jù guǒ wèi kūn guó chāng chàng míng yì áng diǎn gù
肾 贤 尚 旺 具 果 味 昆 国 昌 畅 明 易 昂 典 固

zhōng fù hū míng yǒng ne àn yán tiē luó zhì lǐng kǎi bài fàn gòu tú diào zhì zhī
忠 咐 呼 鸣 咏 呢 岸 岩 帖 罗 帜 岭 凯 败 贩 购 图 钓 制 知

chuí mù wù guāi guā gǎn hé jì wěi jiā shì gòng shǐ lì bǎn zhí zhēn cè píng qiáo
垂 牧 物 乖 刮 秆 和 季 委 佳 侍 供 使 例 版 侄 侦 侧 凭 侨

pèi huò yī de pò zhì xīn zhēng wǎng pá bǐ jìng suǒ shě jīn mìng fǔ bà cǎi shòu
佩 货 依 的 迫 质 欣 征 往 爬 彼 径 所 舍 金 命 斧 爸 采 受

rǔ tān niàn pín fū fèi zhī zhǒng zhàng péng gǔ féi fú xié zhōu hūn yú tù hú hū
乳 贪 念 贫 肤 肺 肢 肿 胀 朋 股 肥 服 胁 周 昏 鱼 兔 狐 忽

gǒu bèi shì bǎo sì biàn jīng xiǎng diàn yè miào fǔ dǐ jì jiāo fèi jìng máng fàng
狗 备 饰 饱 饲 变 京 享 店 夜 庙 府 底 剂 郊 废 净 盲 放

kè yù zhá nào zhèng quàn juǎn dān chǎo chuī kàng yán lú mò qiǎn fǎ xiè hé
刻 育 闸 闹 郑 券 卷 单 炒 炊 炕 炎 炉 沫 浅 法 泄 河

zhān lèi yóu bó yán pào zhù xiè yǒng ní fèi bō pō zé zhì bù xìng pà lián guài xué
沾 泪 油 泊 沿 泡 注 泻 泳 泥 沸 波 泼 泽 治 怖 性 怕 怜 怪 学

bǎo zōng dìng yí shěn zhòu guān kōng lián shí shì láng shī jiān fáng chéng chèn
宝 宗 定 宜 审 宙 官 空 帘 实 试 郎 诗 肩 房 诚 衬

shān shì huà dàn xún gāi xiáng jiàn sù lù lì jū jiè shuā qū xián chéng mèng gū
衫 视 话 诞 询 该 详 建 肃 录 隶 居 届 刷 屈 弦 承 孟 孤

shǎn jiàng xiàn mèi gū jiě xìng shǐ jià cān jiān xiàn liàn zǔ xì shǐ zhī zhōng zhù
陕 降 限 妹 姑 姐 姓 始 驾 参 艰 线 练 组 细 驶 织 终 驻

tuó shào jīng guàn
驼 绍 经 贯

九画

zòu chūn bāng zhēn bō dú xíng guà fēng chí xiàng kuǎ kuà chéng náo zhèng
奏 春 帮 珍 玻 毒 型 挂 封 持 项 垮 挎 城 挠 政

fù zhào dǎng tǐng kuò shuān shí tiāo zhǐ diàn zhèng jǐ pīn wā àn huī nuó mǒu
赴 赵 挡 挺 括 拴 拾 挑 指 垫 挣 挤 拼 挖 按 挥 挪 某

shèn gé jiàn xiàng dài cǎo jiǎn chá huāng máng dàng róng gù hú nán yào biāo
甚 革 荐 巷 带 草 茧 茶 荒 茫 荡 荣 故 胡 南 药 标

kū bǐng dòng xiāng chá bǎi liǔ zhù shì lán shù yào xián wēi wāi yán zhuān lí hòu
枯 柄 栋 相 查 柏 柳 柱 柿 栏 树 要 咸 威 歪 研 砖 厘 厚

qì kǎn miàn nài shuǎ qiān cán yāng qīng yā jiē bèi zhàn diǎn lín lǎn shù shěng
砌 砍 面 耐 耍 牵 残 殃 轻 鸦 皆 背 战 点 临 览 竖 省

xuē cháng shì pàn zhǎ hǒng xiǎn yǎ mào yìng xīng zuó wèi pā wèi guì jiè hóng
削 尝 是 盼 眨 哄 显 哑 冒 映 星 昨 畏 趴 胃 贵 界 虹

xiā yǐ sī mǎ suī pǐn yān mà huá zán xiǎng hā yǎo ké nǎ tàn xiá fá jiàn tiē gǔ
虾 蚁 思 蚂 虽 品 咽 骂 哗 咱 响 哈 咬 咳 哪 炭 峡 罚 贱 贴 骨

chāo zhōng gāng yào gōu xiè gāng bài kàn jǔ zěn shēng xuǎn shì miǎo xiāng
钞 钟 钢 钥 钩 卸 缸 拜 看 矩 怎 牲 选 适 秒 香

zhǒng qiū kē zhòng fù gān duàn biàn liǎng dài shùn xiū bǎo cù wǔ jiǎn sú fú xìn
种 秋 科 重 复 竿 段 便 俩 贷 顺 修 保 促 侮 俭 俗 俘 信

huáng quán guǐ qīn zhuī jùn dùn dài lǜ hěn xū xù táo shí pén dǎn shèng bāo
皇　泉　鬼　侵　追　俊　盾　待　律　很　须　叙　逃　食　盆　胆　胜　胞

pàng mài miǎn xiá shī dú jiǎo yù hěn mào yuàn jí ráo shí jiǎo bǐng wān jiāng
胖　脉　勉　狭　狮　独　狡　狱　狠　貌　怨　急　饶　蚀　饺　饼　弯　将

jiǎng āi tíng liàng dù jì tíng chuāng fēng yì bā zī qīn yīn dì shī wén fá gé chà
奖　哀　亭　亮　度　迹　庭　疮　疯　疫　疤　姿　亲　音　帝　施　闻　阀　阁　差

yǎng měi jiāng pàn sòng lèi mí qián shǒu nì zǒng liàn zhà pào làn tì jié hóng sǎ
养　美　姜　叛　送　类　迷　前　首　逆　总　炼　炸　炮　烂　剃　洁　洪　洒

jiāo zhuó dòng cè xǐ huó pài qià rǎn jì yáng zhōu hún nóng jīn héng huī qià nǎo
浇　浊　洞　测　洗　活　派　洽　染　济　洋　洲　浑　浓　津　恒　恢　恰　恼

hèn jǔ jiào xuān shì gōng xiàn tū chuān qiè kè guàn yǔ biǎn ǎo zǔ shén zhù wù
恨　举　觉　宣　室　宫　宪　突　穿　窃　客　冠　语　扁　袄　祖　神　祝　误

yòu shuō sòng kěn tuì jì wū zhòu fèi dǒu méi hái chú xiǎn yuàn wá lǎo yí yīn
诱　说　诵　垦　退　既　屋　昼　费　陡　眉　孩　除　险　院　娃　姥　姨　姻

jiāo nù jià hè yíng yǒng dài róu lěi bǎng róng jié rào jiāo huì gěi luò luò jué
娇　怒　架　贺　盈　勇　怠　柔　垒　绑　绒　结　绕　骄　绘　给　络　骆　绝

jiǎo tǒng
绞　统

十画

gēng hào yàn tài zhū bān sù cán wán zhǎn fěi lāo zāi bǔ zhèn zǎi gǎn qǐ
耕　耗　艳　泰　珠　班　素　蚕　顽　盏　匪　捞　栽　捕　振　载　赶　起

yán shāo niē mái zhuō kǔn juān sǔn dōu zhé shì huàn wǎn rè kǒng hú ái chǐ dān
盐　捎　捏　埋　捉　捆　捐　损　都　哲　逝　换　挽　热　恐　壶　挨　耻　耽

gōng lián mò hé huò jìn è zhēn kuàng guì dàng tóng zhū qiáo táo gé xiào hé
恭　莲　莫　荷　获　晋　恶　真　框　桂　档　桐　株　桥　桃　格　校　核

yàng gēn suǒ gē sù dòu lì pèi chì rǔ chún xià chǔ pò yuán tào zhú liè shū gù
样　根　索　哥　速　逗　栗　配　翅　辱　唇　夏　础　破　原　套　逐　烈　殊　顾

jiào jiào dùn bì zhì chái zhuō lù jiān jǐn dǎng shài mián xiǎo yā huǎng shǎng yūn
轿　较　顿　毙　致　柴　桌　虑　监　紧　党　晒　眠　晓　鸭　晃　晌　晕

wén shào kū ēn huàn ā āi bà fēng yuán zéi huì qián qián zuàn tiě líng qiān quē
蚊　哨　哭　恩　唤　啊　唉　罢　峰　圆　贼　贿　钱　钳　钻　铁　铃　铅　缺

yǎng tè xī zào chéng dí chèng zū jī yāng zhì chēng mì tòu bǐ xiào sǔn zhài jiè
氧　特　牺　造　乘　敌　秤　租　积　秧　秩　称　秘　透　笔　笑　笋　债　借

zhí yǐ qīng dǎo tǎng jù chàng hòu fǔ bèi juàn jiàn chòu shè gōng xī tú xú jiàn
值　倚　倾　倒　倘　俱　倡　候　俯　倍　倦　健　臭　射　躬　息　徒　徐　舰

cāng bān háng tú ná diē ài sòng wēng cuì zhī xiōng gē zāng jiāo nǎo lí láng
舱　般　航　途　拿　爹　爱　颂　翁　脆　脂　胸　胳　脏　胶　脑　狸　狼

féng liú zhòu è liàn jiǎng jiāng shuāi gāo xí zhǔn zuò jǐ zhèng bìng jí téng pí
逢　留　皱　饿　恋　桨　浆　衰　高　席　准　座　脊　症　病　疾　疼　疲

xiào lí táng zī liáng zhàn pōu jìng bù páng lǚ chù yuè xiū píng quán fěn liào yì
效　离　唐　资　凉　站　剖　竟　部　旁　旅　畜　阅　羞　瓶　拳　粉　料　益

jiān kǎo hōng fán shāo zhú yān dì tāo zhè lào jiǔ shè xiāo hào hǎi tú yù fú liú
兼 烤 烘 烦 烧 烛 烟 递 涛 浙 涝 酒 涉 消 浩 海 涂 浴 浮 流

rùn làng jìn zhǎng tàng yǒng wù qiāo huǐ yuè hài kuān jiā xiāo yàn bīn zhǎi róng
润 浪 浸 涨 烫 涌 悟 悄 悔 悦 害 宽 家 宵 宴 宾 窄 容

zǎi àn qǐng lǎng zhū dú shàn wà xiù páo bèi xiáng kè shuí tiáo yuān liàng tán yì
宰 案 请 朗 诸 读 扇 袜 袖 袍 被 祥 课 谁 调 冤 谅 谈 谊

bāo kěn zhǎn jù xiè ruò líng táo xiàn péi yú niáng tōng néng nán yù sāng juàn
剥 恳 展 剧 屑 弱 陵 陶 陷 陪 娱 娘 通 能 难 预 桑 绢

xiù yàn jì
绣 验 继

十一画

qiú lǐ pěng dǔ miáo yù yǎn jié pái diào duī tuī xiān shòu jiào tāo lüè péi jiē
球 理 捧 堵 描 域 掩 捷 排 掉 堆 推 掀 授 教 掏 掠 培 接

kòng tàn jù jué zhí jī zhù lè huáng méng luó jūn cài táo jú píng bō yíng xiè
控 探 据 掘 职 基 著 勒 黄 萌 萝 菌 菜 萄 菊 萍 菠 营 械

mèng shāo méi jiǎn shū tī tǒng jiù fù piào qī shuǎng lóng xí shèng xuě fǔ liàng
梦 梢 梅 检 梳 梯 桶 救 副 票 戚 爽 聋 袭 盛 雪 辅 辆

xū què táng cháng shi chén zhēng mī yǎn xuán yě lā wǎn zhuó jù yuè lüè shé lèi
虚 雀 堂 常 匙 晨 睁 眯 眼 悬 野 啦 晚 啄 距 跃 略 蛇 累

chàng huàn wéi yá zhǎn chóng quān tóng chǎn yín tián lí lí yí bèn lóng dí fú
唱 患 唯 崖 崭 崇 圈 铜 铲 银 甜 梨 犁 移 笨 笼 笛 符

dì mǐn zuò dài yōu cháng ǒu tōu nín shòu tíng piān jiǎ dé xián pán chuán xié hé
第 敏 做 袋 悠 偿 偶 偷 您 售 停 偏 假 得 衔 盘 船 斜 盒

gē xī yù cǎi lǐng jiǎo bó liǎn tuō xiàng gòu cāi zhū liè māo měng xiàn guǎn còu
鸽 悉 欲 彩 领 脚 脖 脸 脱 象 够 猜 猪 猎 猫 猛 馅 馆 凑

jiǎn háo má yǎng hén láng kāng yōng lù dào zhāng jìng shāng zú xuán wàng lù
减 毫 麻 痒 痕 廊 康 庸 鹿 盗 章 竟 商 族 旋 望 率

zhe gài zhān cū lì duàn jiǎn shòu qīng tiān lín yān qú jiàn hún yú táo yè dàn
着 盖 粘 粗 粒 断 剪 兽 清 添 淋 淹 渠 渐 混 渔 淘 液 淡

shēn pó liáng shèn qíng xī cán dào jù tì jīng cǎn guàn kòu jì xiǔ yáo mì móu
深 婆 梁 渗 情 惜 惭 悼 惧 惕 惊 惨 惯 寇 寄 宿 窑 密 谋

huǎng huò mí dǎi gǎn tú dàn suí dàn lóng yǐn hūn shěn jǐng jì xù xù qí shéng
谎 祸 谜 逮 敢 屠 弹 随 蛋 隆 隐 婚 婶 颈 绩 绪 续 骑 绳

wéi mián chóu lǜ
维 绵 绸 绿

十二画

qín bān tì kuǎn kān dā tǎ yuè chèn qū chāo tí dī bó jiē xǐ chā jiū sōu zhǔ
琴 斑 替 款 堪 搭 塔 越 趁 趋 超 提 堤 博 揭 喜 插 揪 搜 煮

yuán cái gē lǒu jiǎo wò róu sī qī qī lián sàn rě zàng gě dǒng pú jìng cōng luò
援 裁 搁 搂 搅 握 揉 斯 期 欺 联 散 惹 葬 葛 董 葡 敬 葱 落

cháo gū kuí bàng qí zhí sēn yǐ jiāo kē gùn mián péng zōng huì huò bī chú shà
朝 辜 葵 棒 棋 植 森 椅 椒 棵 棍 棉 棚 棕 惠 惑 逼 厨 厦

yìng què yàn zhí liè xióng zàn yǎ bèi bēi zǐ huī chǎng shǎng zhǎng qíng shǔ zuì
硬　确　雁　殖　裂　雄　暂　雅　辈　悲　紫　辉　敞　赏　掌　晴　暑　最

liàng pēn jīng lǎ yù hǎn jǐng jiàn diē pǎo yí wā zhū tíng hē wèi chuǎn hóu fú
量　喷　晶　喇　遇　喊　景　践　跌　跑　遗　蛙　蛛　蜓　喝　喂　喘　喉　幅

mào dǔ péi hēi zhù pū liàn xiāo suǒ chú guō xiù fēng ruì duǎn zhì tǎn é shèng
帽　赌　赔　黑　铸　铺　链　销　锁　锄　锅　锈　锋　锐　短　智　毯　鹅　剩

shāo chéng xī shuì kuāng děng zhù cè shāi tǒng dá jīn zhēng ào fù pái bǎo jí
稍　程　稀　税　筐　等　筑　策　筛　筒　答　筋　筝　傲　傅　牌　堡　集

jiāo bàng chǔ ào jiē chéng yù xún tǐng shū fān shì qín là pí qiāng lǔ huá hóu rán
焦　傍　储　奥　街　惩　御　循　艇　舒　番　释　禽　腊　脾　腔　鲁　猾　猴　然

chán zhuāng mán jiù tòng tóng kuò shàn xiàn pǔ fèn zūn dào céng yàn gǎng hú
馋　装　蛮　就　痛　童　阔　善　羡　普　粪　尊　道　曾　焰　港　湖

zhā shī wēn kě huá wān dù yóu zī gài fèn huāng duò kuì yú kǎi gē hán fù cuàn
渣　湿　温　渴　滑　湾　渡　游　滋　溉　愤　慌　惰　愧　愉　慨　割　寒　富　窜

wō chuāng biàn yù kù qún xiè yáo qiān shǔ lǚ qiáng zhōu shū gé xì xù sǎo dēng
窝　窗　遍　裕　裤　裙　谢　谣　谦　属　屡　强　粥　疏　隔　隙　絮　嫂　登

duàn huǎn biān piàn yuán
缎　缓　编　骗　缘

十三画

ruì hún sì shè mō tián bó tā gǔ bǎi xié bān yáo gǎo táng tān suàn qín què
瑞　魂　肆　摄　摸　填　搏　塌　鼓　摆　携　搬　摇　搞　塘　摊　蒜　勤　鹊

lán mù mù péng xù méng zhēng xiàn jìn chǔ xiǎng huái yú lóu gài lài chóu gǎn ài
蓝　墓　幕　蓬　蓄　蒙　蒸　献　禁　楚　想　槐　榆　楼　概　赖　酬　感　碍

bēi suì pèng wǎn lù léi líng wù báo shū dū líng jiàn jīng shuì cǎi bǐ yú nuǎn
碑　碎　碰　碗　碌　雷　零　雾　雹　输　督　龄　鉴　睛　睡　睬　鄙　愚　暖

méng xiē àn zhào kuà tiào guì lù gēn qiǎn é fēng sǎng zhì zuì zhào cuò xī luó
盟　歇　暗　照　跨　跳　跪　路　跟　遣　蛾　蜂　嗓　置　罪　罩　错　锡　锣

chuí jǐn jiàn jù ǎi cí chóu chóu chóu qiān jiǎn huǐ jiù shǔ cuī shǎ xiàng duǒ wēi
锤　锦　键　锯　矮　辞　稠　愁　筹　签　简　毁　舅　鼠　催　傻　像　躲　微

yù yáo yāo xīng fù téng tuǐ chù jiě jiàng tán lián xīn yùn yì liáng shù jiān sù cí
愈　遥　腰　腥　腹　腾　腿　触　解　酱　痰　廉　新　韵　意　粮　数　煎　塑　慈

méi huáng mǎn mò yuán lǜ làn tāo xī liū gǔn bīn liáng tān shèn yù sāi jǐn fú qún
煤　煌　满　漠　源　滤　滥　滔　溪　溜　滚　滨　梁　滩　慎　誉　塞　谨　福　群

diàn pì zhàng xián jià dié féng chán
殿　辟　障　嫌　嫁　叠　缝　缠

十四画

jìng bì lí qiáng piě jiā cuī jié shì jìng zhāi shuāi jù bì mù mù miè mó liú
静　碧　璃　墙　撇　嘉　摧　截　誓　境　摘　摔　聚　蔽　慕　暮　蔑　模　榴

bǎng zhà gē zāo kù niàng suān cí yuàn xū bì shāng kē sòu qíng là yíng zhī
榜　榨　歌　遭　酷　酿　酸　磁　愿　需　弊　裳　颗　嗽　蜻　蜡　蝇　蜘

zhuàn qiāo duàn wǔ wěn suàn luó guǎn liáo bí pò mào mó bó páng xiān yí mán
赚　锹　锻　舞　稳　算　箩　管　僚　鼻　魄　貌　膜　膊　膀　鲜　疑　馒

guǒ qiāo háo gāo zhē fǔ shòu là jié duān qí jīng qiàn xī róng qī piāo màn dī
裹 敲 豪 膏 遮 腐 瘦 辣 竭 端 旗 精 歉 熄 熔 漆 漂 漫 滴

yǎn lòu màn zhài sài chá mì pǔ nèn cuì xióng dèng luó suō
演 漏 慢 寨 赛 察 蜜 谱 嫩 翠 熊 凳 骡 缩

十五画

huì sī sǎ qù tàng chēng bō zhuàng chè zēng cōng xié jiāo shū héng cáo yīng
慧 撕 撒 趣 趟 撑 播 撞 撤 增 聪 鞋 蕉 蔬 横 槽 樱

xiàng piāo cù zuì zhèn méi mán tí bào xiā yǐng tī tà cǎi zōng dié hú zhǔ mò
橡 飘 醋 醉 震 霉 瞒 题 暴 瞎 影 踢 踏 踩 踪 蝶 蝴 嘱 墨

zhèn kào dào lí gǎo jià xiāng jiàn piān jiāng tǎng pì dé sōu xī táng shú mó yán
镇 靠 稻 黎 稿 稼 箱 箭 篇 僵 躺 僻 德 艘 膝 膛 熟 摩 颜

yì hú zūn qián cháo dǒng é wèi pī
毅 糊 遵 潜 潮 懂 额 慰 劈

十六画

cāo yàn shǔ xīn báo diān jú zhěng róng xǐng cān zuǐ tí qì zèng mò jìng zàn
操 燕 薯 薪 薄 颠 橘 整 融 醒 餐 嘴 蹄 器 赠 默 镜 赞

lán yāo héng péng diāo mó níng biàn biàn táng gāo rán zǎo jī lǎn bì bì jiǎo
篮 邀 衡 膨 雕 磨 凝 辨 辩 糖 糕 燃 澡 激 懒 壁 避 缴

dài cā jū cáng shuāng xiá qiáo dǎo luó suì fán biàn yíng zāo kāng
十七画：戴 擦 鞠 藏 霜 霞 瞧 蹈 螺 穗 繁 辫 赢 糟 糠

zào bì yì zhòu
燥 臂 翼 骤

biān fù bèng lián fān yīng
十八画：鞭 覆 蹦 镰 翻 鹰

jǐng pān dūn chàn bàn bào jiāng
十九画：警 攀 蹲 颤 瓣 爆 疆

rǎng yào zào jiáo rǎng jí mó guàn
二十画：壤 耀 躁 嚼 嚷 籍 魔 灌

chǔn bà lù
二十一画：蠢 霸 露

náng
二十二画：囊

guàn
二十三画：罐

2.次常用字(1000字)

bǐ diāo
二画：匕 刁

gài dǎi gē yāo lún jī rǒng dèng
四画：丐 歹 戈 夭 仑 讥 冗 邓

ài hāng tū lú bā jī mǐn āo qiú shǐ zhà ěr féng xuán
五画：艾 夯 凸 卢 叭 叽 皿 凹 囚 矢 乍 尔 冯 玄

六画

bāng yū xíng yù sháo lì yí xū lǚ yāo yì tíng qì jiù zhòng lún yī lèi xù
邦 迂 邢 芋 芍 吏 夷 吁 吕 吆 屹 廷 迄 臼 仲 伦 伊 肋 旭

xiōng fú zhuāng hài xùn huì yà é sòng jué chí jǐng tuó xùn rèn
匈 凫 妆 亥 汛 讳 讶 讻 讼 诀 弛 阱 驮 驯 纫

七画

jiǔ mǎ rèn kōu è gǒng bān lūn kǎn wù yì nǐ shū fú wú wěi jiè xīn bā zhàng
玖 玛 韧 抠 扼 汞 扳 抡 坎 坞 抑 拟 抒 芙 芜 苇 芥 芯 芭 杖

shān wū chā fǔ xiá xuān lǔ xiāo zhī fèi ǒu nà yín qiàng wěn kēng yì tún shǔn qū
杉 巫 权 甫 匣 轩 卤 肖 吱 吠 呕 呐 吟 呛 吻 吭 邑 囤 吮 岖

mǔ yòu diàn sì cōng gāng zhǒu diàn bèi jiū tóng jiǔ páo bì lìn lú rùn duì zhuó
牡 佑 佃 伺 囱 肛 肘 甸 狈 鸠 彤 灸 刨 庇 吝 庐 闰 兑 灼

mù pèi tài lì lún xiōng cāng hù chén zǔ zhà hǎn pì zhuì jì zǐ dù wěi
沐 沛 汰 沥 沦 洶 沧 沪 忱 诅 诈 罕 屁 坠 妓 姊 妒 纬

八画

méi guà kě pī tuò píng kūn zhǔ nǐng fú zhuō mǔ niù mò xī kē shān gǒu bāo
玫 卦 坷 坯 拓 坪 坤 挂 拧 拂 拙 拇 拗 茉 昔 苛 苫 苟 苞

zhuó tái wǎng shū méi fēng háng yù fán nài yǎn ōu qí zhuó tán āi gū hē lóng
苗 苔 枉 枢 枚 枫 杭 郁 矾 奈 奄 殴 歧 卓 昙 哎 咕 呵 咙

shēn zhòu páo kā pà zhàng biǎn zhù fēn bǐng yuè xiá yáo lǚ chǐ bēi guì shā yáo
呻 咒 咆 咖 帕 账 贬 贮 氛 秉 岳 侠 侥 侣 侈 卑 刽 刹 肴

mì fèn wèng āng fáng níng páng nüè gē jiù zú máng jù gū jǔ qì nìng mì zhǎo
觅 忿 瓮 肮 肪 狞 庞 疟 疙 疚 卒 氓 炬 沽 沮 泣 泞 泌 沼

zhēng qiè chǒng wǎn chǎ qí guǐ zhǒu tì hú mí lòu mò hán mǔ shī sān shēn jū
怔 怯 宠 宛 衩 祈 诡 帚 屉 弧 弥 陋 陌 函 姆 虱 叁 绅 驹

bàn yì
绊 绎

九画

qì èr diàn líng shān shì kǎo gǒng jiā gòu duǒ zhěng jīng róng chá jiá yīn huí
契 贰 玷 玲 珊 拭 拷 拱 挟 垢 垛 拯 荆 茸 茬 荚 茵 茴

qiáo qí hūn yíng lì zhàn gān zhà níng jiā bó jiǎn shā bèng yàn ōu zhóu jiǔ nüè
荞 荠 荤 荧 荔 栈 柑 栅 柠 枷 勃 柬 砂 泵 砚 鸥 轴 韭 虐

mèi dǔn liè nì zhāo zhōng xūn duō mī yō yōu gài dùn nà qīn jūn niǔ zhān qīng bǐ
昧 盹 咧 昵 昭 盅 勋 哆 咪 哟 幽 钙 钝 钠 钦 钧 钮 毡 氢 秕

qiào é lì hóu huái yǎn pēi lóng tāi zhēng ěr luán yì zī sà guī mǐn zǐ lóu shuò
俏 俄 俐 侯 徊 衍 胚 胧 胎 狰 饵 娈 奕 咨 飒 闺 闽 籽 娄 烁

xuàn wā qī xián luò shì huǎng tián xù huàn jiè wū cí huì píng shǐ xùn yǔn yáo nà
炫 洼 柒 涎 洛 恃 恍 恬 恤 宦 诫 诬 祠 诲 屏 屎 逊 陨 姚 娜

zǎo hài
蚤 骇

十画

yún pá qín nì gěng wǔ hàn yuán bā cuò zhì dǎo tǒng āi gěng niè bí mǎng
耘 耙 秦 匿 埂 捂 捍 袁 捌 挫 挚 捣 捅 埃 耿 聂 荸 莽

lái lì yíng yīng bāng qī huà shuān wéi zhuāng jiǎ zhuó zá pēng lì xùn chěng
莱 莉 莹 莺 梆 栖 桦 栓 桅 桩 贾 酌 砸 砰 砾 殉 逞

xiào lào bǔ tī bàng yá pàn gōng dǒu yǐn lǐ pǔ yāng yàn hēng suō qiào jī jùn lù
哮 唠 哺 剔 蚌 蚜 畔 蚣 蚪 蚓 哩 圃 鸯 唁 哼 唆 峭 唧 峻 赂

zāng jiǎ mǎo ān shú bā ǎn lìn jué yīn sǒng yǎo chái bào bān kuà yí qí nóng
赃 钾 铆 氨 秫 笆 俺 赁 倔 殷 耸 舀 豺 豹 颁 胯 胰 脐 脓

guàng qīng tuó yuān něi líng qī zhōng guō zhāi zhěn wěn cí gāo lào pǔ wō huàn
逛 卿 鸵 鸳 馁 凌 凄 衷 郭 斋 疹 紊 瓷 羔 烙 浦 涡 涣

dí jiàn tì sè hàn mǐn qiào nuò fěi tǎn zhūn suì shù miǎn jùn
涤 涧 涕 涩 悍 悯 窍 诺 诽 袒 谆 崇 恕 娩 骏

十一画

suǒ fū liú láng cuò nà chuí shè bù niǎn qiā diān yē zhì dǎn chān kān liáo qǔ
琐 麸 琉 琅 措 捺 捶 赦 埠 捻 掐 掂 掖 掷 掸 掺 勘 聊 娶

líng fēi wěi pú yíng qián xiāo sà gū bīn gěng wú suō cáo yùn xù xiāng guī shuò
菱 菲 萎 菩 萤 乾 萧 萨 菇 彬 梗 梧 梭 曹 酝 酗 厢 硅 硕

shē kuī biǎn lú biāo kuàng wù màn huì miǎn fēi qí zhǐ kěn qū qiū líng zhù hǔ luō
奢 盔 匾 颅 彪 眶 晤 曼 晦 冕 啡 畦 趾 啃 蛆 蚯 蛉 蛀 唬 啰

tuò pí shá xiào qí luó cuī bēng yīng shē kào dāng lǚ zhá xǐ míng jiǎo jiē huì
唾 啤 啥 啸 崎 逻 崔 崩 婴 赊 铐 铛 铝 铡 铣 铭 矫 秸 秽

shēng tiáo wēi kuǐ qū dōu xìn pái xǐ bó xián duò liǎn líng pú yì huáng chāng jì
笙 笤 偎 傀 躯 兜 衅 徘 徙 舶 舷 舵 敛 翎 脯 逸 凰 猖 祭

pēng shù ān quán yán chǎn juàn hàn huàn hóng yá shū tǎng huái xiáo yuān yín
烹 庶 庵 痊 阎 阐 眷 焊 焕 鸿 涯 淑 淌 淮 淆 渊 淫

chún yū diàn shuàn hán diàn cuì wǎn jì zhì dié xié dāng fú dǎo yè wèi yàn wèi
淳 淤 淀 涮 涵 惦 悴 惋 寂 窒 谍 谐 裆 祓 祷 谒 谓 谚 尉

duò yú wǎn pō chāo bēng zōng zhàn zhuì cháo
堕 隅 婉 颇 绰 绷 综 绽 缀 巢

十二画

lín zhuó qióng zòu yàn kāi lǎn yī péng chuāi chān cuō yī sāo hú mù jiǎng dì
琳 琢 琼 揍 堰 揩 揽 揖 彭 揣 搀 搓 壹 搔 葫 募 蒋 蒂

hán léng yē fén zhuī guān láng tuǒ sù jí hān sū xiāo liú jiá lì qiào záo táng xī
韩 棱 椰 焚 椎 棺 榔 椭 粟 棘 酣 酥 硝 硫 颊 雳 翘 凿 棠 晰

dǐng zhā è liàng chóu bá bǒ huí yán há juān yù tí xuān qiàn fù shú cì cuò xīn
鼎 喳 遏 晾 畴 跋 跛 蛔 蜒 蛤 鹃 喻 啼 喧 嵌 赋 赎 赐 锉 锌

shēng bāi dàn lù shǔ fá dú yuè yú yān yè wàn xīng wèi bèi dūn dòu lì huàn jùn
甥 掰 氮 氯 黍 筏 犊 粤 逾 腌 腋 腕 猩 猬 惫 敦 痘 痢 痪 竣

xiáng diàn suì bèi zhì xiāng bó miǎo kuì jiàn pài è huáng yù jiào jiǒng gù bàng
翔 奠 遂 焙 滞 湘 渤 渺 溃 溅 湃 愕 惶 寓 窖 窘 雇 谤

xī ài méi mèi xù miǎn lǎn dì lǚ sāo
犀 隘 媒 媚 婿 缅 缆 缔 缕 骚

十三画

è wǔ guī táng pìn zhēn xuē bǎ bì hāo pú róng xiē chūn kǎi lǎn léng méi lào
瑟 鹉 瑰 搪 聘 斟 靴 靶 蓖 蒿 蒲 蓉 楔 椿 楷 榄 楞 楣 酪

diǎn péng diāo fú jí pín dǔ mù miáo shì suō xiá jī qiāo duò wú wō tuì yǒng xiù
碘 硼 碉 辐 辑 频 睹 睦 瞄 嗜 嗦 暇 畸 跷 跺 蜈 蜗 蜕 蛹 嗅

wēng chī shǔ shǔ huǎng máo zhuī xiān dìng měng zhì tuí kuài kuí yá nì sāi xiàn
嗡 嗤 署 蜀 幌 锚 锥 锨 锭 锰 稚 颓 筷 魁 衙 腻 腮 腺

péng yì yuán yǐng shà chú mó liú bǐng bì kuò chī jìng téng lí yì sù róng zǐ nì
鹏 肄 猿 颖 煞 雏 馍 馏 禀 痹 廓 痴 靖 誊 漓 溢 溯 溶 滓 溺

mò kuī kū qǐn guà luǒ miù xí jí fù bīn jiǎo
寞 窥 窟 寝 褂 裸 谬 媳 嫉 缚 缤 剿

十四画

zhuì áo hè niān mó màn zhè ǎi xī wèi jīng zhēn róng jiào dié chá jiǎn tàn
赘 熬 赫 蔫 蓦 蔓 蔗 蔼 熙 蔚 兢 榛 榕 酵 碟 碴 碱 碳

yuán xiá cí shù qī yǒng chán dī màn dù tiǎn xūn gū jī xiāo yú sēng fū dá wēn
辕 辖 雌 墅 喊 踊 蝉 嘀 幔 镀 舔 熏 箍 箕 箫 舆 僧 孵 瘩 瘟

zhāng cuì shù xuán yàng kāng guǎ liáo tán hè tuì suì dí yīng
彰 粹 漱 漩 漾 慷 寡 寥 谭 褐 褪 隧 嫡 缨

十五画

niǎn liáo cuō qiào qín dūn zhuàn ān ruǐ yùn fán zhāng gǎn fū wān chún kē
辇 撩 撮 撬 擒 墩 撰 鞍 蕊 蕴 樊 樟 橄 敷 豌 醇 磕

bàng niǎn biē sī cháo liáo fú xiē kē huáng biān hēi zhuàng niè hào jī lǒu biāo
磅 碾 憋 嘶 嘲 嘹 蝠 蝎 蝌 蝗 蝙 嘿 幢 镊 镐 稽 篓 膘

lǐ jì bāo biē liú tān lǐn péng tán liáo ào pān chè lán chéng qiáo ào zēng piān
鲤 鲫 褒 瘪 瘤 瘫 凛 澎 潭 潦 澳 潘 澈 澜 澄 憔 懊 憎 翩

rù qiǎn hè hān lǚ xī yù liáo
褥 谴 鹤 憨 履 嬉 豫 缭

十六画

hàn lèi shàn lěi xuē wēi qíng hàn è chú chéng piáo huáng huò shà zhé jì
撼 擂 擅 蕾 薛 薇 擎 翰 噩 橱 橙 瓢 蟥 霍 霎 辙 冀

duó róu má páng míng zào yīng qián mù cuàn péng gāo lí rú shàn jīng yǐn qué
踱 蹂 蟆 螃 螟 噪 鹦 黔 穆 篡 篷 篙 篱 儒 膳 鲸 瘾 瘸

cāo liáo bīn hàn xiè lóng jiāng
糙 燎 濒 憾 懈 窿 缰

十七画

háo miǎo méng yán lǐn tán jiāo lín liáo shùn tóng dèng shǔ tà xī shuài háo
壕 藐 檬 檐 檩 檀 礁 磷 瞭 瞬 瞳 瞪 曙 蹋 蟋 蟀 嚎

shàn liáo wèi cù lěi huī jué méng sào è mí ái nuò huō tún
赡 镣 魏 簇 儡 徽 爵 朦 臊 鳄 糜 癌 懦 豁 臀

十八画：藕

ǒu téng zhān xiāo qí lài pù jīn bì chuō
十八画：藕 藤 瞻 嚣 鳍 癫 瀑 襟 璧 戳

zǎn niè mó zǎo biē cèng dēng bò bù xiè mí xuǎn gēng
十九画：攒 孽 蘑 藻 鳖 蹭 蹬 簸 簿 蟹 靡 癣 羹

bìn rǎng rú wēi lín nuò pì
二十画：鬓 攘 蠕 巍 鳞 糯 譬

pī lìn suǐ
二十一画：霹 躏 髓

zhàn xiāng ráng
二十二画：蘸 镶 瓤

chù
二十四画：矗

二、音序排列

ā ā
a：啊 阿

āi āi āi āi āi ái ái ǎi ǎi ài ài ài ài
ai：埃 挨 哎 唉 哀 皑 癌 蔼 矮 艾 碍 爱 隘

ān ān ān ǎn àn àn àn àn àn
an：鞍 氨 安 俺 按 暗 岸 胺 案

āng áng àng
ang：肮 昂 盎

āo áo áo áo ǎo ào ào ào ào
ao：凹 敖 熬 翱 袄 傲 奥 懊 澳

bā bā bā bā bā bā bā bā bā bá bá bǎ bǎ bà bà bà bà bà
ba：芭 捌 扒 叭 吧 笆 八 疤 巴 拔 跋 靶 把 耙 坝 霸 罢 爸

bái bǎi bǎi bǎi bǎi bài bài bài
bai：白 柏 百 摆 佰 败 拜 稗

bān bān bān bān bān bān bǎn bǎn bàn bàn bàn bàn bàn bàn bàn
ban：斑 班 搬 扳 般 颁 板 版 扮 拌 伴 瓣 半 办 绊

bāng bāng bāng bǎng bǎng bǎng bàng bàng bàng bàng bàng bàng
bang：邦 帮 梆 榜 膀 绑 棒 磅 蚌 镑 傍 谤

bāo bāo bāo bāo bāo báo báo bǎo bǎo bǎo bǎo bào bào bào bào
bao：苞 胞 包 褒 剥 薄 雹 保 堡 饱 宝 抱 报 暴 豹
bào bào
鲍 爆

bēi bēi bēi bēi běi bèi bèi bèi bèi bèi bèi bèi bèi bèi bèi
bei：杯 碑 悲 卑 北 辈 背 贝 钡 倍 狈 备 惫 焙 被

　　　　　 bēn běn běn bèn
ben：奔 苯 本 笨

　　　　　 bēng bēng béng bèng bèng bèng
beng：崩 绷 甭 泵 蹦 迸

　　　　　 bī bí bǐ bǐ bǐ bǐ bì bì bì bì bì bì bì bì bì bì bì bì bì bì bì
bi：逼 鼻 比 鄙 笔 彼 碧 蓖 蔽 毕 毙 愍 币 庇 痹 闭 敝 弊 必 辟 壁 臂
bì bì
避 陛

　　　　　 biān biān biān biǎn biǎn biàn biàn biàn biàn biàn biàn biàn
bian：鞭 边 编 贬 扁 便 变 卞 辨 辩 辫 遍

　　　　　 biāo biāo biāo biǎo
biao：标 彪 膘 表

　　　　　 biē biē bié biě
bie：鳖 憋 别 瘪

　　　　　 bīn bīn bīn bīn bīn bìn
bin：彬 斌 濒 滨 宾 摈

　　　　　 bīng bīng bǐng bǐng bǐng bǐng bǐng bìng bìng
bing：兵 冰 柄 丙 秉 饼 炳 病 并

　　　　　 bō bō bō bō bō bō bó bó bó bó bó bó bó bó bó bó bó bó bó
bo：玻 菠 播 拨 钵 波 博 勃 搏 铂 箔 伯 帛 舶 脖 膊 渤 泊 驳

　　　　　 bǔ bǔ bǔ bǔ bù bù bù bù bù bù bù
bu：卜 捕 哺 补 埠 不 布 步 簿 部 怖

　　　　　 cā
ca：擦

　　　　　 cāi cái cái cái cái cǎi cǎi cǎi cǎi cài cài
cai：猜 裁 材 才 财 睬 踩 采 彩 菜 蔡

　　　　　 cān cān cán cán cán cǎn càn
can：餐 参 蚕 残 惭 惨 灿

　　　　　 cāng cāng cāng cāng cáng
cang：苍 舱 仓 沧 藏

　　　　　 cāo cāo cáo cáo cǎo
cao：操 糙 槽 曹 草

　　　　　 cè cè cè cè cè
ce：厕 策 侧 册 测

　　　　　 céng céng cèng
ceng：层 曾 蹭

　　　　　 chā chā chá chá chá chá chá chá chà chà chà
cha：插 叉 茬 茶 查 碴 搽 察 岔 差 诧

　　　　　 chāi chái chái
chai：拆 柴 豺

　　　　　 chān chān chán chán chán chán chǎn chǎn chǎn chàn
chan：搀 掺 蝉 馋 谗 缠 铲 产 阐 颤

　　　　chāng chāng cháng cháng cháng cháng cháng chǎng chǎng　chǎng chàng
chang:　昌　猖　尝　常　长　偿　肠　厂　场　敞　畅

chàng chàng
唱　倡

　　　　chāo chāo chāo cháo cháo cháo cháo chǎo chǎo
chao:　超　抄　钞　朝　嘲　潮　巢　吵　炒

　　　chē chě chè chè chè chè
che:　车　扯　撤　掣　彻　澈

　　　chēn chén chén chén chén chén chén chén chèn chèn
chen:　郴　臣　辰　尘　晨　忱　沉　陈　趁　衬

　　　　chēng chēng chéng chéng chéng chéng chéng chéng chéng chéng
cheng:　撑　称　城　橙　成　呈　乘　程　惩　澄

chéng chéng chěng chěng chèng
诚　承　逞　骋　秤

　　　chī chī chí chí chí chí chí chí chǐ chǐ chǐ chǐ chì chì chì chì
chi:　吃　痴　持　匙　池　迟　弛　驰　耻　齿　侈　尺　赤　翅　斥　炽

　　　　chōng chōng chóng chóng chǒng
chong:　充　冲　虫　崇　宠

　　　chōu chóu chóu chóu chóu chóu chóu chóu chóu chǒu chǒu chòu
chou:　抽　酬　畴　踌　稠　愁　筹　仇　绸　瞅　丑　臭

　　　chū chū chú chú chú chú chú chú chú chǔ chǔ chǔ chù chù chù chù
chu:　初　出　橱　厨　蹰　锄　雏　滁　除　楚　础　储　矗　搐　触　处

　　　chuāi
chuai:　揣

　　　　chuān chuān chuán chuán chuán chuǎn chuàn
chuan:　川　穿　椽　传　船　喘　串

　　　　chuāng chuāng chuáng chuáng chuǎng chuàng
chuang:　疮　窗　幢　床　闯　创

　　　chuī chuī chuí chuí chuí
chui:　吹　炊　捶　锤　垂

　　　chūn chūn chún chún chún chún chǔn
chun:　春　椿　醇　唇　淳　纯　蠢

　　　chuō chuò
chuo:　戳　绰

　　　cī cí cí cí cí cí cí cí cǐ cì cì cì
ci:疵　茨　磁　雌　辞　慈　瓷　词　此　刺　赐　次

　　　cōng cōng cōng cōng cóng cóng
cong:　聪　葱　囱　匆　从　丛

　　　còu
cou:　凑

　　　cū cù cù cù
cu:粗　醋　簇　促

cuan：
cuān cuàn cuàn
蹿 篡 窜

cui：
cuī cuī cuī cuì cuì cuì cuì cuì
摧 崔 催 脆 瘁 粹 淬 翠

cun：
cūn cún cùn
村 存 寸

cuo：
cuō cuō cuō cuò cuò cuò
磋 撮 搓 措 挫 错

da：
dā dá dá dá dǎ dà
搭 达 答 瘩 打 大

dai：
dāi dǎi dǎi dài dài dài dài dài dài dài dài dài
呆 歹 傣 戴 带 殆 代 贷 袋 待 逮 怠

dan：
dān dān dān dān dān dǎn dǎn dàn dàn dàn dàn dàn dàn dàn dàn
耽 担 丹 单 郸 掸 胆 旦 氮 但 惮 淡 诞 弹 蛋

dang：
dāng dǎng dǎng dàng dàng
当 挡 党 荡 档

dao：
dāo dǎo dǎo dǎo dǎo dǎo dǎo dào dào dào dào dào
刀 捣 蹈 倒 岛 祷 导 到 稻 悼 道 盗

de：
dé dé de
德 得 的

deng：
dēng dēng dēng děng dèng dèng dèng
蹬 灯 登 等 瞪 凳 邓

di：
dī dī dī dí dí dí dí dí dí dí dǐ dǐ dì dì dì dì dì dì dì
堤 低 滴 迪 敌 笛 狄 涤 翟 嫡 抵 底 地 蒂 第 帝 弟 递 缔

dian：
diān diān diān diǎn diǎn diǎn diàn diàn diàn diàn diàn diàn diàn
颠 掂 滇 碘 点 典 靛 垫 电 佃 甸 店 惦
diàn diàn diàn
奠 淀 殿

diao：
diāo diāo diāo diāo diāo diào diào diào diào
碉 叼 雕 凋 刁 掉 吊 钓 调

die：
diē diē dié dié dié dié dié
跌 爹 碟 蝶 迭 谍 叠

ding：
dīng dīng dīng dīng dǐng dǐng dìng dìng dìng
丁 盯 叮 钉 顶 鼎 锭 定 订

diu：
diū
丢

dong：
dōng dōng dǒng dǒng dòng dòng dòng dòng dòng dòng
东 冬 董 懂 动 栋 侗 恫 冻 洞

dou：
dōu dǒu dǒu dǒu dòu dòu dòu
兜 抖 斗 陡 豆 逗 痘

du：
dū dū dú dú dú dú dǔ dǔ dǔ dù dù dù dù dù dù
都 督 毒 犊 独 读 堵 睹 赌 杜 镀 肚 度 渡 妒

duan：
duān duǎn duàn duàn duàn duàn
端 短 锻 段 断 缎

dui：
duī duì duì duì
堆 兑 队 对

dun：
dūn dūn dūn dūn dùn dùn dùn dùn dùn
墩 吨 蹲 敦 顿 囤 钝 盾 遁

duo：
duō duō duō duó duǒ duǒ duǒ duò duò duò duò duò
掇 哆 多 夺 垛 躲 朵 跺 舵 剁 惰 堕

e：
é é é é é é é è è è è è
蛾 峨 鹅 俄 额 讹 娥 恶 厄 扼 遏 鄂 饿

en：
ēn
恩

er：
ér ér ěr ěr ěr ěr èr èr
而 儿 耳 尔 饵 洱 二 贰

fa：
fā fá fá fá fá fá fǎ fà
发 罚 筏 伐 乏 阀 法 珐

fan：
fān fān fān fān fán fán fán fán fán fán fǎn fǎn fàn fàn fàn fàn fàn
藩 帆 番 翻 樊 矾 钒 繁 凡 烦 反 返 范 贩 犯 饭 泛

fang：
fāng fāng fāng fáng fáng fáng fáng fǎng fǎng fǎng fàng
坊 芳 方 肪 房 防 妨 仿 访 纺 放

fei：
fēi fēi fēi fēi féi fěi fěi fèi fèi fèi fèi fèi
菲 非 啡 飞 肥 匪 诽 吠 肺 废 沸 费

fen：
fēn fēn fēn fēn fēn fēn fén fén fén fěn fèn fèn fèn fèn fèn
芬 酚 吩 氛 分 纷 坟 焚 汾 粉 奋 份 忿 愤 粪

feng：
fēng fēng fēng fēng fēng fēng fēng fēng fēng fēng féng féng féng fěng
丰 封 枫 蜂 峰 锋 风 疯 烽 逢 冯 缝 讽
fèng fèng
奉 凤

fo：
fó
佛

fou：
fǒu
否

fu：
fū fū fū fū fú fú fú fú fú fú fú fú fú fú fú fú fu fú fǔ fǔ fǔ fǔ fǔ
夫 敷 肤 孵 扶 拂 辐 幅 氟 符 伏 俘 服 浮 涪 福 袱 弗 甫 抚 辅 俯 釜
fǔ fǔ fǔ fǔ fǔ fù fù fù fù fù fù fù fù fù fù fù fù fù fù fù fù fù
斧 脯 腑 府 腐 赴 副 覆 赋 复 傅 付 阜 父 腹 负 富 讣 附 妇 缚 咐

ga：
gā gá
嘎 噶

gai：
gāi gǎi gài gài gài gài
该 改 概 钙 盖 溉

gan：
gān gān gān gān gān gān gǎn gǎn gǎn gǎn gàn
干 甘 杆 柑 竿 肝 赶 感 秆 敢 赣

gang：冈 刚 钢 缸 肛 纲 岗 港 杠
gāng gāng gāng gāng gāng gāng gǎng gǎng gàng

gao：篙 皋 高 膏 羔 糕 搞 镐 稿 告
gāo gāo gāo gāo gāo gāo gǎo gǎo gǎo gào

ge：哥 歌 搁 戈 鸽 胳 疙 割 革 葛 格 蛤 阁 隔 铬 个 各
gē gē gē gē gē gē gē gē gé gé gé gé gé gé gè gè gè

gei：给
gěi

gen：根 跟
gēn gēn

geng：耕 更 庚 羹 埂 耿 梗
gēng gèng gēng gēng gěng gěng gěng

gong：工 攻 功 恭 龚 躬 公 宫 弓 巩 汞 拱
gōng gōng gōng gōng gōng gōng gōng gōng gōng gǒng gǒng gǒng

贡 共 供
gòng gòng gòng

gou：钩 勾 沟 苟 狗 垢 构 购 够
gōu gōu gōu gǒu gǒu gòu gòu gòu gòu

gu：辜 菇 咕 箍 估 沽 孤 姑 鼓 古 蛊 骨 谷 股 故 顾 固 雇
gū gū gū gū gū gū gū gū gǔ gǔ gǔ gǔ gǔ gǔ gù gù gù gù

gua：刮 瓜 剐 寡 挂 褂
guā guā guǎ guǎ guà guà

guai：乖 拐 怪
guāi guǎi guài

guan：棺 关 官 观 管 馆 冠 罐 惯 灌 贯
guān guān guān guān guǎn guǎn guàn guàn guàn guàn guàn

guang：光 广 逛
guāng guǎng guàng

gui：瑰 规 圭 硅 归 龟 闺 轨 鬼 诡 癸 桂 柜 跪 贵 刽
guī guī guī guī guī guī guī guǐ guǐ guǐ guǐ guì guì guì guì guì

gun：辊 滚 棍
gǔn gǔn gùn

guo：锅 郭 国 果 裹 过
guō guō guó guǒ guǒ guò

ha：哈
hā

hai：骸 孩 海 氦 亥 害 骇
hái hái hǎi hài hài hài hài

han：酣 憨 邯 韩 含 涵 寒 函 喊 罕 翰 撼 捍 旱 憾 悍
hān hān hán hán hán hán hán hán hǎn hǎn hàn hàn hàn hàn hàn hàn

焊 汗 汉
hàn hàn hàn

hang：
hāng háng háng
夯　杭　航

hao：
háo háo háo háo hǎo hǎo hào hào hào
壕　嚎　豪　毫　郝　好　耗　号　浩

he：
hē hē hé hé hé hé hé hé hé hé hé hé hé hè hè hè hè
呵　喝　荷　菏　核　禾　和　何　合　盒　貉　阂　河　涸　赫　褐　鹤　贺

hei：
hēi hēi
嘿　黑

hen：
hén hěn hěn hèn
痕　很　狠　恨

heng：
hēng hēng héng héng héng
哼　亨　横　衡　恒

hong：
hōng hōng hōng hóng hóng hóng hóng hóng hóng
轰　哄　烘　虹　鸿　洪　宏　弘　红

hou：
hóu hóu hóu hǒu hòu hòu hòu
喉　侯　猴　吼　厚　候　后

hu：
hū hū hū hú hú hú hú hú hú hú hú hú hǔ hǔ hù hù hù hù
呼　乎　忽　瑚　壶　葫　胡　蝴　狐　糊　湖　弧　虎　唬　护　互　沪　户

hua：
huā huá huá huá huá huà huà huà huà
花　哗　华　猾　滑　画　划　化　话

huai：
huái huái huái huái huài
槐　徊　怀　淮　坏

huan：
huān huán huán huán huǎn huàn huàn huàn huàn huàn huàn huàn
欢　环　桓　还　缓　换　患　唤　痪　豢　焕　涣
huàn huàn
宦　幻

huang：
huāng huāng huáng huáng huáng huáng huáng huáng huáng huáng
荒　慌　黄　磺　蝗　簧　皇　凰　惶　煌
huǎng huǎng huǎng huǎng
晃　幌　恍　谎

hui：
huī huī huī huī huī huí huí huǐ huǐ huì huì huì huì huì huì huì huì huì huì
灰　挥　辉　徽　恢　蛔　回　毁　悔　慧　卉　惠　晦　贿　秽　会　烩　汇　讳
huì huì
诲　绘

hun：
hūn hūn hūn hún hún hún
荤　昏　婚　魂　浑　混

huo：
huō huó huǒ huǒ huò huò huò huò huò huò
豁　活　伙　火　获　或　惑　霍　货　祸

ji：
jī jī jī jī jī jī jī jī jī jī jì jī jī jī jī jí jí jí jí jí jí
击　圾　基　机　畸　稽　积　箕　肌　饥　迹　激　讥　鸡　姬　绩　缉　吉　极　棘　辑　籍　集
jí jí jí jí jí jí jí jī jǐ jǐ jì jì jì jì jì jì jì jì jì jì
及　急　疾　汲　即　嫉　级　挤　几　脊　己　蓟　技　冀　季　伎　祭　剂　悸　济　寄　寂　计　记　既

jì jì jì jì jì
忌 际 妓 继 纪

jiā jiā jiā jiā jiā jiā jiá jiá jiǎ jiǎ jiǎ jiǎ jià jià jià jià jià
jia：嘉 枷 夹 佳 家 加 荚 颊 贾 甲 钾 假 稼 价 架 驾 嫁

jiān jiān jiān jiān jiān jiān jiān jiān jiān jiān jiān jiān jiǎn jiǎn jiǎn jiǎn
jian：歼 监 坚 尖 笺 间 煎 兼 肩 艰 奸 缄 茧 检 柬 碱

jiǎn jiǎn jiǎn jiǎn jiǎn jiǎn jiàn jiàn jiàn jiàn jiàn jiàn jiàn jiàn jiàn jiàn jiàn jiàn
拣 捡 简 俭 剪 减 荐 鉴 践 贱 见 键 箭 件 健 舰 剑 饯

jiàn jiàn jiàn jiàn
渐 溅 涧 建

jiāng jiāng jiāng jiāng jiāng jiāng jiǎng jiǎng jiǎng jiǎng jiàng
jiang：僵 姜 将 浆 江 疆 蒋 桨 奖 讲 匠

jiàng jiàng
酱 降

jiāo jiāo jiāo jiāo jiāo jiāo jiāo jiāo jiāo jiāo jiáo jiǎo jiǎo jiǎo jiǎo
jiao：蕉 椒 礁 焦 胶 交 郊 浇 骄 娇 嚼 搅 铰 矫 侥

jiǎo jiǎo jiǎo jiǎo jiǎo jiǎo jiǎo jiào jiào jiào jiào jiào jiào
脚 狡 角 饺 缴 绞 剿 教 酵 轿 较 叫 窖

jiē jiē jiē jiē jiē jiē jié jié jié jié jié jié jié jié jié jiě jiě jiè jiè jiè jiè jiè
jie：揭 接 皆 秸 街 阶 截 劫 节 杰 捷 睫 竭 洁 结 解 姐 戒 藉 芥 界 借

jiè jiè jiè jiè
介 疥 诫 届

jīn jīn jīn jīn jīn jīn jīn jǐn jǐn jǐn jǐn jìn jìn jìn jìn jìn jìn jìn jìn jìn
jin：巾 筋 斤 金 今 津 襟 紧 锦 仅 谨 进 靳 晋 禁 近 烬 浸 尽 劲

jīng jīng jīng jīng jīng jīng jīng jīng jīng jīng jīng jīng jǐng jǐng jǐng jǐng jìng
jing：荆 兢 茎 睛 晶 鲸 京 惊 精 粳 经 井 警 景 颈 静

jìng jìng jìng jìng jìng jìng jìng jìng jìng
境 敬 镜 径 痉 靖 竟 竞 净

jiǒng jiǒng
jiong：炯 窘

jiū jiū jiū jiǔ jiǔ jiǔ jiǔ jiǔ jiǔ jiù jiù jiù jiù jiù jiù jiù jiù
jiu：揪 究 纠 玖 韭 久 灸 九 酒 厩 救 旧 臼 舅 咎 就 疚

jū jū jū jū jū jū jū jū jú jú jú jú jǔ jǔ jǔ jǔ jǔ jù jù jù jù jù jù jù jù
ju：鞠 拘 狙 疽 居 驹 菊 局 桔 咀 矩 举 沮 聚 拒 据 巨 具 距 踞 锯 俱 句

jù jù jù
惧 炬 剧

juān juān juān juàn juàn juàn juàn
juan：捐 鹃 娟 倦 眷 卷 绢

juē jué jué jué jué jué jué jué jué jué
jue：撅 攫 抉 掘 倔 爵 觉 决 诀 绝

jūn jūn jūn jūn jūn jùn jùn jùn jùn jùn
jun：均 菌 钧 军 君 峻 俊 竣 浚 郡 骏

kā kā kǎ kǎ
ka：喀 咖 卡 咯

kāi kāi kǎi kǎi kǎi
kai：开 揩 楷 凯 慨

kān kān kān kǎn kǎn kǎn kàn
kan：刊 堪 勘 坎 砍 槛 看

kāng kāng kāng káng kàng kàng kàng
kang：康 慷 糠 扛 抗 亢 炕

kǎo kǎo kǎo kào
kao：考 拷 烤 靠

kē kē kē kē kē kē kē ké ké kě kě kè kè kè kè
ke：坷 苛 柯 棵 磕 颗 科 壳 咳 可 渴 克 刻 客 课

kěn kěn kěn kěn
ken：肯 啃 垦 恳

kēng kēng
keng：坑 吭

kōng kǒng kǒng kòng
kong：空 恐 孔 控

kōu kǒu kòu kòu
kou：抠 口 扣 寇

kū kū kū kǔ kù kù kù
ku：枯 哭 窟 苦 酷 库 裤

kuā kuǎ kuà kuà kuà
kua：夸 垮 挎 跨 胯

kuài kuài kuài kuài
kuai：块 筷 侩 快

kuān kuǎn
kuan：宽 款

kuāng kuāng kuáng kuàng kuàng kuàng kuàng kuàng
kuang：匡 筐 狂 框 矿 眶 旷 况

kuī kuī kuī kuī kuí kuí kuí kuǐ kuì kuì kuì
kui：亏 盔 岿 窥 葵 奎 魁 傀 馈 愧 溃

kūn kūn kǔn kùn
kun：坤 昆 捆 困

kuò kuò kuò kuò
kuo：括 扩 廓 阔

lā lā lā lǎ là là là
la：垃 啦 拉 喇 蜡 腊 辣

lái lái lài
lai：莱 来 赖

lán lán lán lán lán lán lán lán lán lǎn lǎn lǎn lǎn làn làn
lan：蓝 婪 栏 拦 篮 阑 兰 澜 谰 揽 览 懒 缆 烂 滥

　　　　láng láng láng láng láng lǎng làng
lang:琅 榔 狼 廊 郎 朗 浪

　　　　lāo láo láo lǎo lǎo lǎo lào lào lào
lao:捞 劳 牢 老 佬 姥 酪 烙 涝

　　　lè lè
le:勒 乐

　　　léi léi lěi lěi lěi lěi lèi lèi lèi lèi lèi
lei:雷 镭 蕾 磊 儡 垒 擂 肋 类 泪 累

　　　léng léng lěng
leng:棱 楞 冷

　　lí lí lí lí lí lí lí lí lǐ lǐ lǐ lǐ lǐ lǐ lǐ lí lì lì lì lì
li:厘 梨 犁 黎 璃 篱 狸 离 漓 理 李 里 鲤 礼 莉 荔 吏 栗 丽 厉 励 砾 历
lì lì lì lì lì lì lì lì lì li
利 傈 例 俐 痢 立 粒 沥 隶 力 哩

　　　liǎ
lia:俩

　　　lián lián lián lián lián lián lián lián liǎn liǎn liàn liàn liàn liàn
lian:联 莲 连 镰 廉 怜 涟 帘 敛 脸 链 恋 炼 练

　　　liáng liáng liáng liáng liáng liǎng liàng liàng liàng liàng liàng
liang:粮 凉 梁 粱 良 两 辆 量 晾 亮 谅

　　　liáo liáo liáo liáo liáo liáo liáo liáo liǎo liào liào liào liào
liao:撩 聊 僚 疗 燎 寥 辽 潦 了 撂 镣 廖 料

　　　liè liè liè liè liè
lie:列 裂 烈 劣 猎

　　　līn lín lín lín lín lín lín lín lín lǐn lìn lìn
lin:拎 琳 林 磷 霖 临 邻 鳞 淋 凛 赁 吝

　　　líng líng líng líng líng líng líng líng líng líng lǐng lǐng lìng lìng
ling:玲 菱 零 龄 铃 伶 羚 凌 灵 陵 岭 领 另 令

　　　liū liú liú liú liú liú liú liú liú liǔ liù
liu:溜 琉 榴 硫 馏 留 刘 瘤 流 柳 六

　　　lóng lóng lóng lóng lóng lóng lǒng lǒng lǒng
long:龙 聋 咙 笼 窿 隆 垄 拢 陇

　　　lóu lóu lǒu lǒu lòu lòu
lou:楼 娄 搂 篓 漏 陋

　　　lú lú lú lú lú lǔ lǔ lǔ lǔ lù lù lù lù lù lù lù lù lù lù
lu:芦 卢 颅 庐 炉 掳 卤 虏 鲁 麓 碌 露 路 赂 鹿 潞 禄 录 陆 戮

　　　lǘ lǚ lǚ lǚ lǚ lǚ lǚ lǚ lǜ lǜ lǜ lǜ lǜ lǜ
lü:驴 吕 铝 侣 旅 履 屡 缕 虑 氯 律 率 滤 绿

　　　luán luán luán luán luǎn luàn
luan:峦 孪 挛 滦 卵 乱

　　　lüě lüè
lüe:掠 略

　　　　lūn lún lún lún lún lún lùn
lun：抡 轮 伦 仑 沦 纶 论

　　　　luó luó luó luó luó luó luó luǒ luò luò luò luò
luo：萝 螺 罗 逻 锣 箩 骡 裸 落 洛 骆 络

　　　　mā má mǎ mǎ mǎ mǎ mà ma ma
ma：妈 麻 玛 码 蚂 马 骂 嘛 吗

　　　　mái mǎi mài mài mài mài
mai：埋 买 麦 卖 迈 脉

　　　　mán mán mán mǎn màn màn màn màn màn
man：瞒 馒 蛮 满 蔓 曼 慢 漫 谩

　　　　máng máng máng máng máng mǎng
mang：芒 茫 盲 氓 忙 莽

　　　　māo máo máo máo máo mǎo mǎo mào mào mào mào mào
mao：猫 茅 锚 毛 矛 铆 卯 茂 冒 帽 貌 贸

　　　　me
me：么

　　　　méi méi méi méi méi méi méi méi méi měi měi měi mèi mèi mèi mèi
mei：玫 枚 梅 酶 霉 煤 没 眉 媒 镁 每 美 昧 寐 妹 媚

　　　　mén mèn men
men：门 闷 们

　　　　méng méng méng méng měng měng mèng mèng
meng：萌 蒙 檬 盟 锰 猛 梦 孟

　　　　mī mí mí mí mí mí mí mǐ mì mì mì mì mì mì
mi：眯 醚 靡 糜 迷 谜 弥 米 秘 觅 泌 蜜 密 幂

　　　　mián mián mián miǎn miǎn miǎn miǎn miǎn miàn
mian：棉 眠 绵 冕 免 勉 娩 缅 面

　　　　miáo miáo miáo miǎo miǎo miǎo miào miào
miao：苗 描 瞄 藐 秒 渺 庙 妙

　　　　miè miè
mie：蔑 灭

　　　　mín mǐn mǐn mǐn mǐn mǐn
min：民 抿 皿 敏 悯 闽

　　　　míng míng míng míng míng mìng
ming：明 螟 鸣 铭 名 命

　　　　miù
miu：谬

　　　　mō mó mó mó mó mó mó mó mǒ mò mò mò mò mò mò mò mò
mo：摸 摹 蘑 模 膜 磨 摩 魔 抹 末 莫 墨 默 沫 漠 寞 陌

　　　　móu móu mǒu
mou：谋 牟 某

　　　　mǔ mǔ mǔ mǔ mǔ mù mù mù mù mù mù mù mù mù mù
mu：拇 牡 亩 姆 母 墓 暮 幕 募 慕 木 目 睦 牧 穆

ná nǎ nà nà nà nà nà
na：拿 哪 呐 钠 那 娜 纳

nǎi nǎi nǎi nài nài
mai：氖 乃 奶 耐 奈

nán nán nán
nan：南 男 难

náng
nang：囊

náo nǎo nǎo nào nào
nao：挠 脑 恼 闹 淖

ne
ne：呢

něi nèi
nei：馁 内

nèn
nen：嫩

néng
neng：能

nī ní ní ní ní nǐ nǐ nì nì nì nì
ni：妮 霓 倪 泥 尼 拟 你 匿 腻 逆 溺

niān niān nián niǎn niǎn niǎn niàn
nian：蔫 拈 年 碾 撵 捻 念

niáng niàng
niang：娘 酿

niǎo niào
niao：鸟 尿

niē niè niè niè niè niè niè
nie：捏 聂 孽 啮 镊 镍 涅

nín
nin：您

níng níng níng níng nǐng nìng
ning：柠 狞 凝 宁 拧 泞

niú niǔ niǔ niǔ
niu：牛 扭 钮 纽

nóng nóng nóng nòng
nong：脓 浓 农 弄

nú nǔ nù
nu：奴 努 怒

nǔ
nü：女

nuǎn
nuan：暖

nüe：
nüè nüè
虐　疟

nuo：
nuó nuò nuò nuò
挪　懦　糯　诺

o：
ò
哦

ou：
ōu ōu ōu ǒu ǒu ǒu òu
欧　鸥　殴　藕　呕　偶　沤

pa：
pā pā pá pá pà pà
啪　趴　爬　琶　帕　怕

pai：
pāi pái pái pái pài pài
拍　排　牌　徘　湃　派

pan：
pān pān pán pán pàn pàn pàn pàn
攀　潘　盘　磐　盼　畔　判　叛

pang：
pāng páng páng pǎng pàng
乓　庞　旁　耪　胖

pao：
pāo páo páo páo pǎo pào pào
抛　咆　刨　袍　跑　炮　泡

pei：
pēi pēi péi péi péi péi pèi pèi pèi
呸　胚　培　裴　赔　陪　配　佩　沛

pen：
pēn pén
喷　盆

peng：
pēng pēng pēng péng péng péng péng péng péng péng péng péng
砰　抨　烹　澎　彭　蓬　棚　硼　篷　膨　朋　鹏
pěng pèng
捧　碰

pi：
pī pī pī pī pī pī pí pí pí pí pí pí pǐ pǐ pì pì pì
坯　砒　霹　批　披　劈　琵　毗　啤　脾　疲　皮　匹　痞　僻　屁　譬

pian：
piān piān piàn piàn
篇　偏　片　骗

piao：
piāo piāo piáo piào
飘　漂　瓢　票

pie：
piē piě
瞥　撇

pin：
pīn pín pín pǐn pìn
拼　频　贫　品　聘

ping：
pīng píng píng píng píng píng píng píng píng
乒　坪　苹　萍　平　凭　瓶　评　屏

po：
pō pō pō pó pò pò pò pò
坡　泼　颇　婆　破　魄　迫　粕

pou：
pōu
剖

pū pū pú pú pú pú pú pǔ pǔ pǔ pǔ pǔ pǔ pù pù
pu：扑 铺 仆 莆 葡 菩 蒲 埔 朴 圃 普 浦 谱 曝 瀑

qī qī qī qī qī qī qī qī qī qī qī qí qí qí qí qí qí qí qí qí qí qí qǐ
qi：期 欺 栖 戚 妻 七 凄 漆 柒 沏 其 棋 奇 歧 畦 崎 脐 齐 旗 祈 祁 骑 起
qǐ qǐ qǐ qǐ qǐ qì qì qì qì qì qì qì qì
岂 乞 企 启 契 砌 器 气 迄 弃 汽 泣 讫

qiā qià
qia：掐 洽

qiān qiān qiān qiān qiān qiān qiān qiān qiān qián qián qián qián
qian：牵 扦 钎 铅 千 迁 签 仟 谦 乾 黔 钱 钳
qián qián qiǎn qiǎn qiǎn qiàn qiàn qiàn qiàn
前 潜 遣 浅 谴 堑 嵌 欠 歉

qiāng qiāng qiāng qiāng qiáng qiáng qiáng qiǎng
qiang：枪 呛 腔 羌 墙 蔷 强 抢

qiāo qiāo qiāo qiāo qiáo qiáo qiáo qiáo qiǎo qiào qiào qiào qiào
qiao：橇 锹 敲 悄 桥 瞧 乔 侨 巧 鞘 撬 翘 峭
qiào qiào
俏 窍

qiē qié qiě qiè qiè
qie：切 茄 且 怯 窃

qīn qīn qīn qín qín qín qín qín qín qǐn qìn
qin：钦 侵 亲 秦 琴 勤 芹 擒 禽 寝 沁

qīng qīng qīng qīng qīng qīng qíng qíng qíng qíng qǐng qǐng qìng
qing：青 轻 氢 倾 卿 清 擎 晴 氰 情 顷 请 庆

qióng qióng
qiong：琼 穷

qiū qiū qiū qiú qiú qiú qiú qiú
qiu：秋 丘 邱 球 求 囚 酋 泅

qū qū qū qǔ qū qū qū qú qǔ qǔ qǔ qù qù
qu：趋 区 蛆 曲 驱 屈 驱 渠 取 娶 龋 趣 去

quān quán quán quán quán quán quán quán quǎn quàn quàn
quan：圈 颧 权 醛 泉 全 痊 拳 犬 券 劝

quē quē qué què què què què què
que：缺 炔 瘸 却 鹊 榷 确 雀

qún qún
qun：裙 群

rán rán rǎn rǎn
ran：然 燃 冉 染

ráng rǎng rǎng rǎng ràng
rang：瓤 壤 攘 嚷 让

ráo rǎo rào
rao：饶 扰 绕

re：
rě rè
惹 热

ren：
rén rén rén rěn rèn rèn rèn rèn rèn rèn
壬 仁 人 忍 韧 任 认 刃 妊 纫

reng：
rēng réng
扔 仍

ri：
rì
日

rong：
róng róng róng róng róng róng róng róng róng rǒng
戎 茸 蓉 荣 融 熔 溶 容 绒 冗

rou：
róu róu ròu
揉 柔 肉

ru：
rú rú rú rú rú rǔ rǔ rǔ rù rù
茹 蠕 儒 孺 如 辱 乳 汝 入 褥

ruan：
ruǎn ruǎn
软 阮

rui：
ruǐ ruì ruì
蕊 瑞 锐

run：
rùn rùn
闰 润

ruo：
ruò ruò
若 弱

sa：
sǎ sǎ sà
撒 洒 萨

sai：
sāi sāi sāi sài
腮 鳃 塞 赛

san：
sān sān sǎn sàn
三 叁 伞 散

sang：
sāng sǎng sàng
桑 嗓 丧

sao：
sāo sāo sǎo sǎo
搔 骚 扫 嫂

se：
sè sè sè
瑟 色 涩

sen：
sēn
森

seng：
sēng
僧

sha：
shā shā shā shā shā shā shá shǎ shà
莎 砂 杀 刹 沙 纱 啥 傻 煞

shai：
shāi shài
筛 晒

shan：
shān shān shān shān shān shān shān shǎn shǎn shàn shàn shàn shàn
珊　苦　杉　山　删　煽　衫　闪　陕　擅　赡　膳　善

shàn shàn shàn
汕　扇　缮

shang：
shāng shāng shāng shǎng shǎng shàng shàng shang
墒　伤　商　赏　晌　上　尚　裳

shao：
shāo shāo shāo shāo sháo sháo sháo shǎo shào shào shào
梢　捎　稍　烧　芍　勺　韶　少　哨　邵　绍

she：
shē shē shé shé shě shè shè shè shè shè shè shè
奢　赊　蛇　舌　舍　赦　摄　射　慑　涉　社　设

shen：
shēn shēn shēn shēn shēn shēn shēn shēn shén shén shěn shěn
砷　申　呻　伸　身　深　娠　绅　神　什　沈　审

shěn
婶

shèn shèn shèn shèn
甚　肾　慎　渗

sheng：
shēng shēng shēng shēng shēng shéng shěng shèng shèng shèng shèng
声　生　甥　牲　升　绳　省　盛　剩　胜　圣

shi：
shī shī shī shī shī shī shī shī shí shí shí shí shí shí shí shí shǐ shǐ shǐ shǐ
师　失　狮　施　湿　诗　尸　虱　十　石　拾　时　食　蚀　实　识　史　矢　使　屎

shǐ shǐ shì shì shì shì shì shì shì shì shì shì shì shì shì shì shì shì shì shì shì shì
驶　始　式　示　士　世　柿　事　拭　誓　逝　势　是　嗜　噬　适　仕　侍　释　饰　氏　市

shì shì shì shì
恃　室　视　试

shou：
shōu shǒu shǒu shǒu shòu shòu shòu shòu shòu shòu
收　手　首　守　寿　授　售　受　瘦　兽

shu：
shū shū shū shū shū shū shū shū shū shū shū shú shú shú shǔ shǔ shǔ
蔬　枢　梳　殊　抒　输　叔　舒　淑　疏　书　赎　孰　熟　薯　暑　曙

shǔ shǔ shǔ shǔ shǔ shù shù shù shù shù shù shù shù shù shù shù
署　蜀　黍　鼠　属　术　述　树　束　戍　竖　墅　庶　数　漱　恕

shua：
shuā shuǎ
刷　耍

shuai：
shuāi shuāi shuǎi shuài
摔　衰　甩　帅

shuan：
shuān shuān
栓　拴

shuang：
shuāng shuāng shuǎng
霜　双　爽

shui：
shuí shuǐ shuì shuì
谁　水　睡　税

shun：
shǔn shùn shùn shùn
吮　瞬　顺　舜

shuo：
shuō shuò shuò shuò
说　硕　朔　烁

sī sī sī sī sī sī sī sǐ sì sì sì sì sì sì sì sì
si：斯 撕 嘶 思 私 司 丝 死 肆 寺 嗣 四 伺 似 饲 巳

sōng sǒng sǒng sòng sòng sòng sòng sòng
song：松 耸 怂 颂 送 宋 讼 诵

sōu sōu sǒu sòu
sou：搜 艘 擞 嗽

sū sū sú sù sù sù sù sù sù sù sù sù
su：苏 酥 俗 素 速 粟 傈 塑 溯 宿 诉 肃

suān suàn suàn
suan：酸 蒜 算

suī suí suí suí suǐ suì suì suì suì suì suì
sui：虽 隋 随 绥 髓 碎 岁 穗 遂 隧 祟

sūn sǔn sǔn
sun：孙 损 笋

suō suō suō suō suǒ suǒ suǒ suǒ
suo：蓑 梭 唆 缩 琐 索 锁 所

tā tā tā tā tǎ tǎ tà tà tà
ta：塌 他 它 她 塔 獭 挞 蹋 踏

tāi tái tái tái tài tài tài tài tài
tai：胎 苔 抬 台 泰 酞 太 态 汰

tān tān tān tān tān tán tán tán tán tán tán tǎn tǎn tǎn tàn tàn
tan：坍 摊 贪 瘫 滩 坛 檀 痰 潭 谭 谈 坦 毯 袒 碳 探
tàn tàn
叹 炭

tāng táng táng táng táng táng táng táng tǎng tǎng tǎng tàng tàng
tang：汤 塘 搪 堂 棠 膛 唐 糖 倘 躺 淌 趟 烫

tāo tāo tāo tāo táo táo táo táo táo tǎo tào
tao：掏 涛 滔 绦 萄 桃 逃 淘 陶 讨 套

tè
te：特

téng téng téng téng
teng：藤 腾 疼 誊

tī tī tī tī tí tí tí tí tǐ tì tì tì tì tì tì
ti：梯 剔 踢 锑 提 题 蹄 啼 体 替 嚏 惕 涕 剃 屉

tiān tiān tián tián tián tián tiǎn tiǎn
tian：天 添 填 田 甜 恬 舔 腆

tiāo tiáo tiáo tiào tiào
tiao：挑 条 迢 眺 跳

tiē tiě tiě
tie：贴 铁 帖

tīng tīng tīng tīng tíng tíng tíng tíng tǐng tǐng
ting：厅 听 烃 汀 廷 停 亭 庭 挺 艇

tōng tóng tóng tóng tóng tóng tóng tóng tǒng tǒng tǒng tǒng tòng
tong：通 桐 酮 瞳 同 铜 彤 童 桶 捅 筒 统 痛

tōu tóu tóu tòu
tou：偷 投 头 透

tū tū tū tú tú tú tú tú tǔ tǔ tù
tu：凸 秃 突 图 徒 途 涂 屠 土 吐 兔

tuān tuán
tuan：湍 团

tuī tuí tuǐ tuì tuì tuì
tui：推 颓 腿 蜕 褪 退

tūn tún tún
tun：吞 屯 臀

tuō tuō tuō tuó tuó tuó tuó tuǒ tuǒ tuò tuò
tuo：拖 托 脱 鸵 陀 驮 驼 椭 妥 拓 唾

wā wā wā wā wá wǎ wà
wa：挖 哇 蛙 洼 娃 瓦 袜

wāi wài
wai：歪 外

wān wān wān wán wán wán wán wán wǎn wǎn wǎn wǎn wǎn wǎn
wan：豌 弯 湾 玩 顽 丸 烷 完 碗 挽 晚 皖 惋 宛
wǎn wàn wàn
婉 万 腕

wāng wáng wáng wǎng wǎng wǎng wàng wàng wàng wàng
wang：汪 王 亡 枉 网 往 旺 望 忘 妄

wēi wēi wēi wēi wéi wéi wéi wéi wéi wéi wéi wéi wéi wěi wěi wěi
wei：威 巍 微 危 韦 违 桅 围 唯 惟 为 潍 维 苇 萎 委
wěi wěi wěi wěi wèi wèi wèi wèi wèi wèi wèi wèi wèi wèi wèi wèi wèi
伟 伪 尾 纬 未 蔚 味 畏 胃 喂 魏 位 渭 谓 尉 慰 卫

wēn wēn wén wén wén wén wěn wěn wěn wèn
wen：瘟 温 蚊 文 闻 纹 吻 稳 紊 问

wēng wēng wèng
weng：嗡 翁 瓮

wō wō wō wō wǒ wò wò wò wò
wo：挝 蜗 涡 窝 我 斡 卧 握 沃

wū wū wū wū wū wū wū wú wú wú wú wú wú wǔ wǔ wǔ wǔ wǔ wǔ wǔ
wu：巫 呜 钨 乌 污 诬 屋 无 芜 梧 吾 吴 毋 武 五 捂 午 舞 伍 侮
wù wù wù wù wù wù wù wù wù
坞 戊 雾 晤 物 勿 务 悟 误

xī xī xī xī xī xī xī xī xī xī xī xī xī xī xī xī xī xī xī xī xī
xi：昔 熙 析 西 硒 矽 晰 嘻 吸 锡 牺 稀 息 希 悉 膝 夕 惜 熄 烯 溪 汐 犀
xí xí xí xí xí xǐ xǐ xì xì xì xì
檄 袭 席 习 媳 喜 铣 洗 系 隙 戏 细

xiā xiā xiá xiá xiá xiá xiá xiá xiá xià xià xià xià
xia：瞎 虾 匣 霞 辖 暇 峡 侠 狭 下 厦 夏 吓

xiān xiān xiān xiān xiān xiān xián xián xián xián xián xián xián xián
xian：掀 锨 先 仙 鲜 纤 咸 贤 衔 舷 闲 涎 弦 嫌

xiǎn xiǎn xiàn xiàn xiàn xiàn xiàn xiàn xiàn xiàn xiàn xiàn
显 险 现 献 县 腺 馅 羡 宪 陷 限 线

xiāng xiāng xiāng xiāng xiāng xiāng xiāng xiāng xiáng xiáng xiáng
xiang：相 厢 镶 香 箱 襄 湘 乡 翔 祥 详

xiǎng xiǎng xiǎng xiàng xiàng xiàng xiàng xiàng xiàng
想 响 享 项 巷 橡 像 向 象

xiāo xiāo xiāo xiāo xiāo xiāo xiāo xiāo xiáo xiǎo xiǎo xiào xiào xiào
xiao：萧 硝 霄 削 嚣 销 消 宵 淆 晓 小 孝 校 肖

xiào xiào xiào xiào
啸 哮 笑 效

xiē xiē xiē xiē xié xié xié xié xié xié xié xiě xiè xiè xiè xiè xiè xiè
xie：楔 些 歇 蝎 鞋 协 挟 携 邪 斜 胁 谐 写 械 卸 蟹 懈 泄 泻

xiè xiè
谢 屑

xīn xīn xīn xīn xīn xīn xīn xīn xìn xìn
xin：薪 芯 锌 欣 辛 新 忻 心 信 衅

xīng xīng xīng xīng xīng xíng xíng xíng xíng xíng xǐng xìng xìng
xing：星 腥 猩 惺 兴 刑 型 形 邢 行 醒 幸 杏

xìng xìng
性 姓

xiōng xiōng xiōng xiōng xiōng xióng xióng
xiong：兄 凶 胸 匈 汹 雄 熊

xiū xiū xiū xiǔ xiù xiù xiù xiù xiù
xiu：休 修 羞 朽 嗅 锈 秀 袖 绣

xū xū xū xū xū xū xú xǔ xù xù xù xù xù xù xù xù xù xù
xu：墟 戌 需 虚 嘘 须 徐 许 蓄 酗 叙 旭 序 畜 恤 絮 婿 绪 续

xuān xuān xuān xuán xuán xuán xuǎn xuǎn xuàn xuàn
xuan：轩 喧 宣 悬 旋 玄 选 癣 眩 绚

xuē xuē xué xué xuě xuè
xue：靴 薛 学 穴 雪 血

xūn xūn xún xún xún xún xún xùn xùn xùn xùn xùn xùn xùn
xun：勋 熏 循 旬 询 寻 巡 殉 汛 训 讯 逊 迅 驯

yā yā yā yā yā yá yá yá yá yá yá yǎ yǎ yà yà ya
ya：压 押 鸦 鸭 丫 芽 牙 蚜 崖 衙 涯 雅 哑 亚 讶 呀

yān yān yān yān yān yán yán yán yán yán yán yán yán yán yán yán
yan：焉 咽 阉 烟 淹 盐 严 研 蜒 岩 延 言 颜 阎 炎 沿

yǎn yǎn yǎn yǎn yǎn yàn yàn yàn yàn yàn yàn yàn yàn yàn yàn yàn yàn
奄 掩 眼 衍 演 艳 堰 燕 厌 砚 雁 唁 彦 焰 宴 谚 验

yang：
殃 央 鸯 秧 杨 扬 佯 疡 羊 洋 阳 氧
（yāng yāng yāng yāng yáng yáng yáng yáng yáng yáng yáng yǎng）
仰 痒 养 样 漾
（yǎng yǎng yǎng yàng yàng）

yao：
邀 腰 妖 瑶 摇 尧 遥 窑 谣 姚 咬 舀 药 要 钥 耀
（yāo yāo yāo yáo yáo yáo yáo yáo yáo yáo yǎo yǎo yào yào yào yào）

ye：椰 噎 耶 爷 野 冶 也 页 掖 业 叶 曳 腋 夜 液
（yē yē yē yé yě yě yě yè yē yè yè yè yè yè）

yi：一 壹 医 揖 铱 依 伊 衣 颐 夷 遗 移 仪 胰 疑 沂 宜 姨 彝 椅 蚁 倚 已
（yī yī yī yī yī yī yī yī yí yí yí yí yí yí yí yí yí yí yí yǐ yǐ yǐ yǐ）
乙 矣 以 艺 抑 易 邑 屹 亿 役 臆 逸 肆 疫 亦 裔 意 毅 忆 义 益 溢 诣 议 谊
（yǐ yǐ yǐ yì yì yì yì yì yì yì yì yì yì yì yì yì yì yì yì yì yì yì yì yì yì）
译 异 翼 翌 绎
（yì yì yì yì yì）

yin：茵 荫 因 殷 音 阴 姻 吟 银 淫 寅 饮 尹 引 隐 印
（yīn yīn yīn yīn yīn yīn yīn yín yín yín yín yǐn yǐn yǐn yǐn yìn）

ying：英 樱 婴 鹰 应 缨 莹 萤 营 荧 蝇 迎 赢 盈
（yīng yīng yīng yīng yìng yīng yíng yíng yíng yíng yíng yíng yíng yíng）
影 颖 硬 映
（yǐng yǐng yìng yìng）

yo：哟
（yō）

yong：拥 佣 臃 痈 庸 雍 踊 蛹 咏 泳 涌 永
（yōng yōng yōng yōng yōng yōng yǒng yǒng yǒng yǒng yǒng yǒng）
恿 勇 用
（yǒng yǒng yòng）

you：幽 优 悠 忧 尤 由 邮 铀 犹 油 游 酉 有 友 右 佑
（yōu yōu yōu yōu yóu yóu yóu yóu yóu yóu yóu yǒu yǒu yǒu yòu yòu）
釉 诱 又 幼
（yòu yòu yòu yòu）

yu：迂 淤 于 盂 榆 虞 愚 舆 余 俞 逾 鱼 愉 渝 渔 隅 予 娱 雨 与 屿 禹 宇
（yū yū yú yú yú yú yú yú yú yú yú yú yú yú yú yú yǔ yú yǔ yǔ yǔ yǔ yǔ）
语 羽 玉 域 芋 郁 吁 遇 喻 峪 御 愈 欲 狱 育 誉 浴 寓 裕 预 豫 驭
（yǔ yǔ yù yù yù yù xū yù yù yù yù yù yù yù yù yù yù yù yù yù yù yù）

yuan：鸳 渊 冤 元 垣 袁 原 援 辕 园 员 圆
（yuān yuān yuān yuán yuán yuán yuán yuán yuán yuán yuán yuán）
猿 源 缘 远 苑 愿 怨 院
（yuán yuán yuán yuǎn yuàn yuàn yuàn yuàn）

yue：曰 约 越 跃 岳 粤 月 悦 阅
（yuē yuē yuè yuè yuè yuè yuè yuè yuè）

yun：晕 耘 云 郧 匀 陨 允 运 蕴 酝 韵 孕
（yūn yún yún yún yún yǔn yǔn yùn yùn yùn yùn yùn）

zā zá zá
za：匝 砸 杂

zāi zāi zāi zǎi zǎi zài zài
zai：栽 哉 灾 宰 载 再 在

zán zǎn zàn zàn
zan：咱 攒 暂 赞

zāng zāng zàng
zang：赃 脏 葬

zāo zāo záo zǎo zǎo zǎo zǎo zǎo zào zào zào zào zào zào
zao：遭 糟 凿 藻 枣 早 澡 蚤 躁 噪 造 皂 灶 燥

zé zé zé zé
ze：责 择 则 泽

zéi
zei：贼

zěn
zen：怎

zēng zēng zèng
zeng：增 憎 赠

zhā zhā zhā zhá zhá zhá zhá zhǎ zhǎ zhà zhà zhà zhà zhà
zha：扎 喳 渣 札 轧 铡 闸 眨 咋 栅 榨 乍 炸 诈

zhāi zhāi zhái zhǎi zhài zhài
zhai：摘 斋 宅 窄 债 寨

zhān zhān zhān zhān zhān zhǎn zhǎn zhǎn zhǎn zhǎn zhàn zhàn zhàn
zhan：瞻 毡 詹 粘 沾 盏 斩 辗 崭 展 蘸 栈 占
zhàn zhàn zhàn zhàn
战 站 湛 绽

zhāng zhāng zhāng zhāng zhāng zhǎng zhǎng zhàng zhàng zhàng
zhang：樟 章 彰 漳 张 掌 涨 杖 丈 帐
zhàng zhàng zhàng zhàng zhàng
账 仗 胀 瘴 障

zhāo zhāo zhǎo zhǎo zhào zhào zhào zhào zhào zhào
zhao：招 昭 找 沼 赵 照 罩 兆 肇 召

zhē zhé zhé zhé zhé zhě zhě zhè zhè zhè
zhe：遮 折 哲 蛰 辙 者 锗 蔗 这 浙

zhēn zhēn zhēn zhēn zhēn zhēn zhēn zhēn zhēn zhēn zhěn zhěn zhěn
zhen：珍 斟 真 甄 砧 臻 贞 针 帧 侦 枕 疹 诊
zhèn zhèn zhèn zhèn
震 振 镇 阵

zhēng zhēng zhēng zhēng zhēng zhēng zhēng zhěng zhěng zhèng
zheng：蒸 挣 睁 征 狰 争 怔 整 拯 正
zhèng zhèng zhèng zhèng
政 症 郑 证

zhi：
zhī zhī zhī zhī zhī zhī zhī zhī zhī zhī zhī zhí zhí zhí zhí zhí zhí zhí zhí zhí
芝 枝 支 吱 蜘 知 肢 脂 汁 之 织 职 直 植 殖 执 值 侄 址 指 止

zhǐ zhǐ zhǐ zhǐ zhì zhì zhì zhì zhì zhì zhì zhì zhì zhì zhì zhì zhì zhì zhì zhì
趾 只 旨 纸 志 挚 掷 至 致 置 帜 峙 制 智 秩 稚 质 炙 痔 滞 治 窒

zhong：
zhōng zhōng zhōng zhōng zhōng zhōng zhǒng zhǒng zhòng zhòng zhòng
中 盅 忠 钟 衷 终 种 肿 重 仲 众

zhou：
zhōu zhōu zhōu zhōu zhōu zhōu zhóu zhǒu zhǒu zhòu zhòu zhòu zhòu zhòu
舟 周 州 洲 诌 粥 轴 肘 帚 咒 皱 宙 昼 骤

zhu：
zhū zhū zhū zhū zhū zhū zhū zhú zhú zhú zhǔ zhǔ zhǔ zhǔ zhǔ zhù zhù
珠 株 蛛 朱 猪 诸 诛 逐 竹 烛 煮 拄 瞩 嘱 主 著 柱

zhù zhù zhù zhù zhù zhù zhù zhù zhù
助 蛀 贮 铸 筑 住 注 祝 驻

zhua：
zhuā zhuǎ
抓 爪

zhuai：
zhuài
拽

zhuan：
zhuān zhuān zhuǎn zhuàn zhuàn zhuàn
专 砖 转 撰 赚 篆

zhuang：
zhuāng zhuāng zhuāng zhuāng zhuàng zhuàng zhuàng
桩 庄 装 妆 撞 壮 状

zhui：
zhuī zhuī zhuī zhuì zhuì zhuì
椎 锥 追 赘 坠 缀

zhun：
zhūn zhǔn
谆 准

zhuo：
zhuō zhuō zhuō zhuó zhuó zhuó zhuó zhuó zhuó zhuó zhuó
捉 拙 桌 卓 琢 茁 酌 啄 着 灼 浊

zi：
zī zī zī zī zī zī zī zǐ zǐ zǐ zǐ zǐ zì zì zì
兹 咨 资 姿 滋 淄 孜 紫 仔 籽 滓 子 自 渍 字

zong：
zōng zōng zōng zōng zōng zǒng zòng
鬃 棕 踪 宗 综 总 纵

zou：
zōu zǒu zòu zòu
邹 走 奏 揍

zu：
zū zú zú zú zǔ zǔ zǔ zǔ
租 足 卒 族 祖 诅 阻 组

zuan：
zuān zuǎn
钻 纂

zui：
zuǐ zuì zuì zuì
嘴 醉 最 罪

zun：
zūn zūn
尊 遵

zuo：
zuó zuǒ zuǒ zuò zuò zuò zuò zuò
昨 左 佐 柞 做 作 坐 座

第二部分　普通话常用词语表

一、表一

A

1	阿姨	āyí
2	哎呀	āiyā
3	爱好	àihào
4	爱护	àihù
5	爱情	àiqíng
6	碍事	àishì
7	安静	ānjìng
8	安排	ānpái
9	安全	ānquán
10	安慰	ānwèi
11	安心	ānxīn
12	按时	ànshí
13	按照	ànzhào
14	昂扬	ángyáng

B

15	把柄	bǎbǐng
16	白菜	báicài
17	柏树	bǎishù
18	班长	bānzhǎng
19	伴侣	bànlǚ
20	半拉	bànlǎ
21	半天	bàntiān
22	半夜	bànyè
23	办法	bànfǎ
24	办公	bàngōng
25	办事	bànshì
26	帮忙	bāngmáng
27	帮助	bāngzhù
28	榜样	bǎngyàng
29	傍晚	bàngwǎn
30	包裹	bāoguǒ
31	包括	bāokuò
32	保持	bǎochí
33	保存	bǎocún
34	保护	bǎohù
35	保留	bǎoliú
36	保卫	bǎowèi
37	保证	bǎozhèng
38	堡垒	bǎolěi
39	宝贵	bǎoguì
40	抱歉	bàoqiàn
41	报到	bàodào
42	报道	bàodào
43	报告	bàogào
44	报名	bàomíng
45	报纸	bàozhǐ
46	悲痛	bēitòng
47	卑鄙	bēibǐ
48	北部	běibù
49	北方	běifāng
50	背包	bēibāo
51	背后	bèihòu
52	本来	běnlái
53	本领	běnlǐng
54	本质	běnzhì
55	笨拙	bènzhuō
56	比较	bǐjiào
57	比例	bǐlì
58	比如	bǐrú
59	比赛	bǐsài
60	笔记	bǐjì
61	毕业	bìyè
62	闭塞	bìsè
63	必然	bìrán
64	必须	bìxū
65	必要	bìyào
66	避免	bìmiǎn
67	编辑	biānjí
68	贬值	biǎnzhí
69	便条	biàntiáo
70	变成	biànchéng
71	变化	biànhuà

72 辩解	biànjiě	108 不许	bùxǔ	142 曾经	céngjīng
73 标点	biāodiǎn	109 不必	bùbì	143 查处	cháchǔ
74 标准	biāozhǔn	110 不但	bùdàn	144 刹那	chànà
75 表达	biǎodá	111 不断	bùduàn	145 产量	chǎnliàng
76 表面	biǎomiàn	112 不过	bùguò	146 产品	chǎnpǐn
77 表明	biǎomíng	113 不愧	bùkuì	147 产生	chǎnshēng
78 表示	biǎoshì	114 不论	bùlùn	148 颤抖	chàndǒu
79 表现	biǎoxiàn	115 不幸	bùxìng	149 常常	chángcháng
80 表演	biǎoyǎn	116 不要	bùyào	150 长期	chángqī
81 表扬	biǎoyáng	117 不用	bùyòng	151 长途	chángtú
82 别人	biérén	118 不足	bùzú	152 敞开	chǎngkāi
83 宾馆	bīnguǎn	119 布置	bùzhì	153 超过	chāoguò
84 饼干	bǐnggān	120 步骤	bùzhòu	154 抄写	chāoxiě
85 病房	bìngfáng	121 部队	bùduì	155 车间	chējiān
86 病菌	bìngjūn	122 部门	bùmén	156 车站	chēzhàn
87 病人	bìngrén	123 部长	bùzhǎng	157 彻底	chèdǐ
88 并且	bìngqiě			158 沉淀	chéndiàn
89 播种	bōzhǒng	**C**		159 沉默	chénmò
90 薄弱	bóruò			160 衬衫	chènshān
91 伯父	bófù	124 猜想	cāixiǎng	161 衬衣	chènyī
92 伯母	bómǔ	125 材料	cáiliào	162 称心	chènxīn
93 捕捞	bǔlāo	126 采访	cǎifǎng	163 称赞	chēngzàn
94 补偿	bǔcháng	127 采购	cǎigòu	164 城市	chéngshì
95 补充	bǔchōng	128 采取	cǎiqǔ	165 成功	chénggōng
96 补课	bǔkè	129 采用	cǎiyòng	166 成果	chéngguǒ
97 补习	bǔxí	130 彩色	cǎisè	167 成绩	chéngjì
98 不管	bùguǎn	131 餐厅	cāntīng	168 成就	chéngjiù
99 不禁	bùjīn	132 参观	cānguān	169 成立	chénglì
100 不仅	bùjǐn	133 参加	cānjiā	170 成熟	chéngshú
101 不久	bùjiǔ	134 参谋	cānmóu	171 成为	chéngwéi
102 不平	bùpíng	135 操场	cāochǎng	172 成长	chéngzhǎng
103 不然	bùrán	136 草地	cǎodì	173 乘机	chéngjī
104 不如	bùrú	137 草率	cǎoshuài	174 程度	chéngdù
105 不少	bùshǎo	138 草原	cǎoyuán	175 诚恳	chéngkěn
106 不同	bùtóng	139 厕所	cèsuǒ	176 诚实	chéngshí
107 不行	bùxíng	140 策略	cèlüè	177 承认	chéngrèn
		141 测验	cèyàn		

178 吃惊	chījīng	214 磁带	cídài	248 大型	dàxíng
179 迟到	chídào	215 词典	cídiǎn	249 大学	dàxué
180 翅膀	chìbǎng	216 此外	cǐwài	250 大衣	dàyī
181 充分	chōngfèn	217 次序	cìxù	251 大约	dàyuē
182 充满	chōngmǎn	218 从不	cóngbù	252 代表	dàibiǎo
183 充足	chōngzú	219 从此	cóngcǐ	253 代替	dàitì
184 重叠	chóngdié	220 从而	cóng'ér	254 逮捕	dàibǔ
185 重复	chóngfù	221 从来	cónglái	255 担任	dānrèn
186 重新	chóngxīn	222 从前	cóngqián	256 担心	dānxīn
187 崇高	chónggāo	223 从事	cóngshì	257 单词	dāncí
188 抽象	chōuxiàng	224 粗糙	cūcāo	258 单调	dāndiào
189 筹备	chóubèi	225 翠绿	cuìlǜ	259 单位	dānwèi
190 初步	chūbù	226 存在	cúnzài	260 胆怯	dǎnqiè
191 初级	chūjí	227 措施	cuòshī	261 但是	dànshì
192 出版	chūbǎn	228 错误	cuòwù	262 蛋糕	dàngāo
193 出发	chūfā			263 当地	dāngdì
194 出口	chūkǒu	**D**		264 当年	dāngnián
195 出品	chūpǐn	229 答案	dá'àn	265 当前	dāngqián
196 出身	chūshēn	230 答卷	dájuàn	266 当然	dāngrán
197 出生	chūshēng	231 达到	dádào	267 当时	dāngshí
198 出席	chūxí	232 打倒	dǎdǎo	268 当选	dāngxuǎn
199 出现	chūxiàn	233 打扰	dǎrǎo	269 党员	dǎngyuán
200 出院	chūyuàn	234 打算	dǎ·suàn	270 当天	dàngtiān
201 厨房	chúfáng	235 打针	dǎzhēn	271 当作	dàngzuò
202 储存	chǔcún	236 大胆	dàdǎn	272 档次	dàngcì
203 处分	chǔfèn	237 大概	dàgài	273 岛屿	dǎoyǔ
204 处境	chǔjìng	238 大会	dàhuì	274 到处	dàochù
205 处理	chǔlǐ	239 大家	dàjiā	275 到达	dàodá
206 传播	chuánbō	240 大街	dàjiē	276 到底	dàodǐ
207 传统	chuántǒng	241 大量	dàliàng	277 倒退	dàotuì
208 船舶	chuánbó	242 大陆	dàlù	278 悼念	dàoniàn
209 创造	chuàngzào	243 大米	dàmǐ	279 道德	dàodé
210 创作	chuàngzuò	244 大批	dàpī	280 道理	dàolǐ
211 吹捧	chuīpěng	245 大人	dàrén	281 道路	dàolù
212 春节	chūnjié	246 大声	dàshēng	282 道歉	dàoqiàn
213 春天	chūntiān	247 大小	dàxiǎo	283 得到	dédào

284	得以	déyǐ	320	东方	dōngfāng		**F**
285	德语	Déyǔ	321	东西	dōng·xi		
286	登记	dēngjì	322	东南	dōngnán	354 发表	fābiǎo
287	等待	děngdài	323	冬天	dōngtiān	355 发出	fāchū
288	等于	děngyú	324	动人	dòngrén	356 发达	fādá
289	低劣	dīliè	325	动身	dòngshēn	357 发动	fādòng
290	敌人	dírén	326	动手	dòngshǒu	358 发抖	fādǒu
291	的确	díquè	327	动物	dòngwù	359 发挥	fāhuī
292	地带	dìdài	328	动员	dòngyuán	360 发明	fāmíng
293	地点	dìdiǎn	329	动作	dòngzuò	361 发烧	fāshāo
294	地方	dì·fang	330	斗争	dòuzhēng	362 发生	fāshēng
295	地面	dìmiàn	331	督促	dūcù	363 发现	fāxiàn
296	地球	dìqiú	332	独立	dúlì	364 发言	fāyán
297	地区	dìqū	333	读书	dúshū	365 发扬	fāyáng
298	地图	dìtú	334	读者	dúzhě	366 发展	fāzhǎn
299	地位	dìwèi	335	杜绝	dùjué	367 法郎	fǎláng
300	地下	dìxià	336	度过	dùguò	368 法律	fǎlù
301	地址	dìzhǐ	337	短期	duǎnqī	369 番茄	fānqié
302	颠簸	diānbǒ	338	锻炼	duànliàn	370 翻译	fānyì
303	点燃	diǎnrán	339	断绝	duànjué	371 繁荣	fánróng
304	点钟	diǎnzhōng	340	兑换	duìhuàn	372 反动	fǎndòng
305	典礼	diǎnlǐ	341	队长	duìzhǎng	373 反对	fǎnduì
306	电报	diànbào	342	对比	duìbǐ	374 反而	fǎn'ér
307	电车	diànchē	343	对待	duìdài	375 反抗	fǎnkàng
308	电灯	diàndēng	344	对方	duìfāng	376 反应	fǎnyìng
309	电话	diànhuà	345	对话	duìhuà	377 反正	fǎnzhèng
310	电钮	diànniǔ	346	对面	duìmiàn	378 范畴	fànchóu
311	电视	diànshì	347	对象	duìxiàng	379 范围	fànwéi
312	电台	diàntái	348	多数	duōshù	380 饭店	fàndiàn
313	电梯	diàntī	349	躲避	duǒbì	381 方案	fāng'àn
314	电影	diànyǐng	350	堕落	duòluò	382 方便	fāngbiàn
315	雕塑	diāosù				383 方法	fāngfǎ
316	调查	diàochá		**E**		384 方面	fāngmiàn
317	叮嘱	dīngzhǔ	351	额外	éwài	385 方式	fāngshì
318	东北	dōngběi	352	而已	éryǐ	386 方向	fāngxiàng
319	东部	dōngbù	353	儿童	értóng	387 方针	fāngzhēn

388	房间	fángjiān	424	服务	fúwù	458	感情	gǎnqíng
389	防御	fángyù	425	辅导	fǔdǎo	459	感想	gǎnxiǎng
390	防止	fángzhǐ	426	副食	fùshí	460	感谢	gǎnxiè
391	仿佛	fǎngfú	427	赋予	fùyǔ	461	橄榄	gǎnlǎn
392	访问	fǎngwèn	428	复述	fùshù	462	干部	gànbù
393	放大	fàngdà	429	复习	fùxí	463	刚才	gāngcái
394	放假	fàngjià	430	复印	fùyìn	464	刚刚	gānggāng
395	放弃	fàngqì	431	复杂	fùzá	465	钢笔	gāngbǐ
396	放心	fàngxīn	432	父亲	fù · qīn	466	高大	gāodà
397	非常	fēicháng	433	负责	fùzé	467	高兴	gāoxìng
398	飞机	fēijī	434	富裕	fùyù	468	高原	gāoyuán
399	诽谤	fěibàng	435	附和	fùhè	469	告别	gàobié
400	费用	fèiyòng	436	附近	fùjìn	470	革命	gémìng
401	吩咐	fēn · fù	437	妇女	fùnǚ	471	隔壁	gébì
402	分别	fēnbié				472	隔阂	géhé
403	分配	fēnpèi		**G**		473	个别	gèbié
404	分歧	fēnqí	438	改变	gǎibiàn	474	个人	gèrén
405	分析	fēnxī	439	改革	gǎigé	475	个体	gètǐ
406	分钟	fēnzhōng	440	改进	gǎijìn	476	各种	gèzhǒng
407	纷纷	fēnfēn	441	改善	gǎishàn	477	根本	gēnběn
408	粉笔	fěnbǐ	442	改造	gǎizào	478	根据	gēnjù
409	奋斗	fèndòu	443	改正	gǎizhèng	479	跟前	gēnqián
410	愤怒	fènnù	444	概括	gàikuò	480	耕种	gēngzhòng
411	丰富	fēngfù	445	概念	gàiniàn	481	更加	gèngjiā
412	封建	fēngjiàn	446	干杯	gānbēi	482	工厂	gōngchǎng
413	风景	fēngjǐng	447	干脆	gāncuì	483	工程	gōngchéng
414	风力	fēnglì	448	干净	gānjìng	484	工会	gōnghuì
415	风俗	fēngsú	449	干燥	gānzào	485	工具	gōngjù
416	否定	fǒudìng	450	赶紧	gǎnjǐn	486	工人	gōngrén
417	否决	fǒujué	451	赶快	gǎnkuài	487	工业	gōngyè
418	否则	fǒuzé	452	感到	gǎndào	488	工资	gōngzī
419	夫人	fūrén	453	感动	gǎndòng	489	工作	gōngzuò
420	敷衍	fūyǎn	454	感激	gǎnjī	490	供给	gōngjǐ
421	符号	fúhào	455	感觉	gǎnjué	491	供销	gōngxiāo
422	符合	fúhé	456	感慨	gǎnkǎi	492	公费	gōngfèi
423	服从	fúcóng	457	感冒	gǎnmào	493	公共	gōnggòng

494 公斤	gōngjīn	530 冠军	guànjūn	564 航海	hánghǎi
495 公开	gōngkāi	531 惯例	guànlì	565 航空	hángkōng
496 公里	gōnglǐ	532 贯彻	guànchè	566 毫不	háobù
497 公路	gōnglù	533 光辉	guānghuī	567 好吃	hǎochī
498 公顷	gōngqǐng	534 光明	guāngmíng	568 好久	hǎojiǔ
499 公司	gōngsī	535 光荣	guāngróng	569 好看	hǎokàn
500 公元	gōngyuán	536 光线	guāngxiàn	570 好听	hǎotīng
501 公园	gōngyuán	537 广播	guǎngbō	571 好像	hǎoxiàng
502 巩固	gǒnggù	538 广场	guǎngchǎng	572 好些	hǎoxiē
503 贡献	gòngxiàn	539 广大	guǎngdà	573 号码	hàomǎ
504 共同	gòngtóng	540 广泛	guǎngfàn	574 号召	hàozhào
505 构成	gòuchéng	541 广告	guǎnggào	575 和平	hépíng
506 构造	gòuzào	542 广阔	guǎngkuò	576 合理	hélǐ
507 购买	gòumǎi	543 规定	guīdìng	577 合适	héshì
508 估计	gūjì	544 规律	guīlǜ	578 合作	hézuò
509 鼓励	gǔlì	545 规模	guīmó	579 黑暗	hēi'àn
510 鼓舞	gǔwǔ	546 桂冠	guìguān	580 黑板	hēibǎn
511 鼓掌	gǔzhǎng	547 贵姓	guìxìng	581 红茶	hóngchá
512 古代	gǔdài	548 滚动	gǔndòng	582 红旗	hóngqí
513 古迹	gǔjì	549 国际	guójì	583 后悔	hòuhuǐ
514 古老	gǔlǎo	550 国家	guójiā	584 后来	hòulái
515 雇佣	gùyōng	551 国王	guówáng	585 后年	hòunián
516 故乡	gùxiāng	552 果然	guǒrán	586 后天	hòutiān
517 故意	gùyì	553 过程	guòchéng	587 呼吸	hūxī
518 故障	gùzhàng	554 过来	guòlái	588 呼啸	hūxiào
519 顾客	gùkè	555 过年	guònián	589 忽然	hūrán
520 挂号	guàhào	556 过去	guòqù	590 胡乱	húluàn
521 关键	guānjiàn			591 胡同	hútòng
522 关切	guānqiè	**H**		592 护照	hùzhào
523 关心	guānxīn			593 互相	hùxiāng
524 关于	guānyú	557 海关	hǎiguān	594 花园	huāyuán
525 关照	guānzhào	558 海洋	hǎiyáng	595 滑冰	huábīng
526 观察	guānchá	559 害怕	hàipà	596 画报	huàbào
527 观点	guāndiǎn	560 寒假	hánjià	597 化纤	huàxiān
528 观众	guānzhòng	561 寒冷	hánlěng	598 化学	huàxué
529 管理	guǎnlǐ	562 汉语	hànyǔ	599 欢送	huānsòng
		563 汉字	hànzì		

600	欢迎	huānyíng	634	基础	jīchǔ	670	家乡	jiāxiāng
601	环境	huánjìng	635	机场	jīchǎng	671	加工	jiāgōng
602	患者	huànzhě	636	机床	jīchuáng	672	加强	jiāqiáng
603	荒谬	huāngmiù	637	机关	jīguān	673	加以	jiāyǐ
604	黄油	huángyóu	638	机会	jīhuì	674	假若	jiǎruò
605	皇帝	huángdì	639	机器	jīqì	675	价格	jiàgé
606	挥霍	huīhuò	640	机械	jīxiè	676	价值	jiàzhí
607	恢复	huīfù	641	积极	jījí	677	假条	jiàtiáo
608	回答	huídá	642	积累	jīlěi	678	坚持	jiānchí
609	回顾	huígù	643	积压	jīyā	679	坚定	jiāndìng
610	回收	huíshōu	644	激动	jīdòng	680	坚决	jiānjué
611	回头	huítóu	645	激烈	jīliè	681	坚强	jiānqiáng
612	回信	huíxìn	646	鸡蛋	jīdàn	682	坚韧	jiānrèn
613	回忆	huíyì	647	极其	jíqí	683	尖锐	jiānruì
614	贿赂	huìlù	648	集合	jíhé	684	艰巨	jiānjù
615	会场	huìchǎng	649	集体	jítǐ	685	艰苦	jiānkǔ
616	会话	huìhuà	650	集中	jízhōng	686	检查	jiǎnchá
617	会见	huìjiàn	651	及格	jígé	687	简单	jiǎndān
618	会客	huìkè	652	及时	jíshí	688	减轻	jiǎnqīng
619	会谈	huìtán	653	急忙	jímáng	689	减少	jiǎnshǎo
620	会晤	huìwù	654	即将	jíjiāng	690	践踏	jiàntà
621	汇率	huìlǜ	655	给予	jǐyǔ	691	见面	jiànmiàn
622	婚姻	hūnyīn	656	技术	jìshù	692	健康	jiànkāng
623	浑身	húnshēn	657	季节	jìjié	693	渐渐	jiànjiàn
624	混纺	hùnfǎng	658	计划	jìhuà	694	建立	jiànlì
625	活动	huódòng	659	计算	jìsuàn	695	建设	jiànshè
626	活跃	huóyuè	660	记录	jìlù	696	建议	jiànyì
627	伙食	huǒshí	661	记忆	jìyì	697	建筑	jiànzhù
628	火柴	huǒchái	662	记者	jìzhě	698	将来	jiānglái
629	火车	huǒchē	663	既然	jìrán	699	将要	jiāngyào
630	获得	huòdé	664	继续	jìxù	700	讲话	jiǎnghuà
631	或者	huòzhě	665	纪律	jìlǜ	701	讲座	jiǎngzuò
			666	纪念	jìniàn	702	酱油	jiàngyóu
	J		667	家畜	jiāchù	703	降低	jiàngdī
			668	家具	jiājù	704	降落	jiàngluò
632	几乎	jīhū	669	家庭	jiātíng	705	交换	jiāohuàn
633	基本	jīběn						

706 交际	jiāojì	742 解放	jiěfàng	778 敬礼	jìnglǐ
707 交流	jiāoliú	743 解决	jiějué	779 竞赛	jìngsài
708 交涉	jiāoshè	744 解释	jiěshì	780 竞选	jìngxuǎn
709 交通	jiāotōng	745 介绍	jièshào	781 究竟	jiūjìng
710 郊区	jiāoqū	746 金属	jīnshǔ	782 纠正	jiūzhèng
711 骄傲	jiāo'ào	747 今后	jīnhòu	783 就是	jiùshì
712 教材	jiàocái	748 今年	jīnnián	784 居室	jūshì
713 教师	jiàoshī	749 今天	jīntiān	785 局长	júzhǎng
714 教室	jiàoshì	750 紧张	jǐnzhāng	786 举行	jǔxíng
715 教授	jiàoshòu	751 仅仅	jǐnjǐn	787 拒绝	jùjué
716 教唆	jiàosuō	752 尽管	jǐnguǎn	788 据说	jùshuō
717 教学	jiàoxué	753 尽快	jǐnkuài	789 巨大	jùdà
718 教训	jiàoxùn	754 尽量	jǐnliàng	790 具备	jùbèi
719 教育	jiàoyù	755 进步	jìnbù	791 具体	jùtǐ
720 教员	jiàoyuán	756 进攻	jìngōng	792 具有	jùyǒu
721 叫作	jiàozuò	757 进化	jìnhuà	793 距离	jùlí
722 接触	jiēchù	758 进口	jìnkǒu	794 剧场	jùchǎng
723 接待	jiēdài	759 进取	jìnqǔ	795 捐赠	juānzèng
724 接到	jiēdào	760 进入	jìnrù	796 觉悟	juéwù
725 接见	jiējiàn	761 进行	jìnxíng	797 决定	juédìng
726 接近	jiējìn	762 进修	jìnxiū	798 决心	juéxīn
727 接受	jiēshòu	763 晋升	jìnshēng	799 绝对	juéduì
728 街道	jiēdào	764 禁止	jìnzhǐ	800 军队	jūnduì
729 阶段	jiēduàn	765 近来	jìnlái	801 军阀	jūnfá
730 阶级	jiējí	766 京剧	jīngjù	802 军事	jūnshì
731 截止	jiézhǐ	767 精彩	jīngcǎi		
732 节目	jiémù	768 精力	jīnglì	**K**	
733 节日	jiérì	769 精神	jīngshén		
734 节省	jiéshěng	770 经常	jīngcháng	803 咖啡	kāfēi
735 节约	jiéyuē	771 经过	jīngguò	804 卡车	kǎchē
736 结构	jiégòu	772 经济	jīngjì	805 开放	kāifàng
737 结合	jiéhé	773 经理	jīnglǐ	806 开会	kāihuì
738 结婚	jiéhūn	774 经历	jīnglì	807 开课	kāikè
739 结论	jiélùn	775 经验	jīngyàn	808 开明	kāimíng
740 结束	jiéshù	776 警察	jǐngchá	809 开辟	kāipì
741 解答	jiědá	777 敬爱	jìng'ài	810 开始	kāishǐ
				811 开学	kāixué

812 开演	kāiyǎn	848 控制	kòngzhì	882 理由	lǐyóu
813 开展	kāizhǎn	849 口号	kǒuhào	883 里面	lǐmiàn
814 勘探	kāntàn	850 口语	kǒuyǔ	884 礼貌	lǐmào
815 看病	kànbìng	851 快乐	kuàilè	885 礼堂	lǐtáng
816 看法	kànfǎ	852 快速	kuàisù	886 礼物	lǐwù
817 看来	kànlái	853 况且	kuàngqiě	887 历史	lìshǐ
818 看望	kànwàng	854 葵花	kuíhuā	888 利润	lìrùn
819 慷慨	kāngkǎi	855 扩大	kuòdà	889 利益	lìyì
820 考虑	kǎolǜ			890 利用	lìyòng
821 考试	kǎoshì	**L**		891 例如	lìrú
822 科学	kēxué			892 立场	lìchǎng
823 科研	kēyán	856 垃圾	lājī	893 立方	lìfāng
824 科长	kēzhǎng	857 蜡烛	làzhú	894 立即	lìjí
825 可爱	kě'ài	858 来信	láixìn	895 立刻	lìkè
826 可靠	kěkào	859 来自	láizì	896 力量	lì·liàng
827 可怜	kělián	860 篮球	lánqiú	897 联邦	liánbāng
828 可能	kěnéng	861 懒惰	lǎnduò	898 联合	liánhé
829 可怕	kěpà	862 狼狈	lángbèi	899 联欢	liánhuān
830 可是	kěshì	863 朗读	lǎngdú	900 联系	liánxì
831 可恶	kěwù	864 浪费	làngfèi	901 连忙	liánmáng
832 可以	kěyǐ	865 劳动	láodòng	902 连续	liánxù
833 克服	kèfú	866 劳驾	láojià	903 恋爱	liàn'ài
834 刻苦	kèkǔ	867 牢骚	láo·sāo	904 练习	liànxí
835 课本	kèběn	868 老板	lǎobǎn	905 良好	liánghǎo
836 课程	kèchéng	869 老虎	lǎohǔ	906 潦草	liǎocǎo
837 课文	kèwén	870 老人	lǎorén	907 了解	liǎojiě
838 肯定	kěndìng	871 老师	lǎoshī	908 临时	línshí
839 恳切	kěnqiè	872 老鼠	lǎoshǔ	909 邻居	línjū
840 空间	kōngjiān	873 乐观	lèguān	910 零钱	língqián
841 空气	kōngqì	874 类似	lèisì	911 凌晨	língchén
842 空前	kōngqián	875 厘米	límǐ	912 灵活	línghuó
843 空中	kōngzhōng	876 离婚	líhūn	913 领导	lǐngdǎo
844 恐惧	kǒngjù	877 离开	líkāi	914 另外	lìngwài
845 恐怕	kǒngpà	878 理发	lǐfà	915 留念	liúniàn
846 空隙	kòngxì	879 理解	lǐjiě	916 流利	liúlì
847 控诉	kòngsù	880 理论	lǐlùn	917 楼梯	lóutī
		881 理想	lǐxiǎng		

918	路线	lùxiàn	952	美元	měiyuán	988	目睹	mùdǔ
919	录像	lùxiàng	953	门口	ménkǒu	989	目前	mùqián
920	录音	lùyīn	954	猛然	měngrán			
921	陆续	lùxù	955	米饭	mǐfàn		**N**	
922	旅馆	lǚguǎn	956	秘密	mìmì	990	哪里	nǎ·lǐ
923	旅客	lǚkè	957	蜜蜂	mìfēng	991	哪怕	nǎpà
924	旅途	lǚtú	958	密切	mìqiè	992	哪些	nǎxiē
925	旅行	lǚxíng	959	棉衣	miányī	993	那里	nà·lǐ
926	屡次	lǚcì	960	免费	miǎnfèi	994	那些	nàxiē
927	掠夺	lüèduó	961	面包	miànbāo	995	那样	nàyàng
928	轮船	lúnchuán	962	面积	miànjī	996	耐烦	nàifán
929	论文	lùnwén	963	面貌	miànmào	997	耐力	nàilì
930	落后	luòhòu	964	面前	miànqián	998	耐心	nàixīn
931	落选	luòxuǎn	965	描绘	miáohuì	999	耐用	nàiyòng
			966	描写	miáoxiě	1000	南方	nánfāng
	M		967	渺小	miáoxiǎo	1001	男人	nánrén
			968	民主	mínzhǔ	1002	难道	nándào
932	麻痹	mábì	969	民族	mínzú	1003	难过	nánguò
933	马克	mǎkè	970	敏感	mǐngǎn	1004	难看	nánkàn
934	马路	mǎlù	971	明亮	míngliàng	1005	难受	nánshòu
935	马上	mǎshàng	972	明年	míngnián	1006	内部	nèibù
936	埋怨	mányuàn	973	明确	míngquè	1007	内容	nèiróng
937	满意	mǎnyì	974	明天	míngtiān	1008	内脏	nèizàng
938	满足	mǎnzú	975	明显	míngxiǎn	1009	能干	nénggàn
939	毛病	máobìng	976	名胜	míngshèng	1010	能够	nénggòu
940	毛巾	máojīn	977	名誉	míngyù	1011	能力	nénglì
941	毛衣	máoyī	978	命令	mìnglìng	1012	能源	néngyuán
942	矛盾	máodùn	979	命运	mìngyùn	1013	拟定	nǐdìng
943	贸易	màoyì	980	谬论	miùlùn	1014	逆流	nìliú
944	煤气	méiqì	981	模仿	mófǎng	1015	年代	niándài
945	没错	méicuò	982	抹杀	mǒshā	1016	年级	niánjí
946	没用	méiyòng	983	谋求	móuqiú	1017	年纪	niánjì
947	没有	méiyǒu	984	模样	múyàng	1018	年龄	niánlíng
948	媒介	méijiè	985	母亲	mǔqīn	1019	年青	niánqīng
949	美好	měihǎo	986	目标	mùbiāo	1020	年轻	niánqīng
950	美丽	měilì	987	目的	mùdì	1021	柠檬	níngméng
951	美术	měishù						

1022 凝固　nínggù	1054 批评　pīpíng	1088 其余　qíyú
1023 凝视　níngshì	1055 批准　pīzhǔn	1089 其中　qízhōng
1024 牛奶　niúnǎi	1056 啤酒　píjiǔ	1090 奇怪　qíguài
1025 农村　nóngcūn	1057 疲乏　pífá	1091 歧视　qíshì
1026 农具　nóngjù	1058 疲劳　píláo	1092 旗袍　qípáo
1027 农民　nóngmín	1059 皮肤　pífū	1093 旗帜　qízhì
1028 农业　nóngyè	1060 片面　piànmiàn	1094 起床　qǐchuáng
1029 努力　nǔlì	1061 拼命　pīnmìng	1095 起哄　qǐhòng
1030 怒吼　nùhǒu	1062 频繁　pínfán	1096 起诉　qǐsù
1031 女儿　nǚ'ér	1063 品德　pǐndé	1097 起源　qǐyuán
1032 女人　nǚrén	1064 品种　pǐnzhǒng	1098 企图　qǐtú
1033 女士　nǚshì	1065 聘请　pìnqǐng	1099 企业　qǐyè
1034 暖气　nuǎnqì	1066 聘用　pìnyòng	1100 启发　qǐfā
	1067 苹果　píngguǒ	1101 器材　qìcái
O	1068 平安　píng'ān	1102 气喘　qìchuǎn
	1069 平常　píngcháng	1103 气候　qìhòu
1035 殴打　ōudǎ	1070 平等　píngděng	1104 气魄　qìpò
1036 呕吐　ǒutù	1071 平方　píngfāng	1105 气温　qìwēn
1037 偶尔　ǒu'ěr	1072 平静　píngjìng	1106 气象　qìxiàng
1038 偶然　ǒurán	1073 平均　píngjūn	1107 汽车　qìchē
	1074 平时　píngshí	1108 汽水　qìshuǐ
P	1075 平原　píngyuán	1109 汽油　qìyóu
	1076 屏障　píngzhàng	1110 洽谈　qiàtán
1039 排斥　páichì	1077 破坏　pòhuài	1111 铅笔　qiānbǐ
1040 排球　páiqiú	1078 迫切　pòqiè	1112 千万　qiānwàn
1041 派遣　pàiqiǎn	1079 朴素　pǔsù	1113 签订　qiāndìng
1042 盼望　pànwàng	1080 普遍　pǔbiàn	1114 谦逊　qiānxùn
1043 判断　pànduàn	1081 普通　pǔtōng	1115 前边　qián·bian
1044 叛变　pànbiàn		1116 前进　qiánjìn
1045 庞大　pángdà	**Q**	1117 前年　qiánnián
1046 旁边　pángbiān		1118 前天　qiántiān
1047 跑步　pǎobù	1082 期间　qījiān	1119 前途　qiántú
1048 泡沫　pàomò	1083 欺骗　qīpiàn	1120 谴责　qiǎnzé
1049 赔偿　péicháng	1084 凄惨　qīcǎn	1121 强大　qiángdà
1050 配合　pèihé	1085 其次　qícì	1122 强盗　qiángdào
1051 烹饪　pēngrèn	1086 其间　qíjiān	1123 强调　qiángdiào
1052 碰见　pèngjiàn	1087 其他　qítā	
1053 批判　pīpàn		

1124 强度	qiángdù	1160 缺点	quēdiǎn	1194 荣誉	róngyù
1125 强烈	qiángliè	1161 缺乏	quēfá	1195 融洽	róngqià
1126 悄悄	qiāoqiāo	1162 缺少	quēshǎo	1196 溶解	róngjiě
1127 桥梁	qiáoliáng	1163 确定	quèdìng	1197 容忍	róngrěn
1128 巧妙	qiǎomiào	1164 确实	quèshí	1198 柔软	róuruǎn
1129 钦佩	qīnpèi	1165 确凿	quèzáo	1199 如果	rúguǒ
1130 侵略	qīnlüè	1166 群众	qúnzhòng	1200 如何	rúhé
1131 侵蚀	qīnshí			1201 如今	rújīn
1132 亲爱	qīn'ài	**R**		1202 软弱	ruǎnruò
1133 亲切	qīnqiè	1167 然而	rán'ér	1203 弱点	ruòdiǎn
1134 亲自	qīnzì	1168 然后	ránhòu		
1135 勤俭	qínjiǎn	1169 燃烧	ránshāo	**S**	
1136 青年	qīngnián	1170 热爱	rè'ài	1204 散步	sànbù
1137 轻松	qīngsōng	1171 热烈	rèliè	1205 桑树	sāngshù
1138 清洁	qīngjié	1172 热情	rèqíng	1206 丧失	sàngshī
1139 清晰	qīngxī	1173 热心	rèxīn	1207 森林	sēnlín
1140 情景	qíngjǐng	1174 人才	réncái	1208 沙发	shāfā
1141 情况	qíngkuàng	1175 人工	réngōng	1209 沙漠	shāmò
1142 情绪	qíngxù	1176 人家	rénjiā	1210 珊瑚	shānhú
1143 请假	qǐngjià	1177 人口	rénkǒu	1211 山冈	shāngāng
1144 请客	qǐngkè	1178 人类	rénlèi	1212 山脉	shānmài
1145 请求	qǐngqiú	1179 人民	rénmín	1213 山区	shānqū
1146 请问	qǐngwèn	1180 人物	rénwù	1214 闪耀	shǎnyào
1147 庆祝	qìngzhù	1181 人员	rényuán	1215 擅长	shàncháng
1148 秋天	qiūtiān	1182 人造	rénzào	1216 善于	shànyú
1149 球场	qiúchǎng	1183 仁慈	réncí	1217 伤心	shāngxīn
1150 区别	qūbié	1184 任何	rènhé	1218 商场	shāngchǎng
1151 驱逐	qūzhú	1185 认为	rènwéi	1219 商店	shāngdiàn
1152 渠道	qúdào	1186 认真	rènzhēn	1220 商品	shāngpǐn
1153 取得	qǔdé	1187 仍然	réngrán	1221 商榷	shāngquè
1154 取消	qǔxiāo	1188 日常	rìcháng	1222 商业	shāngyè
1155 去年	qùnián	1189 日程	rìchéng	1223 上班	shàngbān
1156 权限	quánxiàn	1190 日记	rìjì	1224 上当	shàngdàng
1157 全部	quánbù	1191 日期	rìqī	1225 上级	shàngjí
1158 全面	quánmiàn	1192 日语	rìyǔ	1226 上课	shàngkè
1159 全体	quántǐ	1193 日元	rìyuán	1227 上午	shàngwǔ

1228 上学	shàngxué	1264 生长	shēngzhǎng	1300 世纪	shìjì
1229 上衣	shàngyī	1265 牲畜	shēngchù	1301 世界	shìjiè
1230 稍微	shāowēi	1266 省会	shěnghuì	1302 事件	shìjiàn
1231 少数	shǎoshù	1267 盛产	shèngchǎn	1303 事实	shìshí
1232 少年	shàonián	1268 胜利	shènglì	1304 事物	shìwù
1233 奢侈	shēchǐ	1269 失败	shībài	1305 事先	shìxiān
1234 摄氏	shèshì	1270 失去	shīqù	1306 事业	shìyè
1235 射击	shèjī	1271 失望	shīwàng	1307 誓言	shìyán
1236 涉外	shèwài	1272 失效	shīxiào	1308 适当	shìdàng
1237 社会	shèhuì	1273 失业	shīyè	1309 适合	shìhé
1238 设备	shèbèi	1274 失踪	shīzōng	1310 适应	shìyìng
1239 设计	shèjì	1275 施工	shīgōng	1311 适用	shìyòng
1240 呻吟	shēnyín	1276 尸体	shītǐ	1312 释放	shìfàng
1241 身边	shēnbiān	1277 十分	shífēn	1313 市场	shìchǎng
1242 身体	shēntǐ	1278 石油	shíyóu	1314 视察	shìchá
1243 深奥	shēn'ào	1279 时常	shícháng	1315 视野	shìyě
1244 深厚	shēnhòu	1280 时间	shíjiān	1316 试卷	shìjuàn
1245 深刻	shēnkè	1281 时刻	shíkè	1317 试验	shìyàn
1246 深入	shēnrù	1282 时髦	shímáo	1318 收藏	shōucáng
1247 神经	shénjīng	1283 时期	shíqī	1319 收获	shōuhuò
1248 神圣	shénshèng	1284 食品	shípǐn	1320 收入	shōurù
1249 审查	shěnchá	1285 食堂	shítáng	1321 手表	shǒubiǎo
1250 审判	shěnpàn	1286 食物	shíwù	1322 手段	shǒuduàn
1251 肾炎	shènyán	1287 实际	shíjì	1323 手工	shǒugōng
1252 慎重	shènzhòng	1288 实践	shíjiàn	1324 手绢	shǒujuàn
1253 渗透	shèntòu	1289 实施	shíshī	1325 手术	shǒushù
1254 声调	shēngdiào	1290 实现	shíxiàn	1326 手套	shǒutào
1255 声音	shēngyīn	1291 实行	shíxíng	1327 手续	shǒuxù
1256 生产	shēngchǎn	1292 实验	shíyàn	1328 手指	shǒuzhǐ
1257 生词	shēngcí	1293 实用	shíyòng	1329 首都	shǒudū
1258 生动	shēngdòng	1294 实在	shízài	1330 首先	shǒuxiān
1259 生活	shēnghuó	1295 史料	shǐliào	1331 寿命	shòumìng
1260 生命	shēngmìng	1296 使节	shǐjié	1332 授予	shòuyǔ
1261 生气	shēngqì	1297 使用	shǐyòng	1333 受伤	shòushāng
1262 生日	shēngrì	1298 始终	shǐzhōng	1334 蔬菜	shūcài
1263 生物	shēngwù	1299 示威	shìwēi	1335 输送	shūsòng

1336 舒适 shūshì	1372 虽然 suīrán	1406 田野 tiányě
1337 书包 shūbāo	1373 随便 suíbiàn	1407 条件 tiáojiàn
1338 书店 shūdiàn	1374 随时 suíshí	1408 条约 tiáoyuē
1339 书架 shūjià	1375 孙女 sūnnǚ	1409 调解 tiáojiě
1340 熟练 shúliàn	1376 损耗 sǔnhào	1410 调整 tiáozhěng
1341 熟悉 shúxī	1377 损失 sǔnshī	1411 挑衅 tiǎoxìn
1342 暑假 shǔjià	1378 所谓 suǒwèi	1412 跳舞 tiàowǔ
1343 属于 shǔyú	1379 所以 suǒyǐ	1413 铁路 tiělù
1344 树林 shùlín	1380 所有 suǒyǒu	1414 听见 tīngjiàn
1345 束缚 shùfù		1415 听讲 tīngjiǎng
1346 数量 shùliàng	**T**	1416 听说 tīngshuō
1347 数学 shùxué		1417 听写 tīngxiě
1348 数字 shùzì	1381 太阳 tàiyáng	1418 停止 tíngzhǐ
1349 衰弱 shuāiruò	1382 瘫痪 tānhuàn	1419 挺拔 tǐngbá
1350 率领 shuàilǐng	1383 谈话 tánhuà	1420 通过 tōngguò
1351 双方 shuāngfāng	1384 谈判 tánpàn	1421 通讯 tōngxùn
1352 水稻 shuǐdào	1385 逃避 táobì	1422 通知 tōngzhī
1353 水果 shuǐguǒ	1386 淘汰 táotài	1423 同盟 tóngméng
1354 水泥 shuǐní	1387 讨论 tǎolùn	1424 同情 tóngqíng
1355 水平 shuǐpíng	1388 讨厌 tǎoyàn	1425 同时 tóngshí
1356 睡觉 shuìjiào	1389 特别 tèbié	1426 同屋 tóngwū
1357 税收 shuìshōu	1390 特此 tècǐ	1427 同学 tóngxué
1358 顺便 shùnbiàn	1391 特点 tèdiǎn	1428 同样 tóngyàng
1359 顺利 shùnlì	1392 特殊 tèshū	1429 同意 tóngyì
1360 说明 shuōmíng	1393 疼痛 téngtòng	1430 同志 tóngzhì
1361 思潮 sīcháo	1394 提倡 tíchàng	1431 统一 tǒngyī
1362 思想 sīxiǎng	1395 提高 tígāo	1432 统筹 tǒngchóu
1363 私人 sīrén	1396 提供 tígōng	1433 统治 tǒngzhì
1364 司机 sījī	1397 提前 tíqián	1434 痛苦 tòngkǔ
1365 似乎 sìhū	1398 题目 tímù	1435 偷税 tōushuì
1366 送行 sòngxíng	1399 体会 tǐhuì	1436 投入 tóurù
1367 速度 sùdù	1400 体积 tǐjī	1437 透彻 tòuchè
1368 塑料 sùliào	1401 体系 tǐxì	1438 突出 tūchū
1369 宿舍 sùshè	1402 体育 tǐyù	1439 突击 tūjī
1370 肃清 sùqīng	1403 天气 tiānqì	1440 突然 tūrán
1371 算术 suànshù	1404 天文 tiānwén	1441 图像 túxiàng
	1405 天真 tiānzhēn	

1442 途径　tújìng	1476 妄图　wàngtú	1512 无论　wúlùn
1443 屠杀　túshā	1477 威胁　wēixié	1513 无数　wúshù
1444 土地　tǔdì	1478 微笑　wēixiào	1514 无限　wúxiàn
1445 土豆　tǔdòu	1479 危害　wēihài	1515 武器　wǔqì
1446 团结　tuánjié	1480 危机　wēijī	1516 武术　wǔshù
1447 团聚　tuánjù	1481 危险　wēixiǎn	1517 午饭　wǔfàn
1448 推测　tuīcè	1482 违反　wéifǎn	1518 舞蹈　wǔdǎo
1449 推动　tuīdòng	1483 桅杆　wéigān	1519 侮辱　wǔrǔ
1450 推广　tuīguǎng	1484 围绕　wéirào	1520 物价　wùjià
1451 推算　tuīsuàn	1485 维护　wéihù	1521 物理　wùlǐ
1452 退还　tuìhuán	1486 委员　wěiyuán	1522 物质　wùzhì
1453 拖延　tuōyán	1487 伟大　wěidà	1523 误会　wùhuì
1454 脱离　tuōlí	1488 未来　wèilái	
1455 妥善　tuǒshàn	1489 卫生　wèishēng	**X**
	1490 卫星　wèixīng	
W	1491 温度　wēndù	1524 西北　xīběi
	1492 温暖　wēnnuǎn	1525 西边　xī·bian
1456 挖掘　wājué	1493 瘟疫　wēnyì	1526 西餐　xīcān
1457 瓦解　wǎjiě	1494 文化　wénhuà	1527 西方　xīfāng
1458 外地　wàidì	1495 文件　wénjiàn	1528 西瓜　xīguā
1459 外国　wàiguó	1496 文明　wénmíng	1529 西南　xīnán
1460 外交　wàijiāo	1497 文物　wénwù	1530 吸收　xīshōu
1461 外形　wàixíng	1498 文学　wénxué	1531 吸烟　xīyān
1462 外语　wàiyǔ	1499 文艺　wényì	1532 吸引　xīyǐn
1463 豌豆　wāndòu	1500 文章　wénzhāng	1533 牺牲　xīshēng
1464 玩具　wánjù	1501 文字　wénzì	1534 希望　xīwàng
1465 顽强　wánqiáng	1502 稳定　wěndìng	1535 习惯　xíguàn
1466 完成　wánchéng	1503 稳妥　wěntuǒ	1536 媳妇　xífù
1467 完全　wánquán	1504 问好　wènhǎo	1537 洗澡　xǐzǎo
1468 完整　wánzhěng	1505 问候　wènhòu	1538 系统　xìtǒng
1469 晚饭　wǎnfàn	1506 问题　wèntí	1539 细菌　xìjūn
1470 晚会　wǎnhuì	1507 握手　wòshǒu	1540 细心　xìxīn
1471 汪洋　wāngyáng	1508 污染　wūrǎn	1541 狭隘　xiá'ài
1472 网球　wǎngqiú	1059 巫婆　wūpó	1542 下班　xiàbān
1473 往常　wǎngcháng	1510 诬蔑　wūmiè	1543 下课　xiàkè
1474 往往　wǎngwǎng	1511 呜咽　wūyè	1544 下来　xià·lái
1475 忘记　wàngjì		1545 下午　xiàwǔ

1546 夏天　xiàtiān	1582 消失　xiāoshī	1618 汹涌　xiōngyǒng
1547 先锋　xiānfēng	1583 小麦　xiǎomài	1619 雄伟　xióngwěi
1548 先后　xiānhòu	1584 小时　xiǎoshí	1620 熊猫　xióngmāo
1549 先进　xiānjìn	1585 小说　xiǎoshuō	1621 修改　xiūgǎi
1550 鲜花　xiānhuā	1586 小心　xiǎoxīn	1622 修理　xiūlǐ
1551 鲜血　xiānxuè	1587 小学　xiǎoxué	1623 羞耻　xiūchǐ
1552 纤维　xiānwéi	1588 校徽　xiàohuī	1624 需要　xūyào
1553 嫌疑　xiányí	1589 校长　xiàozhǎng	1625 虚心　xūxīn
1554 显然　xiǎnrán	1590 效果　xiàoguǒ	1626 许多　xǔduō
1555 显著　xiǎnzhù	1591 效率　xiàolǜ	1627 酗酒　xùjiǔ
1556 现代　xiàndài	1592 协商　xiéshāng	1628 宣布　xuānbù
1557 现实　xiànshí	1593 泄气　xièqì	1629 宣传　xuānchuán
1558 现象　xiànxiàng	1594 辛苦　xīnkǔ	1630 悬崖　xuányá
1559 现在　xiànzài	1595 新年　xīnnián	1631 选举　xuǎnjǔ
1560 羡慕　xiànmù	1596 新闻　xīnwén	1632 选择　xuǎnzé
1561 限制　xiànzhì	1597 新鲜　xīnxiān	1633 削弱　xuēruò
1562 相当　xiāngdāng	1598 心得　xīndé	1634 学费　xuéfèi
1563 相反　xiāngfǎn	1599 心情　xīnqíng	1635 学期　xuéqī
1564 相互　xiānghù	1600 心脏　xīnzàng	1636 学术　xuéshù
1565 相似　xiāngsì	1601 信封　xìnfēng	1637 学习　xuéxí
1566 相同　xiāngtóng	1602 信赖　xìnlài	1638 学校　xuéxiào
1567 相信　xiāngxìn	1603 信心　xìnxīn	1639 学院　xuéyuàn
1568 香肠　xiāngcháng	1604 星期　xīngqī	1640 血液　xuèyè
1569 香蕉　xiāngjiāo	1605 兴奋　xīngfèn	1641 寻找　xúnzhǎo
1570 香皂　xiāngzào	1606 形成　xíngchéng	1642 训练　xùnliàn
1571 详细　xiángxì	1607 形容　xíngróng	1643 迅速　xùnsù
1572 想法　xiǎngfǎ	1608 形式　xíngshì	
1573 想念　xiǎngniàn	1609 形势　xíngshì	**Y**
1574 想象　xiǎngxiàng	1610 形象　xíngxiàng	
1575 响应　xiǎngyìng	1611 形状　xíngzhuàng	1644 压迫　yāpò
1576 享受　xiǎngshòu	1612 行动　xíngdòng	1645 牙刷　yáshuā
1577 项目　xiàngmù	1613 兴趣　xìngqù	1646 严格　yángé
1578 销毁　xiāohuǐ	1614 幸福　xìngfú	1647 严肃　yánsù
1579 消费　xiāofèi	1615 性格　xìnggé	1648 严重　yánzhòng
1580 消化　xiāohuà	1616 性质　xìngzhì	1649 研究　yánjiū
1581 消灭　xiāomiè	1617 姓名　xìngmíng	1650 延长　yáncháng
		1651 颜色　yánsè

1652 眼镜	yǎnjìng	1688 依靠	yīkào	1724 英勇	yīngyǒng
1653 眼泪	yǎnlèi	1689 依赖	yīlài	1725 英语	yīngyǔ
1654 眼前	yǎnqián	1690 遗憾	yíhàn	1726 应当	yīngdāng
1655 演出	yǎnchū	1691 遗址	yízhǐ	1727 应该	yīnggāi
1656 演员	yǎnyuán	1692 移动	yídòng	1728 营养	yíngyǎng
1657 宴会	yànhuì	1693 仪器	yíqì	1729 营业	yíngyè
1658 阳光	yángguāng	1694 疑问	yíwèn	1730 迎接	yíngjiē
1659 养殖	yǎngzhí	1695 以后	yǐhòu	1731 影响	yǐngxiǎng
1660 要求	yāoqiú	1696 以及	yǐjí	1732 应用	yìngyòng
1661 邀请	yāoqǐng	1697 以来	yǐlái	1733 拥抱	yōngbào
1662 要紧	yàojǐn	1698 以内	yǐnèi	1734 拥护	yōnghù
1663 耀眼	yàoyǎn	1699 以前	yǐqián	1735 庸俗	yōngsú
1664 冶金	yějīn	1700 以上	yǐshàng	1736 踊跃	yǒngyuè
1665 也许	yěxǔ	1701 以外	yǐwài	1737 永远	yǒngyuǎn
1666 业务	yèwù	1702 以为	yǐwéi	1738 勇敢	yǒnggǎn
1667 业余	yèyú	1703 以下	yǐxià	1739 勇气	yǒngqì
1668 夜晚	yèwǎn	1704 艺术	yìshù	1740 用功	yònggōng
1669 一半	yībàn	1705 意见	yìjiàn	1741 用力	yònglì
1670 一道	yīdào	1706 意外	yìwài	1742 优点	yōudiǎn
1671 一定	yīdìng	1707 意义	yìyì	1743 优良	yōuliáng
1672 一共	yīgòng	1708 意志	yìzhì	1744 优美	yōuměi
1673 一切	yīqiè	1709 毅然	yìrán	1745 优秀	yōuxiù
1674 一样	yīyàng	1710 议论	yìlùn	1746 悠久	yōujiǔ
1675 一致	yīzhì	1711 异常	yìcháng	1747 尤其	yóuqí
1676 一般	yībān	1712 因此	yīncǐ	1748 由于	yóuyú
1677 一边	yībiān	1713 因而	yīn'ér	1749 邮局	yóujú
1678 一齐	yīqí	1714 因素	yīnsù	1750 邮票	yóupiào
1679 一起	yīqǐ	1715 因为	yīnwèi	1751 游览	yóulǎn
1680 一生	yīshēng	1716 音乐	yīnyuè	1752 游泳	yóuyǒng
1681 一时	yīshí	1717 银行	yínháng	1753 有关	yǒuguān
1682 一同	yītóng	1718 淫秽	yínhuì	1754 有利	yǒulì
1683 一些	yīxiē	1719 引起	yǐnqǐ	1755 有力	yǒulì
1684 一直	yīzhí	1720 隐瞒	yǐnmán	1756 有名	yǒumíng
1685 医生	yīshēng	1721 印刷	yìnshuā	1757 有趣	yǒuqù
1686 医学	yīxué	1722 印象	yìnxiàng	1758 有时	yǒushí
1687 医院	yīyuàn	1723 英雄	yīngxióng	1759 有效	yǒuxiào

1760 有用 yǒuyòng	1794 杂乱 záluàn	1830 照片 zhàopiàn
1761 友好 yǒuhǎo	1795 杂质 zázhì	1831 照相 zhàoxiàng
1762 友谊 yǒuyì	1796 栽培 zāipéi	1832 召开 zhàokāi
1763 诱惑 yòuhuò	1797 灾害 zāihài	1833 哲学 zhéxué
1764 于是 yúshì	1798 再见 zàijiàn	1834 这个 zhège
1765 舆论 yúlùn	1799 暂时 zànshí	1835 这里 zhè·lǐ
1766 愉快 yúkuài	1800 赞成 zànchéng	1836 这些 zhèxiē
1767 雨衣 yǔyī	1801 赞赏 zànshǎng	1837 这样 zhèyàng
1768 语调 yǔdiào	1802 葬礼 zànglǐ	1838 真理 zhēnlǐ
1769 语法 yǔfǎ	1803 遭到 zāodào	1839 真实 zhēnshí
1770 语气 yǔqì	1804 遭受 zāoshòu	1840 真正 zhēnzhèng
1771 语言 yǔyán	1805 遭殃 zāoyāng	1841 针对 zhēnduì
1772 语音 yǔyīn	1806 糟糕 zāogāo	1842 针灸 zhēnjiǔ
1773 玉米 yùmǐ	1807 糟蹋 zāotà	1843 征求 zhēngqiú
1774 遇到 yùdào	1808 早饭 zǎofàn	1844 争论 zhēnglùn
1775 遇见 yùjiàn	1809 造句 zàojù	1845 争取 zhēngqǔ
1776 预备 yùbèi	1810 责任 zérèn	1846 整个 zhěnggè
1777 预习 yùxí	1811 怎样 zěnyàng	1847 整理 zhěnglǐ
1778 原来 yuánlái	1812 增加 zēngjiā	1848 整齐 zhěngqí
1779 原谅 yuánliàng	1813 增援 zēngyuán	1849 正常 zhèngcháng
1780 原料 yuánliào	1814 增长 zēngzhǎng	1850 正好 zhènghǎo
1781 原因 yuányīn	1815 瞻仰 zhānyǎng	1851 正确 zhèngquè
1782 原则 yuánzé	1816 展出 zhǎnchū	1852 正式 zhèngshì
1783 愿望 yuànwàng	1817 展开 zhǎnkāi	1853 正在 zhèngzài
1784 愿意 yuànyì	1818 展览 zhǎnlǎn	1854 政策 zhèngcè
1785 院长 yuànzhǎng	1819 战斗 zhàndòu	1855 政府 zhèngfǔ
1786 约会 yuēhuì	1820 战胜 zhànshèng	1856 政治 zhèngzhì
1787 月球 yuèqiú	1821 战士 zhànshì	1857 证明 zhèngmíng
1788 阅读 yuèdú	1822 战争 zhànzhēng	1858 支持 zhīchí
1789 允许 yǔnxǔ	1823 掌握 zhǎngwò	1859 支援 zhīyuán
1790 运动 yùndòng	1824 障碍 zhàng'ài	1860 脂肪 zhīfáng
1791 运输 yùnshū	1825 招待 zhāodài	1861 职工 zhígōng
1792 运用 yùnyòng	1826 招聘 zhāopìn	1862 职业 zhíyè
	1827 着急 zháojí	1863 直到 zhídào
Z	1828 照常 zhàocháng	1864 直接 zhíjiē
	1829 照顾 zhàogù	1865 植物 zhíwù
1793 杂技 zájì		

1866 执行 zhíxíng	1902 逐步 zhúbù	1938 资源 zīyuán
1867 指出 zhǐchū	1903 逐渐 zhújiàn	1939 仔细 zǐxì
1868 指导 zhǐdǎo	1904 嘱咐 zhǔfù	1940 子弹 zǐdàn
1869 指挥 zhǐhuī	1905 主动 zhǔdòng	1941 自从 zìcóng
1870 指示 zhǐshì	1906 主观 zhǔguān	1942 自动 zìdòng
1871 只好 zhǐhǎo	1907 主人 zhǔrén	1943 自费 zìfèi
1872 只是 zhǐshì	1908 主任 zhǔrèn	1944 自己 zìjǐ
1873 只要 zhǐyào	1909 主席 zhǔxí	1945 自觉 zìjué
1874 只有 zhǐyǒu	1910 主要 zhǔyào	1946 自然 zìrán
1875 至今 zhìjīn	1911 主张 zhǔzhāng	1947 自私 zìsī
1876 至少 zhìshǎo	1912 著名 zhùmíng	1948 自我 zìwǒ
1877 制定 zhìdìng	1913 著作 zhùzuò	1949 自学 zìxué
1878 制订 zhìdìng	1914 铸造 zhùzào	1950 自由 zìyóu
1879 制度 zhìdù	1915 住院 zhùyuàn	1951 踪迹 zōngjì
1880 制造 zhìzào	1916 注意 zhùyì	1952 宗旨 zōngzhǐ
1881 秩序 zhìxù	1917 祝贺 zhùhè	1953 综合 zōnghé
1882 质量 zhìliàng	1918 驻扎 zhùzhā	1954 总结 zǒngjié
1883 治疗 zhìliáo	1919 抓紧 zhuājǐn	1955 总理 zǒnglǐ
1884 中餐 zhōngcān	1920 专家 zhuānjiā	1956 总统 zǒngtǒng
1885 中间 zhōngjiān	1921 专门 zhuānmén	1957 纵横 zònghéng
1886 中文 zhōngwén	1922 专心 zhuānxīn	1958 走道 zǒudào
1887 中午 zhōngwǔ	1923 专业 zhuānyè	1959 走廊 zǒuláng
1888 中心 zhōngxīn	1924 转变 zhuǎnbiàn	1960 走漏 zǒulòu
1889 中学 zhōngxué	1925 转告 zhuǎngào	1961 足球 zúqiú
1890 中央 zhōngyāng	1926 庄严 zhuāngyán	1962 祖国 zǔguó
1891 中药 zhōngyào	1927 装卸 zhuāngxiè	1963 阻碍 zǔ'ài
1892 钟头 zhōngtóu	1928 状况 zhuàngkuàng	1964 阻挡 zǔdǎng
1893 终于 zhōngyú	1929 状态 zhuàngtài	1965 阻拦 zǔlán
1894 肿瘤 zhǒngliú	1930 准备 zhǔnbèi	1966 阻挠 zǔnáo
1895 重大 zhòngdà	1931 准确 zhǔnquè	1967 组长 zǔzhǎng
1896 重点 zhòngdiǎn	1932 准时 zhǔnshí	1968 组织 zǔzhī
1897 重量 zhòngliàng	1933 卓越 zhuóyuè	1969 钻研 zuānyán
1898 重视 zhòngshì	1934 酌情 zhuóqíng	1970 钻石 zuànshí
1899 重要 zhòngyào	1935 着重 zhuózhòng	1971 嘴唇 zuǐchún
1900 周围 zhōuwéi	1936 咨询 zīxún	1972 最初 zuìchū
1901 昼夜 zhòuyè	1937 资料 zīliào	1973 最好 zuìhǎo

1974 最后 zuìhòu	1983 昨天 zuótiān	1992 作品 zuòpǐn
1975 最近 zuìjìn	1984 琢磨 zuó·mo	1993 作为 zuòwéi
1976 罪恶 zuì·è	1985 左右 zuǒyòu	1994 作文 zuòwén
1977 罪犯 zuìfàn	1986 做法 zuòfǎ	1995 作业 zuòyè
1978 罪状 zuìzhuàng	1987 做客 zuòkè	1996 作用 zuòyòng
1979 尊敬 zūnjìng	1988 做梦 zuòmèng	1997 作者 zuòzhě
1980 尊严 zūnyán	1989 作案 zuò·àn	1998 坐班 zuòbān
1981 遵守 zūnshǒu	1990 作废 zuòfèi	1999 座谈 zuòtán
1982 遵循 zūnxún	1991 作家 zuòjiā	2000 座位 zuòwèi

二、表二

A

1 阿訇 āhōng	19 跋扈 báhù	41 板锉 bǎncuò
2 哀伤 āishāng	20 靶台 bǎtái	42 板斧 bǎnfǔ
3 隘路 àilù	21 把持 bǎchí	43 版次 bǎncì
4 暧昧 àimèi	22 霸主 bàzhǔ	44 版纳 bǎnnà
5 安抚 ānfǔ	23 罢免 bàmiǎn	45 瓣膜 bànmó
6 桉树 ānshù	24 白炽灯 báichìdēng	46 半晌 bànshǎng
7 鞍马 ānmǎ	25 白芨 báijī	47 拌蒜 bànsuàn
8 案卷 ànjuàn	26 白癣 báixuǎn	48 伴唱 bànchàng
9 按捺 ànnà	27 白翳 báiyì	49 扮装 bànzhuāng
10 暗室 ànshì	28 百感 bǎigǎn	50 帮厨 bāngchú
11 盎然 àngrán	29 摆弄 bǎinòng	51 帮腔 bāngqiāng
12 熬煎 áojiān	30 柏油 bǎiyóu	52 绑腿 bǎngtuǐ
13 拗口 àokǒu	31 败落 bàiluò	53 磅秤 bàngchèng
	32 拜师 bàishī	54 褒奖 bāojiǎng
B	33 拜谒 bàiyè	55 包庇 bāobì
	34 斑鸠 bānjiū	56 包扎 bāozā
14 八成 bāchéng	35 斑蝥 bānmáo	57 孢子 bāozǐ
15 芭蕉 bājiāo	36 班级 bānjí	58 薄饼 báobǐng
16 笆斗 bādǒu	37 扳道 bāndào	59 宝塔 bǎotǎ
17 拔节 bájié	38 颁行 bānxíng	60 保镖 bǎobiāo
18 拔丝 básī	39 般配 bānpèi	61 报偿 bàocháng
	40 搬弄 bānnòng	62 报请 bàoqǐng

63 暴病	bàobìng	99 庇荫	bìyìn	135 帛画	bóhuà
64 暴虐	bàonüè	100 哔叽	bìjī	136 驳倒	bódǎo
65 暴躁	bàozào	101 婢女	bìnǚ	137 捕食	bǔshí
66 爆裂	bàoliè	102 蓖麻	bìmá	138 卜辞	bǔcí
67 抱憾	bàohàn	103 避讳	bìhuì	139 补给	bǔjǐ
68 刨冰	bàobīng	104 蝙蝠	biānfú	140 补遗	bǔyí
69 鲍鱼	bàoyú	105 编审	biānshěn	141 部首	bùshǒu
70 悲愁	bēichóu	106 编纂	biānzuǎn	142 不测	bùcè
71 背负	bēifù	107 边卡	biānqiǎ	143 不迭	bùdié
72 卑劣	bēiliè	108 扁柏	biǎnbǎi	144 不吝	bùlìn
73 碑记	bēijì	109 变量	biànliàng	145 布头	bùtóu
74 北纬	běiwěi	110 变性	biànxìng	146 簿籍	bùjí
75 背弃	bèiqì	111 便服	biànfú		
76 钡餐	bèicān	112 标榜	biāobǎng	**C**	
77 备取	bèiqǔ	113 标签	biāoqiān		
78 被褥	bèirù	114 膘情	biāoqíng	147 擦拭	cāshì
79 贲门	bēnmén	115 表露	biǎolù	148 猜度	cāiduó
80 奔丧	bēnsāng	116 裱糊	biǎohú	149 裁撤	cáichè
81 本末	běnmò	117 鳔胶	biàojiāo	150 裁断	cáiduàn
82 本土	běntǔ	118 憋气	biēqì	151 财贸	cáimào
83 崩裂	bēngliè	119 别墅	biéshù	152 采掘	cǎijué
84 绷脸	běngliǎn	120 濒临	bīnlín	153 彩绸	cǎichóu
85 迸发	bèngfā	121 傧相	bīnxiàng	154 菜子	càizǐ
86 鼻窦	bídòu	122 鬓发	bìnfà	155 参量	cānliàng
87 鼻衄	bínǜ	123 殡殓	bìnliàn	156 参谒	cānyè
88 鄙人	bǐrén	124 摈弃	bìnqì	157 蚕箔	cánbó
89 笔法	bǐfǎ	125 髌骨	bìngǔ	158 残喘	cánchuǎn
90 笔顺	bǐshùn	126 冰窖	bīngjiào	159 残骸	cánhái
91 笔挺	bǐtǐng	127 禀性	bǐngxìng	160 惨然	cǎnrán
92 笔芯	bǐxīn	128 丙纶	bǐnglún	161 仓储	cāngchǔ
93 匕首	bǐshǒu	129 病因	bìngyīn	162 沧桑	cāngsāng
94 比拟	bǐnǐ	130 并吞	bìngtūn	163 苍凉	cāngliáng
95 秕糠	bǐkāng	131 拨付	bōfù	164 苍穹	cāngqióng
96 闭气	bìqì	132 剥落	bōluò	165 藏匿	cángnì
97 碧蓝	bìlán	133 鹁鸽	bógē	166 藏掖	cángyē
98 碧血	bìxuè	134 博识	bóshí	167 藏拙	cángzhuō
				168 糙米	cāomǐ

169 漕河	cáohé	205 怅惘	chàngwǎng	241 炽烈	chìliè
170 槽牙	cáoyá	206 畅快	chàngkuài	242 赤膊	chìbó
171 嘈杂	cáozá	207 抄获	chāohuò	243 叱咤	chìzhà
172 草荒	cǎohuāng	208 超群	chāoqún	244 斥责	chìzé
173 草寇	cǎokòu	209 超载	chāozài	245 憧憬	chōngjǐng
174 草莓	cǎoméi	210 朝阳	cháoyáng	246 充任	chōngrèn
175 草图	cǎotú	211 潮汛	cháoxùn	247 冲洗	chōngxǐ
176 草纸	cǎozhǐ	212 嘲弄	cháonòng	248 崇奉	chóngfèng
177 测度	cèduó	213 巢穴	cháoxué	249 重霄	chóngxiāo
178 侧泳	cèyǒng	214 吵嚷	chǎorǎng	250 宠儿	chǒng'ér
179 策动	cèdòng	215 车辕	chēyuán	251 冲模	chòngmú
180 参差	cēncī	216 撤职	chèzhí	252 抽穗	chōusuì
181 差额	chā'é	217 沉沦	chénlún	253 抽噎	chōuyē
182 插话	chāhuà	218 沉冤	chényuān	254 筹算	chóusuàn
183 察觉	chájué	219 沉醉	chénzuì	255 愁绪	chóuxù
184 茬口	chákǒu	220 晨曦	chénxī	256 绸缎	chóuduàn
185 茶匙	cháchí	221 尘埃	chén'āi	257 丑角	chǒujué
186 茶具	chájù	222 陈酒	chénjiǔ	258 初稿	chūgǎo
187 查抄	cháchāo	223 趁便	chènbiàn	259 出处	chūchù
188 查证	cházhèng	224 称谓	chēngwèi	260 出伏	chūfú
189 岔口	chàkǒu	225 城堡	chéngbǎo	261 出活	chūhuó
190 差遣	chāiqiǎn	226 城楼	chénglóu	262 出猎	chūliè
191 拆卖	chāimài	227 乘法	chéngfǎ	263 出血	chūxiě
192 拆台	chāitái	228 乘积	chéngjī	264 出征	chūzhēng
193 掺杂	chānzá	229 惩处	chéngchǔ	265 橱柜	chúguì
194 觇标	chānbiāo	230 澄澈	chéngchè	266 除开	chúkāi
195 蟾蜍	chánchú	231 承接	chéngjiē	267 刍议	chúyì
196 谄媚	chǎnmèi	231 逞能	chěngnéng	268 处女	chǔnǚ
197 昌明	chāngmíng	233 吃饭	chīfàn	269 处暑	chǔshǔ
198 猖獗	chāngjué	234 嗤笑	chīxiào	270 搐动	chùdòng
199 尝新	chángxīn	235 迟钝	chídùn	271 触觉	chùjué
200 常轨	chángguǐ	236 池沼	chízhǎo	272 穿梭	chuānsuō
201 长眠	chángmián	237 驰誉	chíyù	273 川贝	chuānbèi
202 场院	chǎngyuàn	238 褫夺	chǐduó	274 传票	chuánpiào
203 场景	chǎngjǐng	239 侈谈	chǐtán	275 船埠	chuánbù
204 敞亮	chǎngliàng	240 尺蠖	chǐhuò	276 船坞	chuánwù

277	串讲	chuànjiǎng	313	挫败	cuòbài	347	氮肥	dànféi

277	串讲	chuànjiǎng
278	窗花	chuānghuā
279	疮疤	chuāngbā
280	创面	chuàngmiàn
281	创举	chuàngjǔ
282	吹拂	chuīfú
283	吹奏	chuīzòu
284	垂死	chuísǐ
285	垂危	chuíwēi
286	垂涎	chuíxián
287	春播	chūnbō
288	春假	chūnjià
289	春装	chūnzhuāng
290	醇厚	chúnhòu
291	唇膏	chúngāo
292	纯净	chúnjìng
293	纯熟	chúnshú
294	蠢材	chǔncái
295	戳穿	chuōchuān
296	瓷器	cíqì
297	糍粑	cíbā
298	磁场	cíchǎng
299	雌蕊	círuǐ
300	辞呈	cíchéng
301	词类	cílèi
302	祠堂	cítáng
303	赐予	cìyǔ
304	粗略	cūlüè
305	攒聚	cuánjù
306	璀璨	cuǐcàn
307	淬火	cuìhuǒ
308	村镇	cūnzhèn
309	寸阴	cùnyīn
310	搓板	cuōbǎn
311	痤疮	cuóchuāng
312	错乱	cuòluàn

D

313	挫败	cuòbài
314	搭腔	dāqiāng
315	打靶	dǎbǎ
316	打滚	dǎgǔn
317	打夯	dǎhāng
318	打钎	dǎqiān
319	打拳	dǎquán
320	打铁	dǎtiě
321	打样	dǎyàng
322	打战	dǎzhàn
323	大氅	dàchǎng
324	大亨	dàhēng
325	大捷	dàjié
326	大楷	dàkǎi
327	大忙	dàmáng
328	大曲	dàqū
329	大赦	dàshè
330	大势	dàshì
331	大蒜	dàsuàn
332	大尉	dàwèi
333	大雪	dàxuě
334	大篆	dàzhuàn
335	呆滞	dāizhì
336	代笔	dàibǐ
337	代劳	dàiláo
338	袋鼠	dàishǔ
339	单杠	dāngàng
340	单轨	dānguǐ
341	单数	dānshù
342	眈眈	dāndān
343	丹毒	dāndú
344	胆管	dǎnguǎn
345	胆汁	dǎnzhī
346	弹壳	dànké

347	氮肥	dànféi
348	当啷	dānglāng
349	挡驾	dǎngjià
350	党籍	dǎngjí
351	党参	dǎngshēn
352	当年	dàngnián
353	当真	dàngzhēn
354	荡涤	dàngdí
355	刀背	dāobèi
356	祷告	dǎogào
357	倒戈	dǎogē
358	捣鬼	dǎoguǐ
359	盗贼	dàozéi
360	道破	dàopò
361	到场	dàochǎng
362	倒刺	dàocì
363	倒转	dàozhuǎn
364	得宠	déchǒng
365	得劲	déjìn
366	德行	déxíng
367	灯盏	dēngzhǎn
368	登载	dēngzǎi
369	等外	děngwài
370	瞪眼	dèngyǎn
371	滴答	dīdā
372	堤岸	dī'àn
373	嫡传	díchuán
374	底盘	dǐpán
375	诋毁	dǐhuǐ
376	抵挡	dǐdǎng
377	缔造	dìzào
378	地沟	dìgōu
379	地壳	dìqiào
380	地域	dìyù
381	颠沛	diānpèi
382	点滴	diǎndī

383	典雅	diǎnyǎ	419	肚脐	dùqí	451	反比	fǎnbǐ
384	垫付	diànfù	420	蠹虫	dùchóng	452	反刍	fǎnchú
385	玷污	diànwū	421	妒忌	dùjì	453	反诘	fǎnjié
386	电缆	diànlǎn	422	短少	duǎnshǎo	454	贩运	fànyùn
387	电网	diànwǎng	423	断奶	duànnǎi	455	犯忌	fànjì
388	电闸	diànzhá	424	对襟	duìjīn	456	房檐	fángyán
389	凋零	diāolíng	425	对峙	duìzhì	457	防务	fángwù
390	雕琢	diāozhuó	426	敦促	dūncù	458	仿照	fǎngzhào
391	刁钻	diāozuān	427	顿挫	dùncuò	459	放纵	fàngzòng
392	调用	diàoyòng	428	多寡	duōguǎ	460	扉页	fēiyè
393	掉转	diàozhuǎn				461	蜚声	fēishēng
394	吊销	diàoxiāo		**E**		462	飞禽	fēiqín
395	吊唁	diàoyàn	429	阿胶	ējiāo	463	肥美	féiměi
396	钓饵	diào'ěr	430	讹传	échuán	464	菲薄	fěibó
397	跌宕	diēdàng	431	扼要	èyào	465	匪首	fěishǒu
398	迭起	diéqǐ	432	遏止	èzhǐ	466	废黜	fèichù
399	叠韵	diéyùn	433	恩赐	ēncì	467	费解	fèijiě
400	盯梢	dīngshāo	434	耳熟	ěrshú	468	分隔	fēngé
401	鼎沸	dǐngfèi				469	分蘖	fēnniè
402	定位	dìngwèi		**F**		470	分赃	fēnzāng
403	丢丑	diūchǒu	435	发奋	fāfèn	471	纷扰	fēnrǎo
404	动议	dòngyì	436	发还	fāhuán	472	坟茔	fényíng
405	恫吓	dònghè	437	发酵	fājiào	473	粪筐	fènkuāng
406	兜售	dōushòu	438	发霉	fāméi	474	愤慨	fènkǎi
407	斗室	dǒushì	439	发送	fāsòng	475	丰硕	fēngshuò
408	抖擞	dǒusǒu	440	罚球	fáqiú	476	封条	fēngtiáo
409	陡峭	dǒuqiào	441	乏味	fáwèi	477	蜂拥	fēngyōng
410	豆豉	dòuchǐ	442	法宝	fǎbǎo	478	风骨	fēnggǔ
411	豆荚	dòujiá	443	砝码	fǎmǎ	479	风靡	fēngmǐ
412	督察	dūchá	444	珐琅	fàláng	480	疯癫	fēngdiān
413	毒瘤	dúliú	445	发指	fàzhǐ	481	讽喻	fěngyù
414	渎职	dúzhí	446	番号	fānhào	482	缝隙	fèngxì
415	独创	dúchuàng	447	翻滚	fāngǔn	483	孵化	fūhuà
416	赌本	dǔběn	448	翻天	fāntiān	484	芙蓉	fúróng
417	笃信	dǔxìn	449	烦扰	fánrǎo	485	浮肿	fúzhǒng
418	度量	dùliàng	450	繁衍	fányǎn	486	伏兵	fúbīng

487 茯苓	fúlíng	521 钢盔	gāngkuī	557 估算	gūsuàn
488 服帖	fútiē	522 岗楼	gǎnglóu	558 孤傲	gū'ào
489 府邸	fǔdǐ	523 杠铃	gànglíng	559 鼓噪	gǔzào
490 俯瞰	fǔkàn	524 高矮	gāo'ǎi	560 古籍	gǔjí
491 抚摩	fǔmó	525 高亢	gāokàng	561 蛊惑	gǔhuò
492 抚恤	fǔxù	526 高跷	gāoqiāo	562 骨髓	gǔsuǐ
493 富庶	fùshù	527 糕点	gāodiǎn	563 顾及	gùjí
494 副品	fùpǐn	528 稿约	gǎoyuē	564 瓜葛	guāgé
495 讣告	fùgào	529 告捷	gàojié	565 挂齿	guàchǐ
496 赋税	fùshuì	530 割舍	gēshě	566 挂帅	guàshuài
497 复核	fùhé	531 歌诀	gējué	567 乖乖	guāiguāi
498 复线	fùxiàn	532 戈壁	gēbì	568 怪癖	guàipǐ
498 复员	fùyuán	533 搁浅	gēqiǎn	569 官衔	guānxián
500 覆没	fùmò	534 咯噔	gēdēng	570 关卡	guānqiǎ
501 腹腔	fùqiāng	535 格律	gélǜ	571 观瞻	guānzhān
502 腹泻	fùxiè	536 根基	gēnjī	572 管保	guǎnbǎo
503 付讫	fùqì	537 跟班	gēnbān	573 灌浆	guànjiāng
504 附庸	fùyōng	538 羹匙	gēngchí	574 盥洗	guànxǐ
505 负疚	fùjiù	539 梗塞	gěngsè	575 光景	guāngjǐng
506 负隅	fùyú	540 功德	gōngdé	576 光圈	guāngquān
507 妇孺	fùrú	541 功勋	gōngxūn	577 广度	guǎngdù
		542 供养	gōngyǎng	578 规程	guīchéng
G		543 恭喜	gōngxǐ	579 归拢	guīlǒng
		544 公海	gōnghǎi	580 瑰宝	guībǎo
508 嘎吱	gāzhī	545 公仆	gōngpú	581 龟缩	guīsuō
509 咖喱	gālí	546 公诉	gōngsù	582 鬼混	guǐhùn
510 改换	gǎihuàn	547 公寓	gōngyù	583 鬼祟	guǐsuì
511 改锥	gǎizhuī	548 拱桥	gǒngqiáo	584 诡诈	guǐzhà
512 概貌	gàimào	549 贡品	gòngpǐn	585 桂皮	guìpí
513 干瘪	gānbiě	550 供奉	gòngfèng	586 滚筒	gǔntǒng
514 甘薯	gānshǔ	551 篝火	gōuhuǒ	587 锅巴	guōbā
515 柑橘	gānjú	552 沟壑	gōuhè	588 国粹	guócuì
516 尴尬	gāngà	553 苟同	gǒutóng	589 果脯	guǒfǔ
517 赶巧	gǎnqiǎo	554 枸杞	gǒuqǐ	590 裹挟	guǒxié
518 感光	gǎnguāng	555 勾当	gòu·dàng	591 过场	guòchǎng
519 刚巧	gāngqiǎo	556 构图	gòutú	592 过瘾	guòyǐn
520 钢轨	gāngguǐ				

H

593	嗨哟	hāiyō	627	衡量	héngliáng	663	踝骨	huáigǔ
594	海盗	hǎidào	628	横财	hèngcái	664	欢欣	huānxīn
595	海螺	hǎiluó	629	横祸	hènghuò	665	还账	huánzhàng
596	海藻	hǎizǎo	630	烘焙	hōngbèi	666	环抱	huánbào
597	害臊	hàisào	631	哄抬	hōngtái	667	寰宇	huányǔ
598	鼾声	hānshēng	632	轰隆	hōnglōng	668	豢养	huànyǎng
599	寒噤	hánjìn	633	鸿沟	hónggōu	669	患难	huànnàn
600	含羞	hánxiū	634	红晕	hóngyùn	670	涣散	huànsàn
601	涵养	hányǎng	635	洪福	hóngfú	671	幻觉	huànjué
602	汗腺	hànxiàn	636	宏观	hóngguān	672	荒诞	huāngdàn
603	旱地	hàndì	637	哄骗	hǒngpiàn	673	荒芜	huāngwú
604	焊条	hàntiáo	638	厚薄	hòubó	674	黄芪	huángqí
605	撼动	hàndòng	639	候诊	hòuzhěn	675	磺胺	huáng'àn
606	行话	hánghuà	640	后辈	hòubèi	676	恍惚	huǎnghū
607	豪绅	háoshēn	641	后裔	hòuyì	677	灰烬	huījìn
608	号啕	háotáo	642	呼哧	hūchī	678	诙谐	huīxié
609	毫厘	háolí	643	呼号	hūháo	679	回环	huíhuán
610	好歹	hǎodǎi	644	忽而	hū'ér	680	回笼	huílóng
611	耗损	hàosǔn	645	胡搅	hújiǎo	681	回溯	huísù
612	浩瀚	hàohàn	646	胡诌	húzhōu	682	茴香	huíxiāng
613	呵斥	hēchì	647	湖泊	húpō	683	悔悟	huǐwù
614	核减	héjiǎn	648	囫囵	húlún	684	汇流	huìliú
615	河床	héchuáng	649	琥珀	hǔpò	685	讳言	huìyán
616	河豚	hétún	650	户头	hùtóu	686	惠存	huìcún
617	合拢	hélǒng	651	护航	hùháng	687	荟萃	huìcuì
618	合谋	hémóu	652	互让	hùràng	688	晦涩	huìsè
619	合奏	hézòu	653	花蕾	huālěi	689	荤腥	hūnxīng
620	和煦	héxù	654	花蕊	huāruǐ	690	昏厥	hūnjué
621	荷重	hèzhòng	655	划算	huásuàn	691	昏聩	hūnkuì
622	贺年	hènián	656	滑腻	huánì	692	婚配	hūnpèi
623	黑枣	hēizǎo	657	哗变	huábiàn	693	浑噩	hún'è
624	亨通	hēngtōng	658	话柄	huàbǐng	694	混沌	hùndùn
625	恒温	héngwēn	659	画屏	huàpíng	695	豁口	huōkǒu
626	横幅	héngfú	660	划拨	huàbō	696	火把	huǒbǎ
			661	化装	huàzhuāng	697	火坑	huǒkēng
			662	怀古	huáigǔ	698	火炭	huǒtàn

699 伙房	huǒfáng	733 加冕	jiāmiǎn	769 焦油	jiāoyóu
700 豁免	huòmiǎn	734 枷锁	jiāsuǒ	770 皎洁	jiǎojié
701 祸殃	huòyāng	735 戛然	jiárán	771 狡赖	jiǎolài
702 藿香	huòxiāng	736 假托	jiǎtuō	772 搅动	jiǎodòng
703 获准	huòzhǔn	737 架设	jiàshè	773 矫捷	jiǎojié
704 货款	huòkuǎn	738 驾驭	jiàyù	774 侥幸	jiǎoxìng
		739 煎熬	jiān'áo	775 脚镣	jiǎoliào
J		740 兼课	jiānkè	776 剿灭	jiǎomiè
705 激荡	jīdàng	741 肩章	jiānzhāng	777 校勘	jiàokān
706 积弊	jībì	742 歼击	jiānjī	778 校准	jiàozhǔn
707 击落	jīluò	743 监守	jiānshǒu	779 叫嚣	jiàoxiāo
708 基调	jīdiào	744 奸猾	jiānhuá	780 接管	jiēguǎn
709 奇数	jīshù	745 简编	jiǎnbiān	781 接壤	jiērǎng
710 畸形	jīxíng	746 剪辑	jiǎnjí	782 接踵	jiēzhǒng
711 犄角	jījiǎo	747 减缩	jiǎnsuō	783 阶梯	jiētī
712 稽查	jīchá	748 检录	jiǎnlù	784 诘问	jiéwèn
713 讥讽	jīfěng	749 间谍	jiàndié	785 拮据	jiéjū
714 机组	jīzǔ	750 间隙	jiànxì	786 截面	jiémiàn
715 鸡胸	jīxiōng	751 鉴赏	jiànshǎng	787 节烈	jiéliè
716 缉捕	jībǔ	752 见怪	jiànguài	788 孑孓	jiéjué
717 汲取	jíqǔ	753 剑鞘	jiànqiào	789 解聘	jiěpìn
718 嫉恨	jíhèn	754 豇豆	jiāngdòu	790 姐妹	jiěmèi
719 棘手	jíshǒu	755 僵持	jiāngchí	791 戒备	jièbèi
720 即席	jíxí	756 疆界	jiāngjiè	792 疥疮	jièchuāng
721 脊髓	jǐsuǐ	757 奖券	jiǎngquàn	793 借光	jièguāng
722 脊柱	jǐzhù	758 讲坛	jiǎngtán	794 届时	jièshí
723 给养	jǐyǎng	759 酱菜	jiàngcài	795 津液	jīnyè
724 伎俩	jìliǎng	760 降格	jiànggé	796 禁受	jīnshòu
725 祭祀	jìsì	761 犟嘴	jiàngzuǐ	797 襟怀	jīnhuái
726 记述	jìshù	762 交差	jiāochāi	798 矜持	jīnchí
727 忌日	jìrì	763 交融	jiāoróng	799 筋骨	jīngǔ
728 纪元	jìyuán	764 茭白	jiāobái	800 谨防	jǐnfáng
729 家禽	jiāqín	765 蛟龙	jiāolóng	801 锦标	jǐnbiāo
730 夹板	jiābǎn	766 胶皮	jiāopí	802 尽先	jǐnxiān
731 佳丽	jiālì	767 娇纵	jiāozòng	803 尽兴	jìnxìng
732 加法	jiāfǎ	768 骄横	jiāohèng	804 进退	jìntuì

805 禁锢	jìngù	841 角逐	juézhú	875 控告	kònggào
806 近况	jìnkuàng	842 决胜	juéshèng	876 口角	kǒujiǎo
807 浸泡	jìnpào	843 诀窍	juéqiào	877 扣押	kòuyā
808 京腔	jīngqiāng	844 倔强	juéjiàng	878 叩拜	kòubài
809 惊诧	jīngchà	845 绝招	juézhāo	879 枯槁	kūgǎo
810 惊骇	jīnghài	846 军徽	jūnhuī	880 苦楚	kǔchǔ
811 惊蛰	jīngzhé	847 军衔	jūnxián	881 苦于	kǔyú
812 粳米	jīngmǐ	848 均势	jūnshì	882 酷爱	kù'ài
813 精辟	jīngpì	849 君子	jūnzǐ	883 髋骨	kuāngǔ
814 精髓	jīngsuǐ	850 俊美	jùnměi	884 款式	kuǎnshì
815 腈纶	jīnglún	851 骏马	jùnmǎ	885 匡算	kuāngsuàn
816 经络	jīngluò			886 诳语	kuángyǔ
817 警犬	jǐngquǎn	**K**		887 窥测	kuīcè
818 竞走	jìngzǒu	852 卡钳	kǎqián	888 傀儡	kuǐlěi
819 静穆	jìngmù	853 咯血	kǎxiě	889 溃烂	kuìlàn
820 痉挛	jìngluán	854 开恩	kāi'ēn	890 溃疡	kuìyáng
821 胫骨	jìnggǔ	855 开绽	kāizhàn	891 匮乏	kuìfá
822 窘况	jiǒngkuàng	856 开凿	kāizáo	892 馈赠	kuìzèng
823 迥然	jiǒngrán	857 揩油	kāiyóu	893 昆曲	kūnqǔ
824 酒盅	jiǔzhōng	858 慨叹	kǎitàn	894 困惑	kùnhuò
825 韭菜	jiǔcài	859 楷体	kǎitǐ	895 阔绰	kuòchuò
826 就绪	jiùxù	860 勘测	kāncè	896 括号	kuòhào
827 救生	jiùshēng	861 看守	kānshǒu		
828 臼齿	jiùchǐ	862 坎坷	kǎnkě	**L**	
829 拘捕	jūbǔ	863 糠秕	kāngbǐ	897 邋遢	lāta
830 居奇	jūqí	864 拷打	kǎodǎ	898 腊肠	làcháng
831 沮丧	jǔsàng	865 犒赏	kàoshǎng	899 来由	láiyóu
832 咀嚼	jǔjué	866 可鄙	kěbǐ	900 谰言	lányán
833 聚歼	jùjiān	867 可憎	kězēng	901 懒散	lǎnsǎn
834 飓风	jùfēng	868 客栈	kèzhàn	902 滥调	làndiào
835 剧务	jùwù	869 吭声	kēngshēng	903 朗朗	lǎnglǎng
836 锯末	jùmò	870 铿锵	kēngqiāng	904 老茧	lǎojiǎn
837 捐税	juānshuì	871 空耗	kōnghào	905 烙饼	làobǐng
838 眷恋	juànliàn	872 空转	kōngzhuàn	906 勒索	lèsuǒ
839 卷宗	juànzōng	873 恐吓	kǒnghè	907 累次	lěicì
840 攫取	juéqǔ	874 空暇	kòngxiá	908 垒球	lěiqiú

909 泪水	lèishuǐ	945 笼统	lǒngtǒng	979 弥留	míliú
910 擂台	lèitái	946 漏网	lòuwǎng	980 绵薄	miánbó
911 肋条	lèitiáo	947 露脸	lòuliǎn	981 腼腆	miǎntiǎn
912 冷敷	lěngfū	948 芦笙	lúshēng	982 苗圃	miáopǔ
913 离间	líjiàn	949 颅骨	lúgǔ	983 泯灭	mǐnmiè
914 厘米	límǐ	950 卤味	lǔwèi	984 冥想	míngxiǎng
915 礼仪	lǐyí	951 鲁莽	lǔmǎng	985 铭记	míngjì
916 例题	lìtí	952 旅居	lǚjū	986 磨砺	mólì
917 力戒	lìjiè	953 氯纶	lùlún	987 魔爪	mózhǎo
918 沥青	lìqīng	954 孪生	luánshēng	988 抹黑	mǒhēi
919 连带	liándài	955 卵巢	luǎncháo	989 莫若	mòruò
920 脸谱	liǎnpǔ	956 掠取	lüèqǔ	990 墨迹	mòjì
921 炼钢	liàngāng	957 沦丧	lúnsàng	991 默写	mòxiě
922 炼乳	liànrǔ	958 轮转	lúnzhuàn	992 没落	mòluò
923 链球	liànqiú	959 伦理	lúnlǐ	993 谋略	móulüè
924 凉爽	liángshuǎng	960 罗织	luózhī	994 谋害	móuhài
925 量杯	liángbēi	961 落魄	luòpò	995 牟取	móuqǔ
926 两栖	liǎngqī	962 络绎	luòyì	996 母语	mǔyǔ
927 亮相	liàngxiàng			997 拇指	mǔzhǐ
928 潦倒	liáodǎo	**M**		998 墓穴	mùxué
929 裂缝	lièfèng	963 麻疹	mázhěn	999 暮气	mùqì
930 劣种	lièzhǒng	964 玛瑙	mǎnǎo	1000 募集	mùjí
931 猎犬	lièquǎn	965 埋伏	máifú	1001 木船	mùchuán
932 磷酸	línsuān	966 脉络	màiluò	1002 木偶	mù'ǒu
933 琳琅	línláng	967 蛮横	mánhèng		
934 凛冽	lǐnliè	968 漫骂	mànmà	**N**	
935 凌空	língkōng	969 盲动	mángdòng	1003 拿获	náhuò
936 羚羊	língyáng	970 莽撞	mǎngzhuàng	1004 哪样	nǎyàng
937 聆听	língtīng	971 冒昧	màomèi	1005 呐喊	nàhǎn
938 翎毛	língmáo	972 美感	měigǎn	1006 纳粹	nàcuì
939 领海	lǐnghǎi	973 闷气	mēnqì	1007 纳贿	nàhuì
940 流弊	liúbì	974 蒙骗	mēngpiàn	1008 奶疮	nǎichuāng
941 硫磺	liúhuáng	975 蒙混	ménghùn	1009 奶酪	nǎilào
942 柳条	liǔtiáo	976 萌发	méngfā	1010 奈何	nàihé
943 聋哑	lóngyǎ	977 梦境	mèngjìng	1011 耐劳	nàiláo
944 垄沟	lǒnggōu	978 迷惘	míwǎng	1012 南曲	nánqǔ

1013 男女	nánnǚ	1049 啮齿	nièchǐ	1083 彷徨	pánghuáng
1014 难胞	nànbāo	1050 镍钢	nièɡāng	1084 庞杂	pángzá
1015 囊括	nángkuò	1051 宁日	níngrì	1085 泡桐	pāotóng
1016 挠头	náotóu	1052 凝脂	níngzhī	1086 炮制	páozhì
1017 铙钹	náobó	1053 牛犊	niúdú	1087 咆哮	páoxiào
1018 恼怒	nǎonù	1054 牛虻	niúméng	1088 跑马	pǎomǎ
1019 脑海	nǎohǎi	1055 牛腩	niúnǎn	1089 疱疹	pàozhěn
1020 闹剧	nàojù	1056 牛膝	niúxī	1090 胚胎	pēitāi
1021 内讧	nèihòng	1057 忸怩	niǔní	1091 配角	pèijué
1022 内踝	nèihuái	1058 纽襻	niǔpàn	1092 喷发	pēnfā
1023 内疚	nèijiù	1059 农谚	nóngyàn	1093 喷香	pènxiāng
1024 内涝	nèilào	1060 浓眉	nóngméi	1094 抨击	pēngjī
1025 内陆	nèilù	1061 浓郁	nóngyù	1095 澎湃	péngpài
1026 内省	nèixǐng	1062 奴婢	núbì	1096 捧场	pěngchǎng
1027 内债	nèizhài	1063 弩弓	nǔgōng	1097 捧哏	pěnggén
1028 嫩绿	nènlǜ	1064 怒号	nùháo	1098 坯布	pībù
1029 能人	néngrén	1065 女眷	nǚjuàn	1099 纰漏	pīlòu
1030 泥泞	nínìng	1066 女权	nǚquán	1100 毗连	pílián
1031 泥潭	nítán	1067 暖阁	nuǎngé	1101 癖好	pǐhào
1032 泥塑	nísù	1068 虐待	nüèdài	1102 匹配	pǐpèi
1033 泥沼	nízhǎo	1069 懦弱	nuòruò	1103 劈柴	pǐchái
1034 呢喃	nínán	1070 糯稻	nuòdào	1104 媲美	pìměi
1035 溺爱	nì'ài	1071 藕荷	ǒuhé	1105 剽悍	piāohàn
1036 逆耳	nì'ěr	1072 沤肥	òuféi	1106 瓢泼	piáopō
1037 拈香	niānxiāng	1073 怄气	òuqì	1107 漂染	piǎorǎn
1038 黏着	niánzhuó			1108 票额	piào'é
1039 年庚	niángēng	**P**		1109 撇开	piēkāi
1040 年假	niánjià	1074 爬灰	páhuī	1110 瞥见	piējiàn
1041 碾坊	niǎnfáng	1075 怕事	pàshì	1111 撇嘴	piězuǐ
1042 碾砣	niǎntuó	1076 牌坊	pái·fāng	1112 拼音	pīnyīn
1043 酿造	niàngzào	1077 牌匾	páibiǎn	1113 姘居	pīnjū
1044 鸟瞰	niǎokàn	1078 蹒跚	pánshān	1114 聘礼	pìnlǐ
1045 捏积	niējī	1079 蟠桃	pántáo	1115 乒乓	pīngpāng
1046 颞骨	nièɡǔ	1080 盘绕	pánrào	1116 凭空	píngkōng
1047 孽障	nièzhàng	1081 滂沱	pāngtuó	1117 平仄	píngzè
1048 涅槃	nièpán	1082 磅礴	pángbó	1118 凭证	píngzhèng

1119	婆娑	pósuō	1153	乾坤	qiánkūn	1189	酋长	qiúzhǎng
1120	叵测	pǒcè	1154	荨麻	qiánmá	1190	求饶	qiúráo
1121	破绽	pòzhàn	1155	掮客	qiánkè	1191	求助	qiúzhù
1122	剖析	pōuxī	1156	虔诚	qiánchéng	1192	泅渡	qiúdù
1123	铺炕	pūkàng	1157	钳制	qiánzhì	1193	祛除	qūchú
1124	蒲扇	púshàn	1158	遣返	qiǎnfǎn	1194	区划	qūhuà
1125	匍匐	púfú	1159	堑壕	qiànháo	1195	躯干	qūgàn
1126	菩萨	púsà	1160	芡粉	qiànfěn	1196	曲尺	qūchǐ
			1161	羌族	qiāngzú	1197	屈膝	qūxī

Q

			1162	枪杆	qiānggǎn	1198	取舍	qǔshě
1127	期考	qīkǎo	1163	镪水	qiāngshuǐ	1199	龋齿	qǔchǐ
1128	栖息	qīxī	1164	蔷薇	qiángwēi	1200	曲艺	qǔyì
1129	漆器	qīqì	1165	强求	qiǎngqiú	1201	去处	qùchù
1130	蹊跷	qīqiāo	1166	襁褓	qiǎngbǎo	1202	蜷缩	quánsuō
1131	歧义	qíyì	1167	憔悴	qiáocuì	1203	颧骨	quángǔ
1132	崎岖	qíqū	1168	翘首	qiáoshǒu	1204	诠释	quánshì
1133	祈求	qíqiú	1169	悄然	qiǎorán	1205	痊愈	quányù
1134	乞怜	qǐlián	1170	撬杠	qiàogàng	1206	犬齿	quánchǐ
1135	起锚	qǐmáo	1171	切磋	qiēcuō	1207	却步	quèbù
1136	契约	qìyuē	1172	切割	qiēgē	1208	鹊桥	quèqiáo
1137	气泵	qìbèng	1173	惬意	qièyì	1209	雀跃	quèyuè
1138	气囊	qìnáng	1174	亲昵	qīnnì	1210	裙带	qúndài
1139	气馁	qìněi	1175	钦差	qīnchāi			
1140	气筒	qìtǒng	1176	侵扰	qīnrǎo	**R**		
1141	气质	qìzhì	1177	寝室	qǐnshì			
1142	迄今	qìjīn	1178	青虾	qīngxiā	1211	让座	ràngzuò
1143	掐算	qiāsuàn	1179	清澈	qīngchè	1212	饶恕	ráoshù
1144	卡壳	qiǎké	1180	清炖	qīngdùn	1213	惹祸	rěhuò
1145	洽商	qiàshāng	1181	清剿	qīngjiǎo	1214	热敷	rèfū
1146	谦卑	qiānbēi	1182	清蒸	qīngzhēng	1215	热泪	rèlèi
1147	牵掣	qiānchè	1183	轻蔑	qīngmiè	1216	人伦	rénlún
1148	签押	qiānyā	1184	轻骑	qīngqí	1217	人手	rénshǒu
1149	迁徙	qiānxǐ	1185	情侣	qínglǚ	1218	仁厚	rénhòu
1150	潜藏	qiáncáng	1186	情欲	qíngyù	1219	认购	rèngòu
1151	前襟	qiánjīn	1187	顷刻	qǐngkè	1220	任凭	rènpíng
1152	前缀	qiánzhuì	1188	穷酸	qióngsuān	1221	妊娠	rènshēn
						1222	日冕	rìmiǎn

1223	日晕	rìyùn	1257	沙砾	shālì	1293	涉猎	shèliè
1224	容光	róngguāng	1258	沙瓤	shāráng	1294	社稷	shèjì
1225	戎装	róngzhuāng	1259	纱锭	shādìng	1295	摄取	shèqǔ
1226	荣辱	róngrǔ	1260	杀菌	shājūn	1296	麝香	shèxiāng
1227	融解	róngjiě	1261	煞车	shāchē	1297	深邃	shēnsuì
1228	柔媚	róumèi	1262	煞白	shàbái	1298	深渊	shēnyuān
1229	揉搓	róu·cuo	1263	筛选	shāixuǎn	1299	身孕	shēnyùn
1230	蹂躏	róulìn	1264	晒台	shàitái	1300	神龛	shénkān
1231	蠕动	rúdòng	1265	煽动	shāndòng	1301	神似	shénsì
1232	儒雅	rúyǎ	1266	山脊	shānjǐ	1302	肾脏	shènzàng
1233	乳酪	rǔlào	1267	山麓	shānlù	1303	渗透	shèntòu
1234	乳臭	rǔxiù	1268	山楂	shānzhā	1304	生辰	shēngchén
1235	褥疮	rùchuāng	1269	舢板	shānbǎn	1305	生擒	shēngqín
1236	入殓	rùliàn	1270	删改	shāngǎi	1306	生肖	shēngxiào
1237	入狱	rùyù	1271	缮写	shànxiě	1307	省俭	shěngjiǎn
1238	软骨	ruǎngǔ	1272	禅让	shànràng	1308	盛誉	shèngyù
1239	锐气	ruìqì	1273	赡养	shànyǎng	1309	胜券	shèngquàn
1240	润泽	rùnzé	1274	疝气	shànqì	1310	失宠	shīchǒng
1241	若是	ruòshì	1275	商埠	shāngbù	1311	失慎	shīshèn
1242	偌大	ruòdà	1276	墒情	shāngqíng	1312	失调	shītiáo
			1277	赏赐	shǎngcì	1313	施斋	shīzhāi
	S		1278	绱鞋	shàngxié	1314	尸骸	shīhái
			1279	上膘	shàngbiāo	1315	实职	shízhí
1243	撒娇	sājiāo	1280	上坟	shàngfén	1316	识趣	shíqù
1244	洒扫	sǎsǎo	1281	上缴	shàngjiǎo	1317	石窟	shíkū
1245	腮腺	sāixiàn	1282	上谕	shàngyù	1318	石磙	shígǔn
1246	散漫	sǎnmàn	1283	梢头	shāotóu	1319	时鲜	shíxiān
1247	散伙	sànhuǒ	1284	捎带	shāodài	1320	史馆	shǐguǎn
1248	丧事	sāngshì	1285	艄公	shāogōng	1321	矢志	shǐzhì
1249	桑葚	sāngshèn	1286	少陪	shǎopéi	1322	始祖	shǐzǔ
1250	丧气	sàngqì	1287	哨卡	shàoqiǎ	1323	市侩	shìkuài
1251	缫丝	sāosī	1288	稍息	shàoxī	1324	示弱	shìruò
1252	瘙痒	sàoyǎng	1289	奢华	shēhuá	1325	侍从	shìcóng
1253	塞责	sèzé	1290	赊账	shēzhàng	1326	嗜好	shìhào
1254	森严	sēnyán	1291	猞猁	shēlì	1327	适中	shìzhōng
1255	僧俗	sēngsú	1292	折本	shéběn	1328	饰物	shìwù
1256	杉篙	shāgāo						

1329	收敛	shōuliǎn	1365	水雷	shuǐléi		
1330	收拢	shōulǒng	1366	水疱	shuǐpào		**T**
1331	收押	shōuyā	1367	水藻	shuǐzǎo		
1332	守备	shǒubèi	1368	税率	shuìlù	1399	塌方 tāfāng
1333	守则	shǒuzé	1369	瞬息	shùnxī	1400	塔台 tǎtái
1334	首府	shǒufǔ	1370	硕士	shuòshì	1401	拓本 tàběn
1335	手稿	shǒugǎo	1371	思忖	sīcǔn	1402	踏步 tàbù
1336	手软	shǒuruǎn	1372	思虑	sīlǜ	1403	太监 tàijiàn
1337	手腕	shǒuwàn	1373	思谋	sīmóu	1404	贪婪 tānlán
1338	手镯	shǒuzhuó	1374	丝绸	sīchóu	1405	谈吐 tántǔ
1339	瘦弱	shòuruò	1375	丝瓜	sīguā	1406	昙花 tánhuā
1340	瘦削	shòuxuē	1376	肆虐	sìnüè	1407	檀香 tánxiāng
1341	寿诞	shòudàn	1377	寺院	sìyuàn	1408	弹劾 tánhé
1342	受挫	shòucuò	1378	松散	sōngsǎn	1409	探监 tànjiān
1343	受贿	shòuhuì	1379	松懈	sōngxiè	1410	炭疽 tànjū
1344	授衔	shòuxián	1380	耸动	sǒngdòng	1411	汤匙 tāngchí
1345	绶带	shòudài	1381	送殡	sòngbìn	1412	唐突 tángtū
1346	狩猎	shòuliè	1382	诵读	sòngdú	1413	塘堰 tángyàn
1347	梳妆	shūzhuāng	1383	搜罗	sōuluó	1414	搪塞 tángsè
1348	疏浚	shūjùn	1384	苏打	sūdá	1415	烫发 tàngfà
1349	枢纽	shūniǔ	1385	酥脆	sūcuì	1416	绦虫 tāochóng
1350	殊死	shūsǐ	1386	俗语	súyǔ	1417	逃遁 táodùn
1351	书目	shūmù	1387	宿疾	sùjí	1418	逃脱 táotuō
1352	熟知	shúzhī	1388	溯源	sùyuán	1419	讨饶 tǎoráo
1353	赎买	shúmǎi	1389	素材	sùcái	1420	特长 tècháng
1354	秫秸	shújiē	1390	夙愿	sùyuàn	1421	特辑 tèjí
1355	数九	shǔjiǔ	1391	酸辛	suānxīn	1422	特技 tèjì
1356	鼠疮	shǔchuāng	1392	遂愿	suìyuàn	1423	特赦 tèshè
1357	树冠	shùguān	1393	榫眼	sǔnyǎn	1424	誊写 téngxiě
1358	术语	shùyǔ	1394	蓑衣	suōyī	1425	剔除 tīchú
1359	述职	shùzhí	1395	梭镖	suōbiāo	1426	提携 tíxié
1360	耍弄	shuǎnòng	1396	唆使	suōshǐ	1427	体罚 tǐfá
1361	衰竭	shuāijié	1397	索取	suǒqǔ	1428	体恤 tǐxù
1362	甩卖	shuǎimài	1398	琐碎	suǒsuì	1429	剃头 tìtóu
1363	栓塞	shuānsè				1430	天鹅 tiān'é
1364	水表	shuǐbiǎo				1431	天分 tiānfèn
						1432	天赋 tiānfù

1433	天涯	tiānyá	1469	推卸	tuīxiè	1503	偎依 wēiyī
1434	填空	tiánkòng	1470	颓废	tuífèi	1504	违禁 wéijìn
1435	田埂	tiángěng	1471	蜕变	tuìbiàn	1505	围歼 wéijiān
1436	田螺	tiánluó	1472	囤聚	túnjù	1506	帷幔 wéimàn
1437	田鼠	tiánshǔ	1473	臀尖	túnjiān	1507	桅樯 wéiqiáng
1438	条幅	tiáofú	1474	脱漏	tuōlòu	1508	伪善 wěishàn
1439	调羹	tiáogēng	1475	脱轨	tuōguǐ	1509	委靡 wěimǐ
1440	调侃	tiáokǎn	1476	拖沓	tuōtà	1510	猥亵 wěixiè
1441	挑逗	tiǎodòu	1477	鸵鸟	tuóniǎo	1511	未了 wèiliǎo
1442	挑灯	tiǎodēng	1478	陀螺	tuóluó	1512	胃炎 wèiyán
1443	眺望	tiàowàng	1479	唾液	tuòyè	1513	卫戍 wèishù
1444	铁笔	tiěbǐ				1514	文牍 wéndú
1445	铁环	tiěhuán		**W**		1515	文法 wénfǎ
1446	铁骑	tiěqí	1480	瓦砾	wǎlì	1516	文摘 wénzhāi
1447	铁锹	tiěqiāo	1481	伍族	wǎzú	1517	紊乱 wěnluàn
1448	通缉	tōngjī	1482	袜套	wàtào	1518	问津 wènjīn
1449	通宿	tōngxiǔ	1483	歪斜	wāixié	1519	问讯 wènxùn
1450	瞳孔	tóngkǒng	1484	外埠	wàibù	1520	涡流 wōliú
1451	铜臭	tóngxiù	1485	外调	wàidiào	1521	窝藏 wōcáng
1452	铜模	tóngmú	1486	外寇	wàikòu	1522	倭寇 wōkòu
1453	统舱	tǒngcāng	1487	外商	wàishāng	1523	斡旋 wòxuán
1454	痛斥	tòngchì	1488	蜿蜒	wānyán	1524	污垢 wūgòu
1455	偷懒	tōulǎn	1489	玩忽	wánhū	1525	污秽 wūhuì
1456	投篮	tóulán	1490	玩偶	wán'ǒu	1526	诬赖 wūlài
1457	透风	tòufēng	1491	玩耍	wánshuǎ	1527	屋檐 wūyán
1458	凸版	tūbǎn	1492	丸药	wányào	1528	无妨 wúfáng
1459	秃顶	tūdǐng	1493	宛转	wǎnzhuǎn	1529	无辜 wúgū
1460	屠宰	túzǎi	1494	晚稻	wǎndào	1530	无暇 wúxiá
1461	涂抹	túmǒ	1495	王储	wángchǔ	1531	芜杂 wúzá
1462	土鳖	tǔbiē	1496	王冠	wángguān	1532	蜈蚣 wúgōng
1463	土匪	tǔfěi	1497	王侯	wánghóu	1533	忤逆 wǔnì
1464	土坯	tǔpī	1498	枉然	wǎngrán	1534	侮蔑 wǔmiè
1465	吐蕃	tǔfān	1499	网兜	wǎngdōu	1535	晤面 wùmiàn
1466	湍急	tuānjí	1500	妄称	wàngchēng	1536	务虚 wùxū
1467	推崇	tuīchóng	1501	威吓	wēihè		
1468	推却	tuīquè	1502	威慑	wēishè		

X

1537	吸吮	xīshǔn	1571	险峻	xiǎnjùn	1607	效仿	xiàofǎng
1538	奚落	xīluò	1572	险阻	xiǎnzǔ	1608	笑柄	xiàobǐng
1539	悉心	xīxīn	1573	现役	xiànyì	1609	笑纳	xiàonà
1540	蟋蟀	xīshuài	1574	陷阱	xiànjǐng	1610	些许	xiēxǔ
1541	嬉戏	xīxì	1575	限额	xiàn'é	1611	歇晌	xiēshǎng
1542	膝下	xīxià	1576	线圈	xiànquān	1612	携手	xiéshǒu
1543	犀牛	xīniú	1577	镶嵌	xiāngqiàn	1613	偕同	xiétóng
1544	袭扰	xírǎo	1578	相称	xiāngchèn	1614	斜射	xiéshè
1545	喜剧	xǐjù	1579	相处	xiāngchǔ	1615	胁迫	xiépò
1546	洗劫	xǐjié	1580	相隔	xiānggé	1616	写意	xiěyì
1547	铣床	xǐchuáng	1581	相间	xiāngjiàn	1617	械斗	xièdòu
1548	戏曲	xìqǔ	1582	湘竹	xiāngzhú	1618	泄漏	xièlòu
1549	戏谑	xìxuè	1583	香椿	xiāngchūn	1619	谢客	xièkè
1550	细嫩	xìnèn	1584	香干	xiānggān	1620	懈怠	xièdài
1551	瞎扯	xiāchě	1585	乡愁	xiāngchóu	1621	蟹黄	xièhuáng
1552	虾酱	xiājiàng	1586	降伏	xiángfú	1622	辛劳	xīnláo
1553	侠客	xiákè	1587	享年	xiǎngnián	1623	锌版	xīnbǎn
1554	瑕疵	xiácī	1588	响鼻	xiǎngbí	1624	薪俸	xīnfèng
1555	下凡	xiàfán	1589	巷战	xiàngzhàn	1625	心扉	xīnfēi
1556	下颌	xiàhé	1590	相机	xiàngjī	1626	心悸	xīnjì
1557	下联	xiàlián	1591	消融	xiāoróng	1627	心劲	xīnjìn
1558	下属	xiàshǔ	1592	消长	xiāozhǎng	1628	心境	xīnjìng
1559	下坠	xiàzhuì	1593	嚣张	xiāozhāng	1629	心盛	xīnshèng
1560	夏锄	xiàchú	1594	萧瑟	xiāosè	1630	心绪	xīnxù
1561	夏种	xiàzhòng	1595	小葱	xiǎocōng	1631	信差	xìnchāi
1562	籼米	xiānmǐ	1596	小调	xiǎodiào	1632	信鸽	xìngē
1563	先兆	xiānzhào	1597	小贩	xiǎofàn	1633	信笺	xìnjiān
1564	鲜果	xiānguǒ	1598	小费	xiǎofèi	1634	信筒	xìntǒng
1565	涎水	xiánshuǐ	1599	小褂	xiǎoguà	1635	信札	xìnzhá
1566	舷窗	xiánchuāng	1600	小脚	xiǎojiǎo	1636	兴衰	xīngshuāi
1567	娴熟	xiánshú	1601	小楷	xiǎokǎi	1637	星球	xīngqiú
1568	嫌恶	xiánwù	1602	小瞧	xiǎoqiáo	1638	星宿	xīngxiù
1569	显赫	xiǎnhè	1603	小灶	xiǎozào	1639	腥臊	xīngsāo
1570	显露	xiǎnlù	1604	哮喘	xiàochuǎn	1640	形似	xíngsì
			1605	校官	xiàoguān	1641	行好	xínghǎo
			1606	校训	xiàoxùn	1642	行乐	xínglè

1643	行期	xíngqī	1679	选育	xuǎnyù
1644	行踪	xíngzōng	1680	渲染	xuànrǎn
1645	醒酒	xǐngjiǔ	1681	旋风	xuànfēng
1646	兴会	xìnghuì	1682	炫耀	xuànyào
1647	杏仁	xìngrén	1683	眩晕	xuànyūn
1648	姓氏	xìngshì	1684	绚烂	xuànlàn
1649	兄长	xiōngzhǎng	1685	学阀	xuéfá
1650	凶横	xiōnghèng	1686	学究	xuéjiū
1651	凶煞	xiōngshà	1687	学识	xuéshí
1652	凶宅	xiōngzhái	1688	穴位	xuéwèi
1653	匈奴	xiōngnú	1689	雪崩	xuěbēng
1654	胸襟	xiōngjīn	1690	雪橇	xuěqiāo
1655	胸脯	xiōngpú	1691	血泪	xuèlèi
1656	雄姿	xióngzī	1692	血脉	xuèmài
1657	羞怯	xiūqiè	1693	血泊	xuèpō
1658	修辞	xiūcí	1694	血栓	xuèshuān
1659	修缮	xiūshàn	1695	血渍	xuèzì
1660	休假	xiūjià	1696	勋爵	xūnjué
1661	嗅觉	xiùjué	1697	熏染	xūnrǎn
1662	须发	xūfà	1698	循序	xúnxù
1663	须臾	xūyú	1699	旬刊	xúnkān
1664	虚拟	xūnǐ	1700	巡抚	xúnfǔ
1665	许诺	xǔnuò	1701	寻衅	xúnxìn
1666	蓄养	xùyǎng	1702	训诂	xùngǔ
1667	叙旧	xùjiù	1703	训诲	xùnhuì
1668	恤金	xùjīn	1704	训谕	xùnyù
1669	序跋	xùbá	1705	殉国	xùnguó
1670	絮语	xùyǔ	1706	驯服	xùnfú
1671	续弦	xùxián	1707	徇情	xùnqíng
1672	宣判	xuānpàn	1708	逊色	xùnsè
1673	萱草	xuāncǎo			
1674	喧哗	xuānhuá		**Y**	
1675	喧嚷	xuānrǎng			
1676	玄虚	xuánxū	1709	压秤	yāchèng
1677	悬殊	xuánshū	1710	压榨	yāzhà
1678	选调	xuǎndiào	1711	押解	yājiè
			1712	牙质	yázhì

1713	蚜虫	yáchóng
1714	雅趣	yǎqù
1715	亚麻	yàmá
1716	阉割	yāngē
1717	烟瘾	yānyǐn
1718	殷红	yānhóng
1719	炎凉	yánliáng
1720	研磨	yánmó
1721	延搁	yángē
1722	延聘	yánpìn
1723	筵席	yánxí
1724	演绎	yǎnyì
1725	眼馋	yǎnchán
1726	眼睑	yǎnjiǎn
1727	眼眶	yǎnkuàng
1728	眼泡	yǎnpāo
1729	谚语	yànyǔ
1730	赝品	yànpǐn
1731	唁电	yàndiàn
1732	咽气	yànqì
1733	砚台	yàntái
1734	羊倌	yángguān
1735	佯攻	yánggōng
1736	阳伞	yángsǎn
1737	仰泳	yǎngyǒng
1738	要挟	yāoxié
1739	腰椎	yāozhuī
1740	夭折	yāozhé
1741	妖孽	yāoniè
1742	窑坑	yáokēng
1743	瑶池	yáochí
1744	摇篮	yáolán
1745	窈窕	yǎotiǎo
1746	药剂	yàojì
1747	药理	yàolǐ
1748	药皂	yàozào

1749	要略	yàolüè	1785	鹰犬	yīngquǎn	1821	谕旨	yùzhǐ
1750	要塞	yàosài	1786	营垒	yínglěi	1822	愈合	yùhé
1751	野炊	yěchuī	1787	应诺	yìngnuò	1823	御用	yùyòng
1752	腋臭	yèchòu	1788	映衬	yìngchèn	1824	豫剧	yùjù
1753	谒见	yèjiàn	1789	庸碌	yōnglù	1825	预卜	yùbǔ
1754	衣钵	yībō	1790	痈疽	yōngjū	1826	尉迟	Yùchí
1755	衣着	yīzhuó	1791	佣工	yōnggōng	1827	驭手	yùshǒu
1756	一瞥	yīpiē	1792	甬道	yǒngdào	1828	渊博	yuānbó
1757	一色	yīsè	1793	忧患	yōuhuàn	1829	鸳鸯	yuānyāng
1758	一应	yīyīng	1794	优裕	yōuyù	1830	元勋	yuánxūn
1759	一朝	yīzhāo	1795	游逛	yóuguàng	1831	辕马	yuánmǎ
1760	颐养	yíyǎng	1796	游说	yóushuì	1832	圆润	yuánrùn
1761	疑忌	yíjì	1797	莜麦	yóumài	1833	圆桌	yuánzhuō
1762	彝族	yízú	1798	鱿鱼	yóuyú	1834	援军	yuánjūn
1763	倚靠	yǐkào	1799	油酥	yóusū	1835	远虑	yuǎnlǜ
1764	癔病	yìbìng	1800	油毡	yóuzhān	1836	怨愤	yuànfèn
1765	薏米	yìmǐ	1801	邮戳	yóuchuō	1837	悦目	yuèmù
1766	臆测	yìcè	1802	有如	yǒurú	1838	阅览	yuèlǎn
1767	益友	yìyǒu	1803	有余	yǒuyú	1839	越狱	yuèyù
1768	抑郁	yìyù	1804	诱导	yòudǎo	1840	岳父	yuèfù
1769	逸事	yìshì	1805	右翼	yòuyì	1841	粤剧	yuèjù
1770	肄业	yìyè	1806	淤积	yūjī	1842	晕厥	yūnjué
1771	呓语	yìyǔ	1807	迂腐	yūfǔ	1843	云杉	yúnshān
1772	音调	yīndiào	1808	愚蒙	yúméng	1844	耘锄	yúnchú
1773	因循	yīnxún	1809	余粮	yúliáng	1845	匀称	yúnchèn
1774	姻缘	yīnyuán	1810	余兴	yúxìng	1846	陨落	yǔnluò
1775	阴干	yīngān	1811	逾越	yúyuè	1847	韵味	yùnwèi
1776	淫荡	yíndàng	1812	鱼鳞	yúlín	1848	晕车	yùnchē
1777	寅时	yínshí	1813	渔场	yúchǎng	1849	运载	yùnzài
1778	吟咏	yínyǒng	1814	语序	yǔxù	1850	熨斗	yùndǒu
1779	银锭	yíndìng	1815	羽冠	yǔguān			
1780	饮泣	yǐnqì	1816	羽扇	yǔshàn		**Z**	
1781	引咎	yǐnjiù	1817	玉帛	yùbó			
1782	引擎	yǐnqíng	1818	玉玺	yùxǐ	1851	呲嘴	zāzuǐ
1783	隐讳	yǐnhuì	1819	郁闷	yùmèn	1852	杂凑	zácòu
1784	荫凉	yìnliáng	1820	浴盆	yùpén	1853	杂烩	záhuì
						1854	灾祸	zāihuò

1855 载波	zàibō	1891 长辈	zhǎngbèi	1927 拯救	zhěngjiù
1856 载荷	zàihè	1892 涨潮	zhǎngcháo	1928 诤言	zhèngyán
1857 在即	zàijí	1893 瘴气	zhàngqì	1929 枝杈	zhīchà
1858 在握	zàiwò	1894 着数	zhāoshù	1930 只身	zhīshēn
1859 暂行	zànxíng	1895 招揽	zhāolǎn	1931 知了	zhīliǎo
1860 赞颂	zànsòng	1896 昭彰	zhāozhāng	1932 知青	zhīqīng
1861 脏腑	zàngfǔ	1897 着慌	zháohuāng	1933 职责	zhízé
1862 糟粕	zāopò	1898 沼气	zhǎoqì	1934 执着	zhízhuó
1863 遭罪	zāozuì	1899 爪牙	zhǎoyá	1935 趾甲	zhǐjiǎ
1864 早霜	zǎoshuāng	1900 肇事	zhàoshì	1936 咫尺	zhǐchǐ
1865 躁动	zàodòng	1901 笊篱	zhào·lí	1937 纸捻	zhǐniǎn
1866 造诣	zàoyì	1902 召唤	zhàohuàn	1938 旨意	zhǐyì
1867 责难	zénàn	1903 诏书	zhàoshū	1939 指摘	zhǐzhāi
1868 贼心	zéixīn	1904 遮挡	zhēdǎng	1940 治丧	zhìsāng
1869 曾孙	zēngsūn	1905 折叠	zhédié	1941 痔疮	zhìchuāng
1870 憎恶	zēngwù	1906 折扣	zhékòu	1942 窒息	zhìxī
1871 渣滓	zhāzǐ	1907 蛰伏	zhéfú	1943 桎梏	zhìgù
1872 铡刀	zhádāo	1908 褶皱	zhězhòu	1944 中听	zhōngtīng
1873 札记	zhájì	1909 斟酌	zhēnzhuó	1945 中兴	zhōngxīng
1874 轧钢	zhágāng	1910 甄别	zhēnbié	1946 中用	zhōngyòng
1875 眨眼	zhǎyǎn	1911 真谛	zhēndì	1947 种畜	zhǒngchù
1876 诈降	zhàxiáng	1912 真挚	zhēnzhì	1948 舟楫	zhōují
1877 蚱蜢	zhàměng	1913 砧板	zhēnbǎn	1949 妯娌	zhóu·li
1878 债券	zhàiquàn	1914 贞操	zhēncāo	1950 肘腋	zhǒuyè
1879 占卦	zhānguà	1915 侦缉	zhēnjī	1951 骤然	zhòurán
1880 粘贴	zhāntiē	1916 箴言	zhēnyán	1952 诸葛	Zhūgě
1881 毡房	zhānfáng	1917 诊察	zhěnchá	1953 猪鬃	zhūzōng
1882 瞻顾	zhāngù	1918 震慑	zhènshè	1954 烛光	zhúguāng
1883 斩首	zhǎnshǒu	1919 振作	zhènzuò	1955 竹竿	zhúgān
1884 湛蓝	zhànlán	1920 赈济	zhènjì	1956 竹笋	zhúsǔn
1885 栈道	zhàndào	1921 症结	zhēngjié	1957 瞩目	zhǔmù
1886 战备	zhànbèi	1922 征聘	zhēngpìn	1958 贮藏	zhùcáng
1887 战栗	zhànlì	1923 峥嵘	zhēngróng	1959 蛀齿	zhùchǐ
1888 颤栗	zhànlì	1924 狰狞	zhēngníng	1960 祝词	zhùcí
1889 张贴	zhāngtiē	1925 蒸笼	zhēnglóng	1961 助跑	zhùpǎo
1890 掌舵	zhǎngduò	1926 整饬	zhěngchì	1962 抓举	zhuājǔ

1963 专横 zhuānhèng	1976 灼热 zhuórè	1989 租佃 zūdiàn
1964 砖坯 zhuānpī	1977 酌量 zhuó·liang	1990 租赁 zūlìn
1965 转载 zhuǎnzǎi	1978 孳生 zīshēng	1991 诅咒 zǔzhòu
1966 传略 zhuànlüè	1979 辎重 zīzhòng	1992 钻营 zuānyíng
1967 撰述 zhuànshù	1980 紫癜 zǐdiàn	1993 钻戒 zuànjiè
1968 篆书 zhuànshū	1981 字模 zìmú	1994 罪魁 zuìkuí
1969 装殓 zhuāngliàn	1982 字帖 zìtiè	1995 尊崇 zūnchóng
1970 追逼 zhuībī	1983 自恃 zìshì	1996 佐餐 zuǒcān
1971 追溯 zhuīsù	1984 自刎 zìwěn	1997 坐骑 zuòqí
1972 赘述 zhuìshù	1985 自缢 zìyì	1998 柞蚕 zuòcán
1973 捉摸 zhuōmō	1986 棕绷 zōngbēng	1999 作祟 zuòsuì
1974 拙劣 zhuōliè	1987 棕榈 zōnglú	2000 作揖 zuòyī
1975 卓著 zhuózhù	1988 纵容 zòngróng	

三、双音节轻声词表

A	蹦跶	C	除了
	鼻子		畜生
爱人	比方	财主	窗户
	比量	裁缝	窗子
B	鞭子	苍蝇	伺候
	扁担	差事	刺猬
八哥	辫子	柴火	凑合
巴结	便当	掺和	村子
巴掌	憋闷	颤悠	
扒拉	别扭	厂子	D
爸爸	拨拉	车子	
白净	伯伯	称呼	奓拉
扳手	脖子	虫子	搭理
棒槌	薄荷	抽搭	答应
包袱	簸箕	抽屉	打扮
报酬	补丁	出落	打点
辈分	部分	出息	打发
本事	步子	锄头	打量
本子			打听

大方	肚子	个子	和尚
大夫	队伍	跟头	核桃
大爷	对付	根子	盒子
大意	多么	工夫	红火
耽搁	哆嗦	功夫	后头
耽误		公家	厚道
胆子	**E**	勾搭	厚实
担子	恶心	估摸	狐狸
叨唠	儿子	姑姑	胡琴
刀子	耳朵	姑娘	胡子
倒腾		谷子	葫芦
道士	**F**	骨头	糊涂
灯笼	法子	故事	护士
凳子	房子	寡妇	花哨
提防	废物	怪物	皇上
滴水	风筝	关系	晃荡
嘀咕	疯子	官司	晃悠
底下	奉承	棺材	活泛
地道	福分	管子	活计
地方	福气	罐头	活泼
弟弟	斧子	逛荡	火烧
弟兄	富余	归置	伙计
掂掇		规矩	
点心	**G**	闺女	**J**
钉子	盖子	棍子	叽咕
东边	干巴		饥荒
东家	甘蔗	**H**	机灵
东西	干事	哈欠	记得
懂得	高粱	蛤蟆	记号
动静	膏药	孩子	记性
动弹	稿子	含糊	忌妒
兜肚	告示	寒碜	家伙
斗篷	告诉	行当	架势
豆腐	疙瘩	行家	架子
嘟噜	胳膊	合同	嫁妆
嘟囔	哥哥	和气	煎饼

见识	亏得	萝卜	木匠
将就	困难	骆驼	木头
讲究	阔气	落得	
交情			**N**
搅和	**L**	**M**	
饺子			那么
叫唤	拉扯	妈妈	奶奶
结巴	喇叭	麻烦	难为
结实	喇嘛	麻利	脑袋
街坊	篮子	马虎	脑子
姐夫	懒得	码头	闹腾
姐姐	烂糊	买卖	能耐
芥末	唠叨	卖弄	你们
戒指	老婆	麦子	腻烦
精神	老实	馒头	黏糊
镜子	老爷	忙乎	念叨
舅舅	累赘	忙活	念头
橘子	冷清	帽子	娘家
句子	篱笆	玫瑰	扭搭
觉得	里头	眉毛	扭捏
	力气	媒人	奴才
K	厉害	妹妹	女婿
	利落	门道	暖和
开通	利索	门路	疟疾
考究	例子	门面	挪动
磕打	痢疾	眯缝	
咳嗽	连累	迷糊	**P**
客气	莲蓬	密实	
口袋	链子	免得	牌楼
窟窿	凉快	苗条	牌子
裤子	粮食	名堂	盘缠
快当	铃铛	名字	盘算
快活	菱角	明白	炮仗
筷子	领子	模糊	朋友
宽敞	溜达	磨蹭	皮实
宽绰	笼子	蘑菇	疲沓
框子	啰唆	牡丹	脾气
			屁股

便宜
漂亮
苤蓝
瓶子
婆家
婆婆
筐箩
铺盖
铺子

Q

欺负
漆匠
旗子
气性
前头
亲戚
勤快
清楚
情形
亲家
圈子
拳头

R

热乎
热和
热闹
人家
人们
认得
认识
任务
日子
软和

S

嗓子
嫂嫂
嫂子
扫帚
沙子
山药
商量
晌午
上边
上司
上头
烧饼
芍药
少爷
舌头
舍得
身量
身子
神甫
什么
婶婶
生分
生意
牲口
绳子
省得
尸首
师父
师傅
师爷
狮子
石榴
石匠
石头

时辰
时候
实在
拾掇
使得
使唤
世故
似的
事情
试探
收成
收拾
首饰
寿数
叔伯
叔叔
舒服
舒坦
疏忽
熟识
属相
数落
刷子
摔打
爽快
顺当
说合
说和
思量
松快
俗气
素净
算计
随和
岁数

T

他们
踏实
摊子
抬举
太太
特务
梯子
踢腾
嚏喷
添补
挑剔
笤帚
跳蚤
铁匠
停当
亭子
头发
吐沫
妥当
唾沫

W

挖苦
娃娃
袜子
外甥
外头
晚上
王八
王爷
尾巴
委屈
为了
位置

温和	兄弟	衣服	栅栏
稳当	休息	衣裳	张罗
蚊子	秀才	姨夫	丈夫
窝囊	秀气	椅子	丈母
窝棚	絮烦	义气	丈人
我们	玄乎	意思	帐篷
	学生	影子	招呼
X	学问	应酬	招牌
		硬朗	找补
稀罕	**Y**	油水	折腾
席子		冤家	这个
媳妇	鸭子	冤枉	这么
喜欢	牙碜	院子	枕头
虾米	牙口	约莫	芝麻
下巴	衙门	月饼	知识
吓唬	哑巴	月亮	直溜
先生	雅致	云彩	指甲
显得	胭脂	匀溜	指头
箱子	烟筒	匀实	种子
响动	严实	运气	主意
乡下	阎王		柱子
相公	眼睛	**Z**	转悠
相声	砚台		庄稼
消息	燕子	杂碎	壮实
小气	央告	再不	状元
晓得	秧歌	在乎	桌子
笑话	养活	咱们	自在
歇息	痒痒	早晨	字号
谢谢	样子	早上	祖宗
心思	吆喝	造化	嘴巴
薪水	妖精	怎么	作坊
星星	钥匙	扎实	琢磨
猩猩	爷爷	眨巴	做作
腥气	叶子	诈唬	
行李			

"词表"中带非轻声"子"的词语

才子	菜子	臣子	赤子	电子	公子	瓜子	离子
莲子	逆子	女子	棋子	松子	太子	天子	仙子
孝子	游子	幼子	原子	(伪)君子		(遗)腹子	

(私)生子　知识分子

"词表"中带非轻声"头"的词语

开头	空头	山头	针头	钟头	(二)锅头
埋头	眉头	墙头	口头		(二)婚头
起头	瘾头	老头儿	钻头	线头	(水)龙头

孩子头

四、普通话水平测试用儿化词语表

说　明

1. 本表参照《普通话水平测试用普通话词语表》及《现代汉语词典》编制。加 * 的是以上二者未收,根据测试需要而酌增的条目。

2. 本表仅供普通话水平测试第二项——读多音节词语(100 个音节)测试使用。本表儿化音节,在书面上一律加"儿",但并不表明所列词语在任何语用场合都必须儿化。

3. 本表共收词 189 条,按儿化韵母的汉语拼音字母顺序排列。

4. 本表列出原形韵母和所对应的儿化韵,用＞表示条目中儿化音节的注音,只在基本形式后面加 r,如:"一会儿 yīhuìr",不标语音上的实际变化。

a＞ar	刀把儿 dāobàr	号码儿 hàomǎr
	戏法儿 xìfǎr	在哪儿 zàinǎr
	找碴儿 zhǎochár	打杂儿 dǎzár
ai＞ar	名牌儿 míngpáir	鞋带儿 xiédàir
	壶盖儿 húgàir	小孩儿 xiǎoháir
	加塞儿 jiāsāir	
an＞ar	快板儿 kuàibǎnr	栅栏儿 zhàlanr
	蒜瓣儿 suànbànr	老伴儿 lǎobànr
	脸蛋儿 liǎndànr	脸盘儿 liǎnpánr
	板擦儿 bǎncār	收摊儿 shōutānr
	笔杆儿 bǐgǎnr	包干儿 bāogānr

	门槛儿 ménkǎnr	
ang＞ar(鼻化)	药方儿 yàofāngr	赶趟儿 gǎntàngr
	香肠儿 xiāngchángr	瓜瓤儿 guāràngr
ia＞iar	掉价儿 diàojiàr	一下儿 yīxiàr
	豆芽儿 dòuyár	
ian＞iar	小辫儿 xiǎobiànr	照片儿 zhàopiānr
	扇面儿 shànmiànr	差点儿 chàdiǎnr
	一点儿 yīdiǎnr	雨点儿 yǔdiǎnr
	聊天儿 liáotiānr	拉链儿 lāliànr
	冒尖儿 màojiānr	坎肩儿 kǎnjiānr
	牙签儿 yáqiānr	露馅儿 lòuxiànr
	心眼儿 xīnyǎnr	
iang＞iar(鼻化)	鼻梁儿 bíliángr	透亮儿 tòuliàngr
	花样儿 huāyàngr	
ua＞uar	脑瓜儿 nǎoguār	大褂儿 dàguàr
	麻花儿 máhuār	笑话儿 xiàohuàr
	牙刷儿 yáshuār	
uai＞uar	一块儿 yīkuàir	
uan＞uar	茶馆儿 cháguǎnr	饭馆儿 fànguǎnr
	火罐儿 huǒguànr	落款儿 luòkuǎnr
	打转儿 dǎzhuànr	拐弯儿 guǎiwānr
	好玩儿 hǎowánr	大腕儿 dàwànr
uang＞uar(鼻化)	蛋黄儿 dànhuángr	打晃儿 dǎhuàngr
	天窗儿 tiānchuāngr	
üan＞üar	烟卷儿 yānjuǎnr	手绢儿 shǒujuànr
	出圈儿 chūquānr	包圆儿 bāoyuánr
	人缘儿 rényuánr	绕远儿 ràoyuǎnr
	杂院儿 záyuànr	
ei＞er	刀背儿 dāobèir	摸黑儿 mōhēir
en＞er	老本儿 lǎoběnr	走神儿 zǒushénr
	嗓门儿 sǎngménr	小人儿书 xiǎorénrshū
	哥们儿 gēmenr	刀刃儿 dāorènr
	后跟儿 hòugēnr	把门儿 bǎménr
	别针儿 biézhēnr	纳闷儿 nàmènr
	高跟儿鞋 gāogēnrxié	大婶儿 dàshěnr
	一阵儿 yīzhènr	杏仁儿 xìngrénr

eng＞er（鼻化）	钢镚儿 gāngbèngr	夹缝儿 jiāfèngr
	脖颈儿 bógěngr	提成儿 tíchéngr
ie＞ier	半截儿 bànjiér	小鞋儿 xiǎoxiér
üe＞üer	旦角儿 dànjuér	主角儿 zhǔjuér
uei＞uer	跑腿儿 pǎotuǐr	一会儿 yīhuìr
	耳垂儿 ěrchuír	墨水儿 mòshuǐr
	围嘴儿 wéizuǐr	走味儿 zǒuwèir
uen＞uer	打盹儿 dǎdǔnr	冰棍儿 bīnggùnr
	胖墩儿 pàngdūnr	没准儿 méizhǔnr
	砂轮儿 shālúnr	开春儿 kāichūnr
ueng＞uer（鼻化）	＊小瓮儿 xiǎowèngr	
-i(前)＞er	瓜子儿 guāzǐr	石子儿 shízǐr
	没词儿 méicír	挑刺儿 tiāocìr
-i(后)＞er	墨汁儿 mòzhīr	锯齿儿 jùchǐr
	记事儿 jìshìr	
i＞i：er	针鼻儿 zhēnbír	垫底儿 diàndǐr
	肚脐儿 dùqír	玩意儿 wányìr
in＞i：er	有劲儿 yǒujìnr	送信儿 sòngxìnr
	脚印儿 jiǎoyìnr	
ing＞i：er（鼻化）	花瓶儿 huāpíngr	打鸣儿 dǎmíngr
	图钉儿 túdīngr	门铃儿 ménlíngr
	眼镜儿 yǎnjìngr	蛋清儿 dànqīngr
	火星儿 huǒxīngr	人影儿 rényǐngr
ü＞ü：er	毛驴儿 máolǘr	小曲儿 xiǎoqǔr
	痰盂儿 tányúr	
e＞er	模特儿 mótèr	逗乐儿 dòulèr
	唱歌儿 chànggēr	挨个儿 āigèr
	打嗝儿 dǎgér	饭盒儿 fànhér
	在这儿 zàizhèr	
u＞ur	碎步儿 suìbùr	泪珠儿 lèizhūr
	儿媳妇儿 érxífur	没谱儿 méipǔr
	梨核儿 líhúr	有数儿 yǒushùr
ong＞or（鼻化）	果冻儿 guǒdòngr	酒盅儿 jiǔzhōngr
	胡同儿 hútòngr	门洞儿 méndòngr
	抽空儿 chōukòngr	小葱儿 xiǎocōngr

iong＞ior(鼻化)	＊小熊儿 xiǎoxióngr	
ao＞aor	红包儿 hóngbāor	灯泡儿 dēngpàor
	半道儿 bàndàor	手套儿 shǒutàor
	跳高儿 tiàogāor	叫好儿 jiàohǎor
	口罩儿 kǒuzhàor	绝着儿 juézhāor
	口哨儿 kǒushàor	蜜枣儿 mìzǎor
iao＞iaor	鱼漂儿 yúpiāor	火苗儿 huǒmiáor
	跑调儿 pǎodiàor	面条儿 miàntiáor
	豆角儿 dòujiǎor	开窍儿 kāiqiàor
ou＞our	衣兜儿 yīdōur	老头儿 lǎotóur
	年头儿 niántóur	小偷儿 xiǎotōur
	门口儿 ménkǒur	纽扣儿 niǔkòur
	线轴儿 xiànzhóur	小丑儿 xiǎochǒur
	加油儿 jiāyóur	
iou＞iour	顶牛儿 dǐngniúr	抓阄儿 zhuājiūr
	棉球儿 miánqiúr	
uo＞uor	火锅儿 huǒguōr	做活儿 zuòhuór
	大伙儿 dàhuǒr	邮戳儿 yóuchuōr
	小说儿 xiǎoshuōr	被窝儿 bèiwōr
(o)＞or	耳膜儿 ěrmór	粉末儿 fěnmòr

第三部分 选择、判断

一、普通话和方言常见的语法差异

(一)语序或表达形式的不同 *

1.双宾

a.给我一本书。　　　　　　　b.给本书我。
c.给一本书给我。　　　　　　d.把本书我。
e.书一本给我。　　　　　　　f.拿一本书到我。
　　　　　　　　　　　　　　（选对　　a*　b　c　d　e　f）

a.我给他一个苹果。　　　　　b.我给一个苹果他。
c.我给一个苹果给他。　　　　d.我把一个苹果他。
e.我把一个苹果把他。　　　　f.我苹果一个给他。
g.我拿一个苹果到他。
　　　　　　　　　　　　　　（选对　　a*　b　c　d　e　f　g）

2.动宾补和动补宾

a.我想看他一下。　　　　　b.我想看一下他。
　　　　　　　　　　　　　（选择　a＝b　a≠b*　　其中b强调了"他"）
a.我看他一下。　　　　　　b.我看一下他。
　　　　　　　　　　　　　（选对　a＝b　a≠b*　　其中b强调了"他"）

3.状动

a.别客气,你先走。（或:你先走,别客气。）
b.别客气,你走先。（或:你先走,别客气。）

---

*　以下例句可以改变句中相关字词,成为新的同类题目,带＊号的为正确答案。

c.别客气,你走头先。　　　　　　d.别客气,你走在先。

e.别客气,你走去先。

（选对　　a＊　　b　　c　　d　　e)

a.我先说,你等一会儿说。　　　　b.我讲先,你等一阵讲。

c.我讲在先,你等一会儿讲。

（选对　　a＊　　b　　c)

a.你先去。　　　　　　　　　　　b.你去先。

（选对　　a＊　　b)

a 你先洗。　　　　　　　　　　　b.你洗先。

（选对　　a＊　　b)

a.上海快到了。　　　　　　　　　b.上海到快了。

（选对　　a＊　　b)

4.状动补

a.你少说两句。　　　　　　　　　b.你讲少两句。

（选对　　a＊　　b 这一组语境为劝说和祈使。)

a.你多吃一点。　　　　　　　　　b.你吃多一点。

（选对　　a＝b　　a≠b＊)

a.多穿一件衣服。　　　　　　　　b.穿多一件衣服。

（选对　　a＊　　b)

a.请你多拿点儿。　　　　　　　　b.请你拿多点儿。

（选对　　a＝b　　a≠b＊)

a.请你多喝两杯。　　　　　　　　b.请你喝多两杯。

（选对　　a＊　　b)

5.去

a 我吃饭去。　　　　　　　　　　b.我去吃饭。

c.我来去吃饭。

（选对　　a＊　　b＊　　c)

a.我告诉他。　　　　　　　　　　b.我去告诉他。

c.我来去告诉他。

（选对　　a＊　　b＊　　c)

a.我逛街去。　　　　　　　　　　b.我去逛街。

c.我来去逛街。

（选对　　a＊　　b＊　　c)

6.比较

a.他比我高。　　　　　　　　　b.他高过我。

c.他比我过高。　　　　　　　　d.他比我更高。

（选对　　a*　b　c　d*）

a.兔子跑得比乌龟快。　　　　　b.兔跑快乌龟。

（选对　　a*　b）

a.牛比猪大很多。　　　　　　　b.牛大过猪很多。

（选对　　a*　b）

a.四川省比广东省大。　　　　　b.四川省大过广东省。

（选对　　a*　b）

a.坐飞机比坐火车快。　　　　　b.坐飞机快过坐火车。

（选对　　a*　b）

7.不知道/不认得

a.这件事我不知道。　　　　　　b.这件事我知不道。

c.这件事我不晓得。　　　　　　d.这件事我晓不得。

（选对　　a*　b　c　d）

a.这个人我不认得。　　　　　　b.这个人我认不得。

（选择　　a≠b*　　b有"认识而实在不能去认"的意思。）

8.超过

a.我说得过他。　　　　　　　　b.我说他得过。

c.我说得他过。

（选对　　a*　b　c）

a.我说不过他。　　　　　　　　b.我说他不过。

c.我说不他过。

（选对　　a*　b　c）

9.被

a.他被灌了一碗酒。　　　　　　b.他叫人给灌了一碗酒。

c.他灌给了一碗酒。　　　　　　d.他给灌了一碗酒。

（选对　　a*　b*　c　d）

10.开始

a.下开雨了。　　　　　　　　　b.下起雨来了。

c.下雨开了。

（选对　　a　b＊　c）

a.说起话来没个了。　　　　　　　b.话说起来没个了。

c.说话起来没个了。

（选对　　a＊　b＊　c）

11.来去

a.你到哪儿去？　　　　　　　　　b.你去哪儿去？

c.你去哪儿？　　　　　　　　　　d.你去哪儿来？

（选对　　a＊　b　c＊　d）

12.问句

a.你吃饭没有？　　　　　　　　　b.你饭吃过了吗？

c.你吃过饭了吗？　　　　　　　　d.你吃过饭没有？

e.你有没有吃过饭？　　　　　　　f.你有吃过饭没有？

（选对　　a＊　b＊　c＊　d＊　e＊　f）

13.不会

a.我不会跳舞。　　　　　　　　　b.我跳不来舞。

（选对　　a＊　b）

a.这扇门关不上。　　　　　　　　b.这扇门不能关得上。

（选对　　a＊　b）

14.能类（善于）

a.他很能说话。　　　　　　　　　b.他很会说话。

c.他很不会说话。　　　　　　　　d.他不会说话。

e.他很不能说话。

（选对　　a＊　b＊　c＊　d＊　e）

15.能类（可以）

a.这凳子能坐三个人。　　　　　　b.这凳子坐得三个人。

c.这凳子会坐得三个人。　　　　　d.这凳子会坐三个人。

（选对　　a＊　b　c　d）

a.十二点能吃饭了。　　　　　　　b.十二点吃得饭了。

（选对　　a＝b　a≠b＊）

16.数量

a.这是一头大牛。   b.这是一头大头的牛。
                      （选对   a＊   b)

a.一套西服一千三百元。   b.一套西服一千三。
c.一套西服千三元。
                      （选对   a＊   b＊   c)

a.班上有十八人报名。   b.班上有一十八人报名。
                      （选对   a＊   b)

a.他买了很大的一本书。   b.他买了一本很大本的书。
                      （选对   a＊   b)

17.二与两

a.二比二(竞赛比分)。   b.两比两。
                      （选对   a＊   b)

a.二比五。   b.两比五。
                      （选对   a＊   b)

a.他大约要两三个月才能回来。 b.他大约要二三个月才能回来。
                      （选对   a＊   b)

a.还有二两油。   b.还有两两油。
                      （选对   a＊   b)

a.下午两点多。   b.下午二点多。
                      （选对   a＊   b)

a.那是一座二层小楼房。   b.那是一座两层小楼房。
                      （选对   a   b＊)

a.我家住在二层。   b.我家住在两层。
                      （选对   a＊   b)

18.着

a.看不着他。   b.看他不着。
c.看不他着。
                      （选对   a＊   b   c)

19.程度副词

a.我真高兴！   b.我好高兴！
c.我很高兴！

（选对 a* b c*）

a.这花儿多好看啊！ b.这花儿好好看啊！

（选对 a* b）

20.过

a.这件事我说过。 b.这件事我有说。
c.这件事我有说过。

（选对 a* b c）

a.今天上午他来过。 b.今天上午他有来。

（选对 a* b）

a.他读过书。 b.他有读书。

（选对 a* b）

21.表示"到位"了

a.菜够咸了。 b.菜有咸。

（选对 a* b）

a.我听到了。 b.我听有。

（选对 a* b）

a.我听明白了。 b.我听有。

（选对 a* b）

22.吗

a.你看戏吗？ b.你有看戏没有？
c.你看不看戏？ d.你看戏不？

（选对 a* b c* d）

a.你去看电影吗？ b.你有看电影没有？
c.你去不去看电影？ d.你去看电影不？

（选对 a* b c* d）

23.没、不

a.你去,我不去。 b.你去,我没有去。

（选对 a* b）

a.这菜不咸。 b.这菜没有咸。

（选对 a* b）

24.这

a.这支笔是谁的。　　　　　　　b.支笔是谁的。

（选对　　　a*　　b）

a.这朵花真好看。　　　　　　　b.朵花真好看。

（选对　　　a*　　b）

a.这本书是你的。　　　　　　　b.本书是你的。

（选对　　　a*　　b）

25.形容词重叠

a.她的脸很红。　　　　　　　　b.她的脸红红。

（选对　　　a*　　b）

a.他的手洗得很白。　　　　　　b.他的手洗得白白。

c.他的手洗得白白白。

（选对　　　a*　　b　　c）

26.状态形容词

a.冷冰冰　　　　　　　　　　　b.冰冰冷

（选对　　　a*　　b）

a.雪白　　　　　　　　　　　　b.雪白白

（选对　　　a*　　b）

a.喷香　　　　　　　　　　　　b.喷喷香

c.喷香香　　　　　　　　　　　d.香喷喷

（选对　　　a*　　b　　c　　d*）

a.崭新　　　　　　　　　　　　b.崭新新

c.崭崭新　　　　　　　　　　　d.崭崭新新

（选对　　　a*　　b　　c　　b）

a.清白　　　　　　　　　　　　b.清清白白

c.清清白　　　　　　　　　　　d.清白清白

（选对　　　a*　　b*　　c　　d）

a.认真　　　　　　　　　　　　b.认认真

c.认认真真

（选对　　　a*　　b　　c*）

a.高兴　　　　　　　　　　　　b.高高兴兴

c.高高兴

（选对　　　a*　　b*　　c）

a.正派 　　　　　　　　　b.正正派

（选对　　　a＊　　b）

a.大方 　　　　　　　　　b.大大方方
c.大大方 　　　　　　　　d.大方大方

（选对　　　a＊　　b＊　　c　　d）

a.普通 　　　　　　　　　b.普普通通
c.普普通

（选对　　　a＊　　b＊　　c）

27.形不形

a.这花香不香？　　　　　　b.这花香香？

（选对　　　a＊　　b）

a.他聪明不聪明？　　　　　b.他聪聪明？

（选对　　　a＊　　b）

a.他做事认真不认真？　　　b.他做事认认真？

（选对　　　a＊　　b）

28.形（动）补

a.衣服叫他弄脏了。　　　　b.衣服叫他弄脏了脏。

（选对　　　a＊　　b）

a.这本书给他弄丢了。　　　b.这本书给他弄丢了丢。

（选对　　　a＊　　b）

29.都类

a.都出去。　　　　　　　　b.出出去。
c.全出去。

（选对　　　a＊　　b　　c＊）

a.都收起来。　　　　　　　b.收收起来。

（选对　　　a＊　　b）

(二)常用量词的选择

1.把　　　bǎ　　　菜刀、剪刀、铲子、铁锨、镐头
　　　　　　　　　　锁（个）、钥匙/茶壶、酒壶

2.部　　　bù　　　书、字典、著作
　　　　　　　　　　电影/电话机/汽车

3. 场　chánɡ　雨、雪
　　　　　　　　病（得了一～病）、大战

4. 场　chǎnɡ　电影（看了一～电影）
　　　　　　　　球赛（足球）、体育竞赛（拳击）
　　　　　　　　演出（歌剧、话剧、舞剧、杂技、曲艺）

5. 滴　dī　　眼泪、汗水、血/水、油

6. 顶　dǐnɡ　帽子、蚊帐、轿子

7. 朵　duǒ　花、云

8. 副　fù　　手套、眼镜、手镯、球拍
　　　　　　　扑克牌、麻将牌

9. 个　ɡè　　人（男人、女人、老人）、孩子（儿子、女儿）
　　　　　　　杯子、盘子、碟子、瓶子
　　　　　　　水果（梨、苹果、香蕉、橘子、桃儿）
　　　　　　　玩具（布娃娃、小汽车、飞机、皮球）
　　　　　　　太阳、月亮/鸡蛋、馒头、饺子
　　　　　　　国家、省、市、县、区、乡、村/故事

10. 根　ɡēn　竹竿、电线杆子、甘蔗
　　　　　　　油条、冰棍儿、葱
　　　　　　　绳子（条）、线（条）、电线、头发

11. 间　jiān　房子、屋子

12. 件　jiàn　行李/衣服（大衣、上衣、衬衣、毛衣）
　　　　　　　事儿

13. 棵　kē　　树、花、草
　　　　　　　白菜、葱（根）、黄瓜（条）

14. 颗　kē　　珍珠、宝石
　　　　　　　星星/牙齿/种子/心

15. 口　kǒu　大钟、大锅、大缸、井
　　　　　　　猪（头）、人（个）

16. 块　kuài　（形状）糖、橡皮、石头、砖
　　　　　　　（部分）肉、馒头、布、衣料
　　　　　　　钱（元）

17. 粒　lì　　种子、米

18. 辆　liànɡ　汽车、马车、自行车、摩托车、三轮车

19. 匹　pǐ　　马、布、绸缎

20. 片　piàn　药片、肉、云、阴凉、阳光、心（意）

21. 扇　shàn　门、窗户

22.双	shuāng	鞋、袜子、手
23.所	suǒ	学校、医院
24.套	tào	衣服(上下衣)、西装
		住宅/家具/餐具、茶具、卧具、医疗设备
25.条	tiáo	裤子、腰带、毛巾、手绢儿、绳子(根)、辫子
		鱼/香烟、肥皂
26.头	tóu	牛(条)、驴、骡子、骆驼、猪(口)
		蒜
27.张	zhāng	纸、相片、唱片
		脸/床、桌子/大饼
28.只	zhī	鸡、鸭、鸟、老鼠、兔子、猫、狗、羊、骆驼、老虎
		昆虫(蚊子、苍蝇、蜻蜓、蝴蝶)
		小船、游艇
		成双物品之一(鞋、袜子、手套儿、袖子/手、脚、眼睛、耳朵)
29.座	zuò	工厂、石碑、学校(所)、住宅

二、普通话和泉州话
在语音、词汇、语法方面的主要差异

　　普通话是汉民族的共同语。其基础方言是北方话。北方话源自上古汉语。泉州方言也源自上古汉语,但是泉州方言自秦汉以来扎根于闽南大地之后,接受当地土著语言的影响,成为黄土文化和海洋文化的载体,千余年后的今天,它与上古汉语比起来已有许多发展和变化。同时,北方方言也一再受到三边少数民族语言的冲击,形成与上古汉语有很大距离的现代方言。因此,泉州方言与北方方言的差别,已经达到无法通话的地步。

　　我们知道,语言是人类用来交流思想、传播文化、协调活动的工具,语言对于一个社会的成员来说关系非常密切,须臾离开不得。《中华人民共和国宪法》第十九条规定,国家推广全国通用的普通话。这是改革开放和现代化建设的需要。比较泉州方言和普通话的差异,既可以进一步了解泉州的地方文化特色,从中深刻体会海外华侨、台湾同胞的"听乡音,格外亲"的思想感情;同时又能让我们针对差异,克服困难,学好民族共同语,使泉州文化更好地融入中华民族文化,使具有悠久历史、闪耀民族精神文化光辉的汉语更加精确、成熟和完美。

(一)语音的主要差异与对应

泉州方言有 14 个声母、85 个韵母和 7 个声调。同普通话相比,声母、韵母和声调都有很大的差别。泉州人如果不能克服方音的影响,那么,讲普通话时就有可能说错音,闹笑话,甚至还会引起误解。例如:会把"真是热(rè)死人"说成"真是 lè(乐)死人",会把"举行女(nǚ)子排球赛"说成"举行 lú(驴)子排球赛",会把"每(měi)一个人"说成"mǎi(买)一个人",会把"你去(qù)不去"说成"你 qì(气)不气"。下面我们分别从声韵调等方面作些比较分析。

1.声母的特点

普通话有 22 个声母,它跟泉州方言 14 个声母相比不仅仅是数量上的差异。请看表 3-1:

表 3-1　普通话和泉州方言声母对比

普通话	b[p]玻	p[p']坡		m[m]摸	f[f]佛	d[t]得
泉州话	[p]玻	[p']坡	[b]帽	(m)		[t]刀
普通话	t[t']特	n[n]讷	l[l]勒	z[ts]资	c[ts']雌	
泉州话	[t']拖	(n)	[l]罗	[ts]资	[ts']处	[dz]
普通话	s[s]思	zh[tʂ]知	ch[tʂ']蚩	sh[ʂ]诗	r[ʐ]日	j[tɕ]基
泉州话	[s]思					
普通话	q[tɕ']欺	x[ɕ]希	g[k]哥	k[k']科		
泉州话			[k]哥	[k']科	[g]俄	(ŋ)
普通话	h[x]喝		Ø 英			
泉州话		[h]河	Ø 英			

表 3-1 中,泉州话的[m]、[n]、[ŋ]声母是[b]、[l]、[g]的音位变体,当[b]、[l]、[g]声母后出现鼻化韵时,这三个声母就会受到鼻化音的影响读成[m]、[n]、[ŋ]。例如:

棉$[b\tilde{\imath}^{24}]$→$[m\tilde{\imath}^{24}]$　　年$[l\tilde{\imath}^{24}]$→$[n\tilde{\imath}^{24}]$　　硬$[g\tilde{\imath}^{22}]$→$[\eta\tilde{\imath}^{22}]$

泉州方言[dz]声母只流行于部分地区,在鲤城区,已合并为[l]。

比较表 3-1,普通话有 8 个声母在泉州方言里是没有的,即:f、zh、ch、sh、r、j、q、x。泉州方言有 2 个声母在普通话里是没有的,即[b][g]。另外,普通话的舌根清擦音 h([x])与泉州方言的喉清擦音[h],发音部位有所不同。

　　分析这些差异可以发现,泉州人学普通话去掉[b][g]声母,改[h]为[x](即改喉音为舌根音)不难。难的是说好泉州方言所没有的8个声母。另外,还有一个[n]声母,泉州方言只作为[l]的音位变体,事实上在方音系统中[n]并不存在,所以泉州人无法读好普通话的n声母字。

　　泉州方言是汉民族共同语的地域分支,它与共同语之间存在许多对应规律,这就为我们学习普通话提供了一条捷径。下面试提几条规律以供练习:

　　(1)分清zh、ch、sh—z、c、s—j、q、x

　　①当分不清某字声母是翘舌音zh、ch还是平舌音z、c时,凡是该字在自己方言中声母念d、t的,普通话声母就要读翘舌音zh、ch。例如:

表3-2　普通话和泉州方言[d][t]和普通话声母对比

例　字	方音声母	普通话声母
张治秩追珍重丈	[t](d)	zh
迟除彻宠抽重储	[t/t'](t)	ch

　　用这种方法确认普通话平翘舌时有两个常用字例外,即"泽、择"在方音声母是d,在普通话中声母是z。

　　②操晋江口音的人往往分不清普通话舌尖音zh、ch、sh、z、c、s与舌面音j、q、x,因此当该字在自己方言中是z、c、s声母和单韵母i合拼时,普通话中都应改读成zh、ch、sh或z、c、s,不能读成j、q、x。如"工资"不能读成"公鸡","迟到"不要读成"齐到"。其他字如"志、指、持、匙、诗、师、自、词、此、四、死"均可依此类推。

　　(2)分清f与h

　　①泉州方言可以读[h]又可以读[p]或[p']声母的字,普通话读f不读h。例如:"放"在"解放"中读[h],在"放手"中读[p],该字普通话一定读f。下列字都属此类型:

　　飞分肥粪佛腹妇蜂帆芳纺浮缝吠饭房斧

　　②当泉州方言该字读[hu]音节时,普通话就应读fu音节,而不再读hu。例如:

　　肤敷扶俘浮符府腑甫辅腐赴付赋负副

　　(3)分清n与l

　　泉州方言读与"牛"[gu]的声母相同的字,普通话声母读n不读l。例如:

　　倪拟逆孽蘖喃镍凝

2.韵母的特点

普通话有39个韵母,与泉州方言比起来少了48个。请看表3-2。

表 3-3　普通话和泉州方言韵母对比

			内容
开尾和 [-i] [-u] 尾韵	开	泉州话	[a]巴 [ɔ]苏 [o]玻 [ə]火 [e]礼 [ɯ]余 [ai]哀 [au]熬
		普通话	a 巴 o 玻 e 鹅 ê 诶 er 儿 -i -i[ʅ]资 -i[ɿ]支 ai 哀 ao 熬 ei 欸 ou 欧
	齐	泉州话	[i]米 [ia]野 [io]表 [iau]妖 [iu]抽
		普通话	i 米 ia 呀 iao 腰 iou 忧 ie 耶
	合	泉州话	[u]珠 [ua]拖 [uai]歪 [ue]杯 [ui]肥
		普通话	u 珠 ua 蛙 uai 歪 uei 威 uo 窝
	撮	泉州话	
		普通话	ü 迂 üe 约
鼻尾韵	开	泉州话	[am]贪 [əm]森 [an]丹 [aŋ]江 [ɔŋ]王
		普通话	an 安 ang 昂 en 恩 eng 亨
	齐	泉州话	[im]音 [iam]盐 [in]因 [ian]烟 [iŋ]英 [iɔŋ]中 [iaŋ]响
		普通话	in 因 ian 烟 ing 英 iang 央
	合	泉州话	[un]温 [uan]冤 [uaŋ]风
		普通话	uan 弯 uen 温 uang 汪 ueng 翁 ong 轰
	撮	泉州话	
		普通话	üan 冤 ün 晕 iong 雍
鼻韵		泉州话	[m]姆 [ŋ]秧
		普通话	
鼻化韵	开	泉州话	[ã]监 [ɔ̃]冒 [ẽ]妹 [ãi]先
		普通话	
	齐	泉州话	[ĩ]年 [iũ]张 [iã]影 [iãu]猫
		普通话	
	合	泉州话	[uĩ]梅 [uã]碗 [uãi]弯
		普通话	
入声韵	开	泉州话	[aʔ]百 [ɔʔ]呕 [oʔ]桌 [eʔ]册 [əʔ]郭 [ɯʔ]渍 [auʔ]炮
		普通话	
		泉州话	[ãʔ]凹 [ɔ̃ʔ]膜 [ẽʔ]咩
		普通话	
		泉州话	[ap]压 [at]踢 [ak]握 [ɔk]国
		普通话	

续表

		泉州话	[iʔ]鳖 [iaʔ]壁 [ioʔ]歇 [iuʔ]掬 [iauʔ]噍
入	齐	普通话	
		泉州话	[iʔ]物 [iãʔ]赢 [iãũʔ]蛲[iũʔ]噭
		普通话	
		泉州话	[ip]急 [it]笔 [iap]帖 [iat]设 [iak]德 [iɔk]筑
声		普通话	
	合	泉州话	[uʔ]唰 [uaʔ]割 [ueʔ]笠 [uiʔ]血
		普通话	
		泉州话	[ũiʔ]蟆 [ũãiʔ]挎
韵		普通话	
		泉州话	[ut]骨 [uat]劣
		普通话	
		泉州话	[mʔ]默 [ŋʔ]物
		普通话	

通过表 3-3 分析可见,就韵母共同性而言(所辖字仍有很大出入),仅 19 个韵母为双方共有。泉州方言与普通话相差之大不言而喻。从类型来看,泉州方言的鼻韵、鼻化韵、入声韵三大类在普通话中均无。开尾韵和鼻尾韵中,泉州人在学普通话时要改掉泉州腔,其重点是去掉[ue]和[e](尤其是晋江腔的[e],往往带入普通话);同时,要读准读好泉州音所没有的韵母,如:er、-i(资 、支)、ei、ou、uo、ü、üe、ün、üan 等。

就泉州方言与普通话的对应来说,也有几条规律值得一用。

(1)分清 ou 与 uo

泉州方言没有[ou]和[uo],只有单韵母[o]。因此泉州人说普通话常用[o]代替 ou 和 uo。实际上普通话中的单韵母只跟唇音声母 b、p、m、f 相拼,与其他声母无缘相见。在 ou 和 uo 中也仅有 ou 能与唇音声母相拼,从 3500 个常用字来看,只有"否 fǒu、谋 móu、某 mǒu、剖 pōu"四个字。因此在学习时完全可以用以少推多的办法。下面介绍两种识别 ou 韵母的方法。

①在分辨 ou 和 uo 时,凡泉州方言的韵母是[io]或[au]的字,普通话韵母当读 ou,不读 uo。如表 3-4 所示。

表3-4 泉州方言[io]或[au]与普通话韵母对比

例　　字	泉州方音韵母	普通话韵母
剖谋否口扣构斗	[io]	ou
豆偷透楼漏钩勾兜投够后走嗾口 头狗喉斗猴厚臭沤抠奏欧瓯侯逗	[au]	ou

②当泉州方言韵母读[iu]，且该字普通话声母是 zh、ch、sh、r 时，韵母就要读 ou，不读 uo。如表3-5所示。

表3-5 泉州方言[iu]与普通话韵母对比

例　　字	泉州方音韵母	普通话韵母
周宙纣抽仇受寿州洲舟帚咒酬收绸愁丑守手柔揉	[iu]	ou

（2）读好撮口呼

泉州方言没有 ü、üe、ün、üan 这组韵母，说普通话时往往用齐齿呼的 i、ie、in、ian 替代。因此，"瘸子 quézi"变"茄子 qiézi"，"军属 jūnshǔ"变"金属 jīnshǔ"，"白云 báiyún"变"白银 báiyín"是常有的事。根据对应规律，现提供以下三种方法以供辨别普通话是否读撮口呼。

①凡泉州方言读[u]韵的字，普通话读 ü 不读 i；凡泉州方言读[ɯ]（与"余"同韵。晋江片区无此韵，"余"读[i]韵，此规律不适用）的字，普通话读 ü 不读 i。如表3-6所示。

表3-6 泉州方言[u]或[ɯ]与普通话韵母对比

例　　字	泉州方音韵母	普通话韵母
聚取需句具拘区趋裕女愉娱趣驱须吁喻宇羽愚躯	[u]	ü
吕去虚语与于居拒炬锯渠驴举许 徐序屿绪舆预虑滤旅侣铝叙誉鱼	[ɯ]	ü

②在辨别 ün 和 in、üan 和 ian 时，凡泉州方言该字韵母读[un]和[uan]的，普通话应读为 ün 和 üan。如表3-7所示。

表3-7 泉州方言[un]和[uan]与普通话韵母对比

例　　字	泉州方音韵母	普通话韵母
军郡群勋训俊巡殉匀允云耘运酝韵均菌熏旬逊	[un]	ün
捐眷权泉旋璇全冤鸳愿原员源袁援远怨劝宣选娟	[uan]	üan

使用这条规律有些例外现象。其一，鲤城、丰泽、晋江、安溪、金门等地的方言会

把"近斤芹勤银筋"等几个常用字读为[un]韵母,但在普通话中这些字不读撮口呼 ün 韵。其二,"恋"在泉州方言中读[uan]韵,但普通话不读 üan 韵。其三,以下几个常用字在泉州方言中不读[un]和[uan]韵,但普通话韵母是 ün 和 üan,如:ün——寻讯汛孕熨,üan——玄悬癣犬渊缘轩。其四,"拳"字泉州方言白读韵母是[un],转说普通话时常错读为 qún,这个字普通话应读 quán。

③当普通话声母是 j、q、x 或零声母,而又分不清韵母该读 üe 还是 ie 时,凡方言读该字的韵母与"把握"的"握[ak]"相同,或与"越[uat]"相同,那么普通话中这个字韵母应读 üe,不读 ie。如表 3-8 所示。

表 3-8　泉州方言[ak]和[uat]与普通话韵母对比

例　　字	泉州方音韵母	普通话韵母
角觉确榷学岳乐	[ak]	üe
决诀绝缺雪粤月	[uat]	üe

3.声调的特点

唐代伟大诗人杜甫的著名律诗《春夜喜雨》,描绘春夜雨景,赞美细雨随风飘洒、滋润万物的作用,表现作者内心的喜悦之情。此诗节奏明快,韵律和谐,平仄有致,传为千古绝唱。但是用普通话一读,便觉得平仄似不合格律。试看前半段:

好雨知时节,｜｜——｜

当春乃发生。—— ｜｜—

随风潜入夜,—— —｜｜

润物细无声。｜｜｜——

对照右边的平仄格律,"节""发"在普通话中分别属阳平和阴平,而诗中这里要求用仄声字,是杜甫一时差错吗?不是的。唐代的"节""发"念入声,属仄声,正合当时格律。今天用泉州方言读之,"节""发"还是入声字,完全合乎格律。

可见今日普通话声调相对古汉语已有许多变化,概括起来即:平分阴阳,浊上归去,入派三声。而泉州方言仍保留古汉语四声格局,有七个声调。所以用泉州方言读唐人律诗绝句,与唐人所念基本一致,格律完全相同。

比较泉州方言和普通话声调,对应还是整齐的,如表 3-9 所示。

表 3-9　泉州方言和普通话声调对比

普通话	泉州话	例　　字
阴平	阴平	刚知专尊丁边安开超
	阴入	织积出湿锡割桌接缺

续表

普通话	泉州话	例　　　字
阳平	阳平	穷陈床才唐神鹅娘丈
	阴入	急竹得福答决国菊级
	阳入	局宅食杂读白合舌服
上声	阴上	古展纸走短普五女有
	阴入	笔曲匹尺铁骨法雪塔
去声	去声	送看志盖怅爱共岸用
	阳上	近是坐抱厚社舅造柱
	阴入	切克亿迫祝作僻惕式
	阳入	月入六纳表袜药玉物

从表 3-9 中可以看出,从古汉语到泉州方言,从泉州方言到普通话,平上去基本对应,唯有入声相当复杂。泉州人说普通话时,往往夹进入声腔。由于入派三声缺少明显规律,因此说普通话时要克服这个缺点,困难较多。下面总结一条对应规律以帮助记忆。

古入声字归入今阳平调的字约占 1/3,在普通话里,这些归入阳平的入声字有 70% 以上是普通话的 b、d、g、zh、z、j 六个声母中的字。据此可知,凡是普通话声母 b、d、g、zh、z、j 逢阳平的字往往是古入声字,那么,抓住这个特点,加强对 b、d、g、zh、z、j 的阳平字的反复记读,就能准确辨清入声字,纠正入声腔,收到良好的记忆效果。

(二)词汇的主要差异

在泉州方言的基本词汇中,有一大批与普通话词形词义相同只是语音有别的译音词,如"山、水、甜、苦、写、想"等。有人对《普通话闽南方言词典》一书所收近 7 万条闽南话词语统计分析之后发现,其译音词达 5 万多条,占 2/3 强。[①] 泉州方言的情况与此相同。关键在于余下这部分与普通话不相同的词语,这些词语往往带有浓厚的方言特色,是学习普通话过程中正词的难点。分析这些方言词与普通话的差异,主要表现在以下几个方面:

1.词形与词义

词形是指构成词语的书面书写形式,词义是词语所包含的意义。比较泉州方言与普通话在词形词义上的差别,主要有以下两点:

---

① 　周长楫著:《闽南话与普通话》,语文出版社,1991 年版。

（1）同形异义

同形异义是指词形相同而意义不同。根据词义差别的程度，这类词有两种类型三种情况。一是意义完全不同。如表 3-10 所示。

表 3-10 泉州方言与普通话同形意义不同情况

词　语	普通话词义	方言词义
双方（对头好）	duìtóu：①正确；②正常；③合得来// duìtou：①仇敌；②对手	对头
酱油	用大豆榨的油	豆油
戒指	手指头	手指
交易（动词）	①非常（副词）；②相关联（动词）	交关
职业	头等的货物	头路
形容好出风头，多管闲事	炗	鸡头
本金	接受花粉结成子实或采用压条等方法进行繁殖的植株	母本
吃未成熟的水果时舌头的麻木、干燥的感觉	（语词、生字等）不流畅、不纯熟	生涩
指顺手带的礼物	顺便	带手
①事先交代；②放出风声或扬言威胁	尽情地发出声音	放声
假惺惺	①医学术语：心脏跳动微弱，面色苍白，呼吸停止；或新生婴儿肺未张开，不会啼哭，也不出气。②动物遇到敌人，为保护自己，装成死的样子	假死

二是词义不对等。这又有以下两种情况：

①方言的词义比普通话窄。也就是说，方言的义项少，普通话的义项多。如表 3-11 所示。

表 3-11　泉州方言与普通话同形，词义比普通话窄的情况

词语	普通话	泉州话
打	打倒　打击	（与普通话相同）
	打战　打球　打铁 打门　打算　打电话	拍战　拍球　拍铁 拍门　拍算　拍电话
	打草鞋　打辫子	编草鞋　编髻溜
	打毛衣　打袜子	刺[ts'iaʔ5]羊毛衫　刺袜仔
	打旗　打雨伞	抲旗　抲雨伞
	打油　打酒	搭油　搭酒
	打粥　打水	舀糜　舀水
	打枪　打炮	放枪　放炮
	打雷	填[tan24]雷
糕	绿豆糕　糕点　糕饼	（与普通话相同）
	年糕　咸糕	甜馃[kə55]　咸馃
小	小便　小寒　小气 小学　小组　小车	（与普通话相同）
	小声　小只　小项 大小　地方小	细声　细只　细项 大细　所在细

②方言的词义比普通话宽。也就是说，泉州方言还有一些特殊的义项，下面就这些特殊含义举例说明，如表 3-12 所示。

表 3-12　泉州方言与普通话同形，词义比普通话宽的情况

词语	普通话	泉州话
报	有事情要通知我	有事要报我知道
	叔叔指点我向右走	叔叔报我往右走
鼻	流鼻涕	流鼻
电	烫头发	电头毛
出	这笔钱他舍得出吗	这笔钱他会出吗
	解脱厄运	出运

续表

词语	普通话	泉州话
粗	平常穿的　普通货物	粗穿　粗货
	挑粪	挑粗
补	吃补身体的食品或药物	吃补
桌	赴宴　设宴	吃桌　开桌
	请客	请桌
肥	土粪有肥效	土粪有肥
	布质很厚实	布身真肥
	你胖了几斤	你肥几斤
吃	喝茶	吃茶
	吸烟	吃烟
放	拉屎拉尿	放屎放尿

（2）同义异形

在泉州方言与普通话中,有些意义相当的词,在词的书写上却有所不同。这又可以分为两种情况:一是词语的语素排列顺序相反,这属于同素反序现象。例如:普通话说"母鸡",泉州方言说"鸡母"。下面再列举部分口语常用词作比较:

人客—客人	头额—额头	性癖—癖性	下底—底下
鸡角—公鸡	历日—日历	节季—季节	
兔母—母兔	故典—典故	风台—台风	
猪母—母猪	急性—性急	闹热—热闹	

二是更换部分语素。这类词看起来更具方言特色,例如:普通话说"头发",泉州话则说"头毛"。下面再举一些例子以便对照:

水圳—水渠	电涂—电池	失德—缺德	死板—古板
田岸—田埂	火炭—木炭	好量—雅量	鼻水—鼻涕
起风—刮风	粘布—胶布	厚工—费工	烟屎—烟灰
好天—晴天	破病—生病	厚茶—浓茶	变款—变样
深井—天井	土直—耿直	世俗—习俗	
秤锤—秤砣	四正—端正	金滑—光滑	

2.单音词与多音词

泉州方言较多地继承古汉语词汇的特点,单音节词比普通话多得多。这在学习普通话时也是应该注意的一个问题。例如泉州话"有位",到普通话里要说成"有座位"。下面再举一些例子说明:

横(这个人真横)—蛮横(这个人蛮横无理)

电(电一下不会生锈)—电镀(电镀一下才不会生锈)

量(这小孩很有量)—度量(这小孩很有度量)

阔(路很阔)—宽阔(路很宽阔)

本(你有本吗)—本钱(你有本钱吗)

安(电灯还没安好)—安装(电灯还没安装好)

情(他对人有情)—感情(他对人很有感情)

缘(你们俩有缘)—缘分(你们俩有缘分)

热(扑克打得很热)—热火(扑克打得很热火)

爽(心里无爽)—爽快(心里不爽快)

顾(东西顾好)—照看(把东西照看好)

(你去顾病人一下)—照顾(你去照顾一下病人)

稳(这座房子不稳)—稳固(这座房子不稳固)

(办事很稳)—稳重(办事很稳重)

(他稳来)—肯定(他肯定来)

督(督他读书)—督促(督促他读书)

桌(有几张桌)—桌子(有几张桌子)

盘(把盘收起来)—盘子(把盘子收起来)

柿(柿一斤三个)—柿子(柿子一斤三个)

泉州方言有些词语比普通话要多出一个音节来。例如,普通话的"耳聋",在泉州话中说成"臭耳聋",增加语素后显得更加生动活泼。下面再举几例:

椅条[liau²⁴]仔—条凳　　西照日—西晒　　胡仁豆—碗豆　　好字运—幸运

手尾力—腕力　　惊生份—怕生　　无头神—健忘

尾椎骨—椎骨　　鸭母蹄—平足　　无字运—厄运

3.纯方言词

泉州方言的一些词,是按照方言的方式组合的,这类词只能在词义的基础上去找对应的普通话词,万万不能直译。例如:泉州方言的"电罐"即普通话的"热水瓶",如果直译为普通话,就令人莫名其妙。下面再举一些例子:

头家—老板	冥日—昼夜
师公—道士	看破—想得开
同姒—妯娌	否(坏)势—不好意思
重巡—双眼皮	否(坏)势面—情势不好
病团—害喜	放刁—恫吓
有娠—怀孕	目屎—眼泪
话屎—口头禅	古意—老实
猫面—麻脸	量约—随便
过身—去世	破空—露马脚
青气—不熟	平岁—同年
扁食—馄饨	有折—合算
咸涩—吝啬	无折—不合算
奸雄—阴诈	圣圣—果然
灶骹—厨房	横直—反正

尤其值得一提的是,泉州方言还有一种三字格的并列词,即由三个语素义接近的字合成,表示一个特定的含义,抽象性较强,这是普通话中少有的(如表 3-13)。

表 3-13　泉州方言三字格并列词

三字格	字面义	实际义
酸辣醋	酸、辣、醋	调味品
食穿用	吃、穿、用	衣食住行
咸酸甜	咸、酸、甜	蜜饯
碗碟箸	碗、碟子、筷子	餐具
被铺席	被子、床铺、草席	铺盖
笔墨砚	笔、墨、砚	文具
食跋佚	吃、赌、玩	吃喝玩乐
紧捷快	赶紧、迅捷、快速	飞快;迅速
乌焦瘦	黑、干、瘦	干瘪;瘦黑
拉吹唱	拉、吹、唱	吹拉弹唱
舂搧拍	捣、掼、打	打架
枵寒饿	饥、冷、饿	饥寒交迫
顿跋坐	用力往下放、摔、坐	屁股重重地跌在地上
又佫再	又、再、再	又;再

4.方言量词[①]

泉州方言具有丰富的量词,其中有一些与普通话用法相同,但大多数则与普通话有或多或少的差别。因此在使用时要注意区别,以免出错。

(1)方言量词与普通话同形,但搭配范围大小不同。下面试以常见量词"块""支""只"为例,分析泉州方言与普通话在搭配上的差异(如表 3-14、表 3-15 所示)。

表 3-14　与泉州话对应的普通话量词

量词	泉州话说法	普通话说法	泉州话说法	普通话说法
块	一块猪肉 一块歌 一块蟹 一块厝 一块枕巾 一块椅	一块猪肉 一首歌 一只螃蟹 一座房子 一条枕巾 一把椅子	一块货 一块桌 一块唱片 一块故事 一块碗	一种货物 一张桌子 一张唱片 一个故事 一个碗
支	一支齿膏 一支刀 一支尺 一支嘴 一支秤 一支枪 一支烟 一支针 一支山岽	一支牙膏 一把刀 一把尺 一张嘴 一杆秤 一杆枪 一根香烟 一根针 一座山	一支锄头 一支雨伞 一支火柴 一支刀 一支笔 一支扁担 一支草 一支扑克牌	一把锄头 一把雨伞 一根火柴 一把刀 一根笔 一根扁担 一棵草 一张扑克牌
只	一只鸡 一只狗 一只牛 一只马 一只猪 一只虫 一只飞机	一只鸡 一条狗 一头牛 一匹马 一口猪 一条虫 一架飞机	一只大船 一只汽车 一只脚踏车 一只坦克 一只火车 一只拖拉机	一艘大船 一辆汽车 一架自行车 一辆坦克 一列火车 一台拖拉机

---

① 我们把量词的搭配选择放在这一节阐释,因为下一节不对词类进行全面分析。

表 3-15 与普通话对应的泉州话量词

量词	普通话说法	泉州话说法	普通话说法	泉州话说法
块	一块木板 一块生姜 一块手巾 一块伤疤	一块木板 一块生姜 一块手巾 一迹伤疤	一块糖果 一块玻璃 一块镜子	一粒糖仔 一片玻璃 一个镜子
支	一支笛子 一支歌	一支笛子 一块歌	一支花儿 一支筷子	一蕊花 一脚箸
只	一只猫 一只篮子 一只书包 一只镯子 一只眼睛 一只虾 一只水桶	一只猫 一脚篮仔 一脚书包 一脚手镯 一蕊目睭 一尾虾 一脚水桶	一只脚 一只胳臂 一只耳环 一只耳朵 一只翅膀 一只手表 一只鼻子	一支脚骨 一支手骨 一个耳环 一个耳仔 一个翼股 一粒手表 一个鼻仔

通过表 3-14 和表 3-15 的比较,可以发现名词对量词的选择体现出不同的文化特色。例如"只",泉州方言凡能运动的生物和靠其他为动力的物体均能以"只"为量词,普通话就没有这么广泛。"只"古汉语写作"隻",《说文》"鸟一枚也",后用作量词,泉州人广而推之,形成自己的特色。又如,"鱼"的量词,普通话多用"条"少用"尾",泉州话称"尾"不称"条",这一方面表现出泉州方言对古汉语的继承性,也反映了泉州人对事物的不同认识观。

(2)泉州方言与普通话有一些完全不同的量词,这些量词的对应很复杂,要注意区分。例如:

一葩灯——一盏灯　　　　　　一芊炮——一串鞭炮

一鼎菜——一锅菜　　　　　　一芊荔枝——一串荔枝

一桌饭菜——一席饭菜　　　　一枢棺材——一具棺材

一领衫——一件衣服　　　　　一窟番薯——一株地瓜

一领牛皮——一张牛皮　　　　一窟水——一潭水

一领蚊帐——一床蚊帐　　　　一粒电珠——一粒小灯泡

一领裤——一条裤子　　　　　一粒篮球——一个篮球

一尾虫——一条虫　　　　　　一粒蛋——一个蛋

一岫蜂——一窝蜂　　　　　　一对时——二十四小时

一港鼻——股鼻涕　　　　一字久—五分钟

一缚箸——束筷子　　　　一铺路—十里路

一丛树——棵树　　　　　一仙佛——尊佛

一枢线——绺线　　　　　一片锁——把锁

一棚戏——台戏　　　　　一矸酒——瓶酒

（三）语法的主要差异

泉州方言语法在主流方面与普通话基本上是一致的,如词的分类,句法结构中的主谓、动宾、定中、状中、中补等都与普通话无异。但是同语音和词汇一样,语法方面的差异仍然存在,这些差异既显示了泉州方言的独有个性,同时也给泉州人学普通话带来一些困难。下面我们就几个比较大的差异做些分析比较。

1.丰富的"有""无"句

泉州方言的"有"字句、"无"字句和"有""无"连用句使用频率非常高,许多说法是普通话所没有的,概括起来有下述几个方面。

（1）有（无）＋动词（或形容词）:表示动作或状态的存在或完成与否。例如:

王先生有去教册。（王老师已经去教书了。）

这本辞典我无买。（这本辞典我没买。）

图书馆的门有开。（图书馆的门开着。）

花有红。（花红了。）

水无滚。（水还没开。）

（2）有（无）＋动词（或形容词）:表示事物的属性。例如:

这种米有煮。（这种米耐煮。）

这领裤真有穿。（这条裤子很耐穿。）

这矸醋无酸。（这瓶醋不酸。）

（3）动词＋有（无）:表示对动作行为的肯定或否定。例如:

电视机你买有,我买无。（电视机你买到了,我没买到。）

黑板上的字我看有。（黑板上的字我看得清楚。）

你说的我听有。（你说的我听明白了。）

（4）动词＋有（无）＋宾语:也是用来表示对动作行为的肯定或否定。例如:

你吃有饭,我吃无饭。（你吃上饭,我吃不到饭。）

明日有开会。（明天要开会。）

看你有目。（即"眼中有你"）

看你有康。（看你富裕。）

（5）动词＋有（无）＋形容词（或动词）：表示动作行为达到的程度。例如：

　　字写有了[liau⁵⁵]，册读无了。（字写完了，书没读完。）

　　腹肚吃有饱。（肚子吃饱了。）

（6）"有""无"对举连用：表示疑问。例如：

　　你有去福州也是无？（你去福州了吗？）

　　书有买无？（书买了吗？）

　　那支笔找有无？（那根笔找到了吗？）

以上六种句式是普通话所没有的，假如在说普通话时生搬硬套，就会令人无法理解。

2.奇特的"来去"句

泉州话表示要去做某件事或要离开说话时的所在地，总是在话中用上"来去"一词。这使外地人大为不解："来"与"去"如何能相安无事地在句中组合起来呢？其实，这里的"来"是"将要"的意思。例如：

我来去听课。（我去听课了。）

你和我来去看成绩。（你和我一起去看成绩。）

来去，来去看球赛。（去，看赛球去。）

老王，我来去咯。（老王，我走了。）

从例句可见，"来去"句的主语是第一人称，或者句中包含有第一人称。"来去"句作为告别语时是套话。说普通话时，这种句式要相应调整，不可原本照搬。

3.有趣的处置句和被动句

普通话中，典型的处置句和被动句常用介词"把"和"被"表示。泉州话也有处置句和被动句，只是使用不同的介词而已，然而在说普通话时却不能简单地对译。

（1）共[kaŋ⁴¹]字句

普通话的处置句常常是用"把"字表示，泉州方言则多用"将"字，如"将门关起来"（把门关起来）。"将"与"把"基本对应。泉州方言还有一个介词"共[kaŋ⁴¹]"，可以表示处置。这个"共"字译成普通话时泉州人常拿"给"字去套，结果变成被动句；另外，有些句子也不能简单地把"共"译成"把"，否则会闹出笑话来。例如："狗共伊关起来"，不能译成"狗把它关起来"。

泉州方言"共"字句在用法上与普通话的差别，大致可以概括为下述几种情况。

①句式与普通话一致，可以直译为"把字句"，例如：

共伊叫来。（把他叫来。）

共我拍破皮咯。（把我弄伤皮肤了。）

共小王掠来。（把小王抓来。）

②句式与普通话不同，其构成为：主语＋共＋人称代词（或指人名词）＋动补（或

动宾)短语。这类特殊句式要根据实际含义翻译,不能生搬硬套。如表3-16所示。

表3-16　泉州方言共字句式

泉州话	普通话	注意事项
碗共伊收起来。 客人共伵请入来。 饭共人食了了。	把碗收起来。 把客人请进来 把饭都吃光了。	①"共"不能译为"给"; ②"把"字应调到主语前。
汤共我煮一碗。 大嫂共人洗衫裤。 桌共伊搬一块。	汤给我煮一碗。 大嫂替人洗衣服。 桌子帮他搬一张。	①不是"把"字句; ②应译为"给"或"替""帮"。

(2)乞[k'it⁵]字句

泉州方言的被动句,其基本类型与普通话相近,都可以不使用介词。例如:"标语贴好了",泉州方言与普通话说法一样。普通话有表示被动的"被、让、给、叫"为介词的"被"字句,泉州方言也有表示被动的"乞[kit⁵]、度[t'ɔ⁴¹]、腾[tŋ²⁴]、互[hɔ⁴¹]"为介词的"乞"字句。不过,泉州方言的"乞"字句有些特殊性。一是"乞"之后的宾语一定要出现,不能像普通话那样,"被"字之后的宾语可以不说。例如:

普通话:书被人拿走了。→书被拿走了。

泉州话:册乞人捒去咯。→册乞捒去咯。(×)

二是泉州方言"乞"字句常套加"共"字句,这是为了强调受事主语或行为动作的对象,说普通话时,"共"字句部分不宜对译出来。例如:

茶杯度人共我打破咯。(茶杯被人打破了。)

衫裤互水共伊喷澹去。(衣服被水喷湿了。)

头毛腾人共我剪去。(头发被人剪掉。)

上述句式如果直译就十分别扭,如"头发被人给我剪掉"或"头发被人把我剪掉"等都说不通。

三是泉州人在把"乞"字句转译成普通话时,常常把"乞""互""度""腾"误译成"给"字,这是要特别引起注意的。如表3-17所示。

表3-17　泉州方言乞字句式

泉州话	普通话	说明
老鼠互猫咬去咯。	老鼠给猫咬去了。	错
	老鼠被猫叼走了	对
敌人度伯拍死咯。	敌人给我们打死了。	错
	敌人被我们打死了。	对

续表

泉州话	普通话	说明
蛇拍度伊死。	蛇打给它死。	错
	把蛇打死。	对
考卷乞伊收去。	考卷给他收走。	错
	考卷被他收走。	对

4.特殊的比较句

比较句一般可以分为等比和差比两种类型。其中等比式泉州方言与普通话基本相同,仅是副词有别而已。例如:

我甲伊平平肥。(我和他一样胖。)

这蕊花甲迄蕊平红。(这朵花和那朵一样红。)

伊野亲像侬阿姐。(他很像他姐姐。)

恁团像汝。(你的儿子像你。)

汝的车甲我相亲像。(你的车和我的相似。)

伊甲侬外公相同。(他和他外祖父一个样。)

差比式泉州方言有与普通话相同的句式,也有独具特色的句式。相同的如:

小王比我聪明。(小王比我聪明。)

陈先生比我早两届。(陈老师比我早两届。)

我无伊肥。(我不如他胖。)

峨眉山无华山险。(峨眉山不如华山险峻。)

不同的如:

我比伊较大。(我比他大。)

这支笔比迄支较好写。(这根笔比那根好写。)

我较肥伊。(我比他胖。)

汝较好伊淡薄。(你比他好一点儿。)

我肥你十斤。(我比你胖十斤。)

伊矮我两公分。(他比我矮两厘米。)

5.生动的重叠式

普通话动词、形容词可以重叠,重叠之后增加一层附加义:动词表示"动作时间短暂"或"尝试";形容词表示程度加深或适中、喜爱。另外,普通话中还有一小部分单音节名词也可以重叠,重叠后表示"逐一""每一个"的意思。泉州方言的动词、形容词和名词也都可以重叠,但在语法意义和重叠形式方面与普通话都有些不同。

（1）动词的重叠

泉州方言动词重叠之后，在语法意义和词性上都有与普通话不同的地方，主要有以下三点。

一是表示行为动作的周遍性，例如：

食食落去——全吃下去

加加起来——全部加起来

搬搬出去——都搬出去

赶赶入去——全都赶进去

放放掉——统统放弃

二是表示动作行为反复多次，例如：

煮煮伊熟——反复煮到熟

漏漏落去——不断漏下去

看看伊清——认真看清楚

食食伊清气——一直吃，吃干净

收收好势——反复收，收拾好

三是词性和含义发生变化，例如：

开（动词）——门开开（形容词）：门敞开着

畅（动词）——人畅畅（形容词）：人乐观开朗

定（动词）——定定来（副词）：经常来

缚（动词）——衫缚缚（形容词）：衣服紧身

眠（动词）——人眠眠（形容词）：人像睡样（不清醒）

（2）形容词的重叠

泉州方言双音节形容词既可以 AABB 式重叠，重叠后表示程度极深；也可以用 ABAB 式重叠，重叠后表示程度略深。例如：

老实——老老实实（很老实）——老实老实（有点老实）

清气——清清气气（很清洁）——清气清气（比较干净）

辛苦——辛辛苦苦（很辛苦）——辛苦辛苦（有点辛苦）

泉州方言单音节形容词重叠式有 AA 式，AAA 式，甚至可以有 AAAA 式和 AAAAA 式。每增加一层重叠，对程度的强调越加深一层。在用法上与普通话也有所不同，方言重叠式可以直接在句中充当补语和谓语。例如：

曝甲乌乌（晒得黑黑的）

　　　　——曝甲乌乌乌（很黑）

　　　　——曝甲乌乌乌乌（非常黑）

　　　　——曝甲乌乌乌乌乌（非常非常黑）

煮甲芳芳（煮得香香的）

　　　　——煮甲芳芳芳（很香）

食甲肥肥(吃得胖胖的)
　　　　——食甲肥肥肥(很胖)
归身滑滑(浑身滑溜溜的)
　　　　——归身滑滑滑(很光滑)
面仔红红(脸红红的)
　　　　　——面仔红红红(很红)
　　　　　——面仔红红红红红(非常非常红)

有些由动词重叠后转化为形容词的,也有这种多叠功能。例如:

死(动词)——拍甲死死(狠打)——拍甲死死死(狠狠地打)
气(动词)——人气气(人有点生气)——人气气气(非常生气)

有些形容词重叠后会转化为副词或变成兼类词。例如:

长(形容词)——骹长长(形容词:脚较长)
　　　　　——长长无来(副词:经常没来)
圣(形容词)——圣圣无来(副词:果真没来)

(3)名词的重叠

泉州方言有一部分单音节名词可以重叠,重叠后有两种情况:第一种情况是变为形容词并且表示程度加深,这类词可以进一步成为三叠式。例如:

水——水水(像水一样稀)——水水水(很稀)
汁——汁汁(混浊不清)——汁汁汁(非常糟糕)
柴——柴柴(呆板)——柴柴柴(非常呆滞)
猴——猴猴(干瘪难看)——猴猴猴(非常干瘦)
沙——沙沙(细沙状)
冰——冰冰(冰凉状)
皮——皮皮(粗浅)
布——布布(干涩无味)

第二种情况是,重叠后表示极端的意思。例如:

尾——尾尾(很后面)——尾尾尾(最后)
边——边边(很边缘)——边边边(极边缘)
底——底底(最底层)
头——头头(最初)

除了以上三类词外,泉州方言的量词、介词也能重叠,重叠后即改变词性。另外,副词的重叠也比普通话多,副词的重叠只是语气加重而已。一并举例如下:

粒(量词)——粒粒(形容词:食物没煮烂的状态)
对(介词)——对对(副词:恰恰)
随(副词)——随随(副词:马上)

三、普通话和福建省其他方言常见的语音差异

福建境内主要有两大方言,即闽方言和客家方言。闽方言又可分为以厦门话为代表的闽南话,以福州话为代表的闽东话,以建瓯话为代表的闽北话,以永安话为代表的闽中话,以莆田话为代表的莆仙话。福建境内各方言区的人在说普通话时有共同的难点也有各自不同的难点。

(一)福建各方言区说普通话时的共同难点

1.f 和 h

闽方言没有 f 声母,说闽方言的人常常把 f 声母的字读成 h 声母字,如把"开发"读成"开花"。客家方言中虽然有 f 声母,但由于 f 声母字比普通话多,说客家方言的人,常把普通话中 h 声母字读成 f 声母字,如把"花卉"读成"花费"。

(1)说闽方言的人分不清 f 和 h 时,可以根据方言与普通话的对应规律进行类推,凡闽方言声母读 b 和 p 的字,在普通话中,这个字一定是 f 声母,如"分、肥、帆、蜂"。我们还可以这样类推,以这个字或这个字的偏旁作为偏旁的字也是 f 声母的字,如"芬、沘、梵、峰"。

(2)客家方言区的人把韵母为 u 开头的字几乎都读成 f 声母字,如"化、环、回"。客家方言区的人要记住普通话声韵母的拼合规律,f 声母不跟以 u 开头的复韵母、鼻韵母相拼,只跟单韵母相拼,以上三个字应该是 h 声母的字。

(3)利用形声字的偏旁进行类推,例如:"凡"字的声母是 f,凡以"凡"为偏旁的字都读 f 声母,如"帆、矾"。还可以通过"声旁联想"的方法,帮助辨别 f 和 h。由于 b、p、f 都是唇音,因此有些字读 b、p 的声旁,可以联想它的声母是 f。如"逼"的声母是 b,因此,以"畐"为偏旁的字分不清 f、h 时,可确定为 f,如"福"。由于 g、k、h 是舌根音,因此有些字读 g、k 的声旁,可以联想另一些也有同一声旁的字读 h 声母。如:"葫"的声旁为"古","混"的声旁为"昆",因此"葫""混"的声母应该是 h。

2.n、l、r

闽方言的次方言大多有 n、l 声母,但字类分布与普通话不大一样,而闽东方言中 n 声母又正在逐渐消失,以 l 韵代之。客家方言的大部分地区有 n 也有 l 声母,但少部分地区无 n 声母,如宁化、清流等地,这些地方的人在说普通话时以 l 代 n。

闽方言和客家方言都没有 r 声母,说普通话常以 n 或 l 代之。

(1)闽方言和客家方言零声母的字,分不清普通话 n、l、r 声母时,可以确定为 r 声

母字。闽方言声母是[ŋ]的字,分不清普通话 n、l、r 声母时,一般可以确定为 n 声母字,如"凝、牛、逆"等字。

(2)普通话中,r 不与 in 相拼,n 也基本上不与 in 相拼,分不清 n、l、r 时,知道其韵母是 in 的,基本可以确定这个字的声母是 l。"您"字例外,它的读音是 nín。

(3)普通话声母 r 不与 i 和 ü 开头的韵母相拼。凡是韵母以 i 或 ü 开头的字,分不清 n、l、r 时,可确定其声母不可能是 r。普通话 n、l 声母基本上不与 uei(ui)和 en 韵母相拼,遇到韵母为 uei(ui)或 en 的字,分不清 n、l、r 时,基本上可以确定其声母为 r,但"嫩"字例外,其读音是 nèn。

(4)由于闽方言和客家方言都没有 r 声母,发 r 声母是福建人讲普通话的一大难点。有的人发成舌尖前音或舌尖中音,有的人虽然发成舌尖后音,但又把擦音发成了塞擦音。sh 和 r 都是舌尖后音,都是擦音,所不同的是 sh 为清音,r 为浊音。我们可以先发 sh,然后让声带振动,这就成了 r 音了。

3.zh、ch、sh 和 z、c、s

闽方言和客家方言都没有 zh、ch、sh 声母。

(1)普通话分不清 zh、ch 和 z、c 声母的,如遇闽方言和客家方言声母为 d 和 t 的,那么这个字一般是属 zh、ch 声母的。

(2)普通话分不清 zh、ch、sh 和 z、c、s 声母的,如遇客家方言区里的长汀、连城、清流话中的舌叶声母(国际音标[tʃ]、[tʃʻ]、[ʃ]),一般读 zh、ch、sh;上杭、永定、武平话中部分声母为 j、q、x 的字和部分声母为 z、c、s 的字,读 zh、ch、sh。

(3)普通话中,ua、uai、uang 不与平舌音 z、c、s 相拼,只与 zh、ch、sh 相拼,因此,"爪、刷、耍"等 ua 韵的字,"拽、踹、衰"等 uai 韵的字,"桩、壮、双"等 uang 韵字,声母一定是翘舌音。普通话 ong 韵拼 s 不拼 sh,因此,"松、宋"等字的声母一定是 s,而不是 sh。普通话 z、c、s 一般不与 en 相拼只有"怎、参(参差)、岑、森"是 en 韵的,因而,"针、侦、趁、身"的声母一定是翘舌音。

(4)普通话中,声旁是 d、t 或与 d、t 声母的字有关的,一般读翘舌音,如:"说"字,它的声旁是"兑",其声母为 d,那么"说"的声母应该是翘舌音。还有一些声旁与 d、t 的关系是间接的,例如"输"的声旁不是 d、t,不能直接从声旁推出"输"的声母是 sh 还是 s。但声旁"俞"与 t 有间接关系,"俞"作声旁构成"偷",声母是 t,由此可推出"输"的声母是 sh。

4.i 和 ü

福建境内有的地区没有撮口呼 ü,有的地区虽然有撮口呼 ü,但字类分布和普通话不完全一致,因此有些人说普通话时存在 i 和 ü 不分的现象。

普通话里撮口呼韵母只有 ü、üe、üan、ün 四个,韵母是撮口呼的字比韵母是齐齿呼的字少得多,只要记住少的,就可以将 i 和 ü 区分清楚。下面是撮口呼韵母的一些常用字：

ü：	居	菊	举	巨	具	句	区	趋	取	曲	虚	需	徐	许	余
	于	鱼	雨	羽	禺	与	舆	玉	郁	誉	娱	域	狱	裕	予
	旅	吕	缕	屡	虑	绿	律	女							

üe： 月 掘 决

üan： 元 原 袁 捐 卷 全 宣

ün： 君 旬 云 匀 讯 军

以上这些字以及用这些字的声旁作为声旁的字也读撮口呼,如:拒、拘、崛、屿、绢。

5.入声调

我国古代有一种入声字——声调短促,韵母带有塞音韵尾 b、d、g。福建除长汀、连城外,大部分地区还保留着入声调类。

要记住古入声字在普通话里的念法,需要掌握古今调类的对应规律。但古今调类的对应规律比较复杂,只有一条是特别简单易记的,这就是:方言中鼻音声母 m、n、ng,边音声母 l,浊擦音声母 r,以及零声母的入声字,普通话里都念去声。如:末、纳、乐、热、物。

分阴入、阳入的地区,阳入中除上述声母字读去声外,其他的字,普通话读阳平。如:拨、白、笛、及、择、合。

绝大多数入声字分布在单韵母 a、o、e、i、u、ü、-i(后)和复韵母 ia、ie、üe、uo 里面,其他的复韵母只有极少的入声字,鼻韵母里面根本没有。

如何发现自己读的是入声调呢？如果两个字如"室"和"是",所注的汉语拼音是一样的,但读起来感觉"室"的发音比"是"短促,那么就可以确定"室"发的是入声调。

(二)福建各方言区说普通话时各自存在的难点

1.闽东话

(1)闽东话中 h 的发音与普通话不大相同。普通话的 h 是舌面后音,而闽东话的 h 是喉音。因此闽东人发 h 音时,发音部位要稍微前移,舌头不要过于后缩,要抬高舌面后部,让舌面后部接近软腭,让气流从窄缝中挤出,摩擦成声。

(2)闽东话中 z、c、s 的发音部位比普通话靠前,发这三个音时要注意将舌尖抬高,接触或接近上齿背。

(3)闽东话中没有 j、q、x 声母。闽东人遇到普通话 j、q、x 声母时,常常用 z、c、s 代替 j、q、x,或用 h 代替 x。如把"就去"(jiùqù)读成 ziùcù,"细心"(xìxīn)读成 sìsīn。

①闽东人发 j、q、x 的主要问题是发音部位靠前,接近舌尖前音 z、c、s。练习发 j、q、x 发音时,舌面前部要隆起,抵住或接近硬腭最前端构成阻碍,让舌尖深深地垂到下门齿背后,一定不使舌尖或舌叶在发音中起作用。也可以用 g、k、h 与前高元音 i

拼合,从舌面中后部开始,逐渐把舌面与上腭构成的阻碍前移,当舌尖抵住下门齿背时,要放慢一点,直到部位准确为止。这种由后向前的移动方法,可以充分体会舌面音发音部位的前后,这也正是北方话一部分历史上读 g、k、h 的字演变为 j、q、x 的过程。由于普通话没有这样的音,也不会同其他音节相混。

②要正确区分 j、q、x 和 z、c、s 声母。在普通话语音系统里,齐齿呼、撮口呼的韵母只同舌面前音 j、q、x 相拼,不同 z、c、s 相拼。

③要正确区分 x 和 h 声母。闽东话声母读 h,韵母如果是齐齿呼或撮口呼的字,在普通话中绝大多数读 x 声母。

(4)闽东方言区除了福州等少数地方,都没有 ou 韵母。福州等地虽然有 ou 韵,但 ou 韵字的归类与普通话并不相同。说闽东方言的人常把普通话的 ou 韵读成 ao 韵或 iu 韵,如把"口试"(kǒushì)读成"考试"(kǎoshì),把"接受"(jiēshòu)读成"jiēsiù"。闽东人在普通话中还常把 ao 韵母读成 iao、iou,如把"超过"读成"ciāo 过"或"ciū 过"。闽东大部分地区没有 iao 韵母,于是又常常把普通话中的 iao 韵母读成 iu 韵母。可见闽东话中常常把 ao、ou、iao、iou 混在一起。

①闽东方言声母是 g、k、h、ŋ 或零声母,韵母是开口呼的字,普通话要读 iao,不读 iou。如"交、咬、孝"等。

②闽东方言中白读为[au],文读为[eu]、[ɛu],普通话一定是 ou。如"斗、口、走"等。只有唇音声母下方言 au 韵字在普通话里也是 ao,如"炮、包"等。但这些常用字只有"剖、某、谋、否"等几个。

③如果分不清普通话韵母是 ao、ou 或是 iao、iou,可以从普通的声母来判断,普通话声母是 zh 的,它的韵母一定是 ao、ou,不可能是 iao、iou;普通话声母是 j 的,它的韵母一定是 iao、iou,不可能是 ao、ou。因为普通话声母 zh 不跟齐口呼、撮口呼相拼,而 j 声母又只能跟齐、撮口呼相拼。

(5)闽东人说普通话时,常常把 iong 韵母读作 ün。如把"很凶"(hěnxiōng)说成"很熏"(hěnxūn)。

①闽东人要注意发好 iong 韵母。iong 是 ong 的前面加上一段 i 的动程,实际发音中使 i 自带上圆唇,或者更粗略一些,就把 iong 看成以 ü 开头,也基本符合实际发音的要求。

②分清普通话中的 ün 和 iong 韵母。普通话中 iong 韵母的字不多,3500 个常用字中大约只有 20 个。其中闽东方言把它读作[yŋ]韵母的有:"穷、匈、胸、凶、汹、雄、熊、庸、佣、勇、涌、踊、拥、蛹、用"等。普通话 ün 韵母字在方言里读作[yŋ]韵母的只有"勋、熏、匀、允、菌"等字。

(6)闽东话没有-n 韵尾,因此说普通话时,发不好-n 韵尾,分不清-n 韵尾和-ng 韵尾。有时为了矫正这个缺陷,又产生了新的缺陷,即-n 韵尾靠后,-ng 韵尾靠前。

①发好-n 韵尾。先发 a、e、i、u 等音并迅速滑向舌尖中音 n,便成 an、en、in、un 等音。

②闽东方言读[aŋ]韵的,在普通话中一般读 an 韵,如:"班、旦、安"等字,但不能涵盖所有的字,如"庞、脏、掌"等字就是例外。还有一些闽东方言白读为[aŋ]韵的字,在普通话中不读 an 韵,如:"井、病、青、静、姓、郑、彭、更、牲、撑",它们在普通话中读 eng 韵或 ing 韵。闽东方言中读[uaŋ]韵的字,在普通话中读 uan,不读 uang。例如:"团、官、环"等字。但"壮、逛"除外。

闽东方言读[ouŋ]韵的字,普通话读 ang 韵,如:"当、郎、刚"等字。方言读[uoŋ]韵,即与"光、汪"同韵的字,普通话读[uaŋ]。例如"光、王、床",但"传、转、软、砖、川、关、管、完"除外。闽东方言读[iaŋ]韵的字,在普通话中大多数读 ing 不读 in,如"饼、厅、迎"等字。"拼"字除外。

(7)闽东话中的福州话中声调有 7 类,即:阴平(44)、阳平(53)、上声(31)、阴去(213)、阳去(242)、阴入(23)、阳入(55)。可见闽东方言的调值低音成分多,音调比普通话低沉,特别是阳平调更为突出。

以福州人为代表的闽东人,常常把普通的阳平读作像普通话的半上。阳平正确的发音是,声带从不紧不松开始,逐渐绷紧,到最紧为止,声音从不低不高升到最高。

2.闽北话

(1)邵武及其周边地区的人,把普通话读不送气的塞音、塞擦音声母读成送气声母。方言中读阳去调(35)而在普通话中读去声(少量古阳入字读阳平)的送气声母字,在普通话中大多读不送气声母。例外字只有"编、堤、菌、歼、鼻、贼、鄙、捕、补、导、馆、巩、凿、早"等十几个字。

(2)邵武及其周边地区方言中的 j、q、x 与普通话的 j、q、x 有些差别,要注意发好这三个音。邵武及其周边地区的人还可以利用方言中的 j、q、x 来区分普通话中的 zh、ch、sh 和 z、c、s。方言中的 j、q、x 大多与普通话翘舌音相对应,常见的例外字只有"足、粟"两个字。而且方言中的 j、q、x 大多分别与普通话的 zh、ch、sh 相对应。如"之、州、终、车、唱、除、诗、少、善"等字。但有例外,邵武及其周边地区方言中有一些读 x 声母的字遇到阳平声调普通话读 ch 声母,如"匙、船、尝"等字;有一些读 q 声母的字,在普通话中读 sh 声母,如"试、树、声"等字。

(3)闽北话中有 ng 声母,这是普通话中所没有的。闽北人常常将这个声母带进普通话中,如把"饥饿"(ji'è)读成 jīngò。邵武及其周边地区的方言中还有个 v 声母,这也是普通话没有的。这些地方的人常把"原来"(yuánlái)读成 vüánlái。

闽北方言中读 ng 声母的字,在普通话中大部分读零声母,一小部分读 n、r 声母。建瓯及其周边地区的方言中有些 ng 声母字与普通话中的 sh、x 声母字对应,但这种情况不多。

闽北方言没有 e 韵母。普通话的 e 韵母半数以上(主要是 g、k、h 和零声母字),在建瓯及其周边地区的方言中读成[ɔ]韵母,在邵武及其周边地区的方言中读成 o 韵母。

首先要区别 o、[ɔ]和 e 的不同发音。二者的区别是前者圆唇,后者不圆唇。

闽北人可以用以下方法区分 o、[ɔ]和 e 韵母的字:

①普通话 e 韵母字在建瓯及其周边地区的方言中分别读[ɔ]、ê、iɑ、ie 等韵母。其规律是:普通话中和 g、k、h 及零声母相拼的 e 韵母字在建瓯及其周边地区的方言中读[ɔ]韵,如"可、各、合"等,例外字有"戈、科、课、和、刻、格、歌、赫、革、厄、鹅、葛、喝"。普通话中与 d、t、z、c、s 拼的韵母 e 的字,在建瓯及其周边地区的方言中绝大部分读 ê 韵母,如"得、则、色"等字。普通话中与 zh、ch、sh、r 拼的韵母 e 的字,在建瓯及其周边地区的方言中大部分读 iɑ、ie 韵母,如"者、车、惹"读 iɑ 韵,"折、设、热"读 ie 韵,例外字有"蛇、舌"(白读 üe 韵母)等。

②普通话 e 韵母的字在邵武及其周边地区的方言中主要读 o、[ə]、iɑ、ie 等韵母。其规律是:普通话与 g、k、h 相拼及零声母的 e 韵母字在邵武及其周边地区的方言中大部分读 o 韵母,如"歌、河、和"等字,例外字有"格、客、隔、克"等字。普通话中拼 d、t、z、c、s 声母的 e 韵母字在邵武及其周边地区的方言中大部分读[ə]韵母,如"得、特、色、责、则"等字,例外字有"册、泽、择(也读[ə]韵)"等字。普通话中拼 zh、ch、sh、r 的 e 韵母字在邵武及其周边地区的方言中一般读 iɑ 或 ie 韵母,如"者、车、舍、惹"读 iɑ 韵,"哲、浙、舌、热"读 ie 韵,例外字为"蛇"(白读也是 iɑ 韵母)。

③根据普通话拼合规律,闽北人分不清普通话 g、k、h 和零声母后面的韵母是读 e 还是 o([ɔ])时,可以确定读 e 韵母,因为普通话韵母 o 只能跟 b、p、m、f 声母拼合,不能跟 g、k、h 等声母拼,也没有零声母形式。

④闽北人分不清普通话 zh、ch、sh 声母后面的韵母该读 e 还是 iɑ 或 ie 的,可以确定读 e,因为普通话的翘舌音不与 i 开头的齐齿呼韵母相拼。建瓯及其周边地区的人如果分不清普通话 d、t、z、c、s 声母后面的韵母读 e 还是读 ê 的时候,可以确定读 e,因为普通话的单韵母 ê 不与任何声母相拼,只有自成音节的形式。

(4)闽北人常常将普通话中的 uo 韵母读成 o 韵母。因为建瓯及其周边地区的方言中没有 uo 韵母,而邵武及其周边地区虽然有 uo 韵母,但包含 uo 韵母的字很少,因此,邵武及其周边地区的人在说普通话时,多数也是把 uo 韵读成 o 韵。

如果在普通话中分不清该发 o 韵母还是该发 uo 韵母时,可利用普通话声韵拼合规律来确定。普通话单韵母 o 只与 b、p、m、f 4 个唇音声母拼合,不拼其他声母,而 uo 韵母不与 b、p、m、f 4 个声母拼合,其他声母除 j、q、x 外都可以相拼。

(5)普通话一部分与 d、t、zh、ch、sh、r、z、c、s 声母相拼的 uei 韵母的字在邵武及其周边地区的方言中读成 ei 韵母。因此邵武及其周边地区的人读与以上声母相拼的 uei 韵母时常常出现丢失韵头的现象,如把"退"(tuì)读成 tèi。

在 3500 个常用字和次常字中,普通话读 uei 韵母的字约 120 个。其中与 g、k、h 相拼的 41 个字和 32 个零声母字邵武话一般也读 uei 韵母。剩下的 47 个字邵武及其周边地区的方言读 ei 韵母,这个地区的人说普通话时误读的就是这些字。但可以通过普通话声韵的拼合规律解决这个问题,普通话中 t、ch、r、s、c 5 个声母不与 ei 韵母相拼,可与 uei 韵母相拼。普通话中 d、z、zh、sh 声母与 ei 韵母相拼的字也不多,常见的只有"得、贼、这、谁"这 4 个字,其余的也都应读 uei 韵母。

(6)闽北方言常把普通话中的 ian 韵母的字读成 ing 韵母的字。这是因为普通话中的 ian 韵母字在闽北话中大部分读 ing 韵母字。

建瓯及其周边地区的方言韵母为 ing 或 üing 的字,基本可以判断在普通话中这个字读 ian 韵。例外字有"眠、垫、殿、淀、奠、恬、蔫、碾、奸、肩、渐、荐、柬、牵、黔、闲、羡、腺、岩、研、艳"等。

(7)闽北方言与闽东方言一样只有后鼻韵母-ng,没有前鼻韵母-n。这两个韵母的发音方法可见闽东方言部分。

(8)建瓯及其周边地区的方言中阴平略有下降(调值为 54);没有阳平,因此这个地区的人在读普通话的阳平时有升不上去的感觉;上声调值为 21,因此有些人发不好普通话的全上(214);不论阴去(33)或阳去(44)类字都读平调,因此这个地区的人说普通话的去声字时常常出现起点不高,下降幅度偏小的现象。邵武及其周边地区的部分人也有阳平和上声调值扬不起来的问题。

3.闽中话

这里说的闽中话是以永安话为代表音的。

(1)闽中话中的 j、q、x 声母在普通话中大多读翘舌声母。这可以帮助闽中人说普通话时区分 zh、ch、sh 和 z、c、s 声母的字,例外字有"责、则、仄、择、泽、祖、遭、邹、侧、测、厕、策、册、色、啬、涩、森、穗、洒、瑟、蚤、僧、俗、宿、虽"。

(2)闽中话中有 ng 声母,这是普通话没有的,不要把它带进普通话中。

(3)闽中方言和闽北方言一样没有 e 韵母。

(4)闽中方言没有前鼻韵母-n,其发音方法可见闽东方言部分。

(5)闽中方言有一套普通话所没有的双唇鼻尾音(-m)韵母,如"平、中、良"在方言中的韵母。另外,闽中话还有一套鼻化韵母,如方言中"林、金、良"的韵母,这也是普通话中所没有的。闽中人在说普通话时,常常把这两个音带进去。

(6)闽中方言中阴平调值读降调(永安话为 42,三明话为 54)或中平调(沙县话为 33),阳平读中平调(永安话为 33)或降调(三明话和沙县话为 42),阴上与普通话半上一样读低降调(21),去声读升调(永安话和沙县话为 24)或中平调(三明话为 33)。因此有些闽中人说普通话时,阴平不够高;阳平上扬不明显;该读全上时尾音上不去,只读半上;去声的起点和降幅不到位。永安及其周边地区的方言阳上调值高而短促,这些地方的人要防止把这种短促的读法带进普通话。

4.莆仙话

(1)莆仙话的声母有一个普通话中所没有的音[ɬ],这个音是舌尖前、清、边擦音,而普通话中的 f、j、q、x、zh、ch、sh、r、s 声母,莆仙话中却没有。普通话中的 h 是舌根、清、擦音,即国际音标为[x];莆仙话中的 h 是喉、清、擦音,即国际音标为[h]。-ng 在莆仙话中既可当韵尾,又可当声母。

(2)莆仙人常常用[ɸ]音代替 s 和 sh 的发音。莆仙人要掌握 s 和 sh 的发音要领,[ɸ]是边擦音,发音时气流从舌两边摩擦而出,而 s 和 sh 是擦音,发音时舌的两边不透气。

(3)莆仙方言区的人还常常未能正确分辨普通话的擦音 s(sh)、x 与塞擦音 z(zh)、c(ch)或 j、q。常常出现两种情况:一是舌尖擦音与舌尖塞擦音混读,把普通话的 s(sh)读成 z(zh)、c(ch),把普通话的 z(zh)、c(ch)读成 s 或 sh。二是舌面擦音与舌面塞擦音混读,把普通话的 x 读成 j 或 q,把普通话的 j 或 q 读成 x。

普通话舌尖擦音 s、sh 和舌面擦音 x 在 3500 个常用、次常用字中约有 470 个,其中 95% 与莆仙方言的[ɸ]、[h]声母相对应,也就是说方言[ɸ]声母的字转为普通话,如果分不清该读擦音还是该读塞擦音时,大多可确定读擦音 s、sh、x 声母的字。另外,莆仙方言区的人还可把方言[h]声母转读为普通话时韵母为齐、撮呼的,除零声母以外的字,确定为 x 声母。

(4)莆仙方言区的人说普通话时,ai 与 ei 韵、uai 与 uei 韵常常混读,有时 ei 韵读成 ai 韵、uai 韵读成 uei 韵,有时又把 ai 韵读成 ei 韵、uei 韵读成 uai 韵。

方言中读 ai 韵的字在普通话中基本上也读 ai 韵,只有个别字读 ei(如"愍"方言中文读 ai 韵,"眉"方言中白读 ai 韵,文读 i 韵)。

(5)莆仙方言区的人在说普通话时,uan、uang、uen、ueng、ong 这几个合口鼻韵母发音含糊,字类混淆比较严重。

①分不清前鼻韵母-n 和后鼻韵母-ng,解决办法可见闽东方言部分。

②不要把以上几个音的韵腹都发成[o]或[u],要把韵腹的音发准。

③普通话 ueng 韵不与任何声母相拼,常用只有三个字"翁、嗡、瓮"。

(6)莆仙方言没有 ian 韵,普通话 ian 韵字多数分布在方言的[ɛŋ]和[iaŋ]中,因此造成了在普通话中 ian 和 iang 混读的现象。

①普通话的 iang 韵字在莆仙方言中大多数分布在[yɒŋ]韵中,也就是方言"央""羊"文读的韵母。

②普通话声母 b、p、m、d、t 只拼 ian 韵不拼 iang 韵。

(7)莆仙方言的人常常在普通话中把上声读成阳平,特别与非上声连读更容易出错,如把"友人"(yǒurén)读成 yóurén,还把普通话中的阳平读成上声。

5.客家方言

(1)客家方言中的 h[h]的清喉擦音,与普通话的 h[x]的发音部位不同,普通话的 h 是清、舌根音。客家方言区的人在发普通话的 h 时,要抬高舌根,让舌根接近软腭,留出窄缝,气流从窄缝中挤出,摩擦成声,避免发喉音。

(2)-ng 在客家方言中既可当韵尾,又可当声母,而这个音在普通话中是不能当声母的。客家方言中还有一个特有的声母 v,这在普通话中也是没有的。v 是唇齿浊擦音。客家方言区的人在说普通话时,要避免把这两个音带到普通话的声母中。

(3)客家方言区的人在说普通话时常常分不出送气和不送气音,即分不出 b－p、d－t、zh－ch、z－c、j－q,把不送气音读成送气音。客家方言虽然有送气和不送气的区别,但与普通话的送气和不送气不是一一对应的。而且客家方言中的送气音比普通话多。

凡方言读上声(42)或阴平(33)调类,而普通话又是读去声的字,分不清送气和不送气时,可确定为不送气。凡方言中读阳入(一般高促调),普通话中读阳平的字,也可确定为不送气。

(4)客家方言区的人说普通话时常常丢失 i 韵尾,把普通话的 ai、uai 两个韵母读成 a、ua。这是因为客家方言区的不少人在说话时没有 ai、uai 韵母,只有 a、ua 韵母。

普通话 a、ua 韵母在方言中也读 a、ua,而普通话的 ai、uai 在方言中大多读 e、ue。客家方言中有些 auʔ 韵字、aʔ 韵字、eʔ 韵的入声字在转化为普通话时也读 ai 韵。

(5)客家方言区的人常把合口呼的字读成开口呼的字,如把"队(duì)伍"读成"队(dèi)伍"。这是因为客家方言中合口呼韵母比普通话少,又由于客家方言中 f、h 不分,当合口呼韵母与 h 声母相拼时,都念成了相应的开口呼。

可根据普通话声韵对应规律来对这两者进行区分。如 uei 与 ei,普通话 b、p、m、f、n、l 只与 ei 拼,剩下的 ei 韵只有少数几个,如 d 声母的"得"(děi),g 声母的"给"(gěi),h 声母的"黑、嘿"(hēi),z 声母的"贼"(zéi)。除了这些,其他与 d、t、g、k、h、zh、ch、sh、r、z、c、s 相拼及零声母的字均为 uei 韵。

普通话 o 只与唇音声母 b、p、m、f 结合,凡是与其他声母相拼而方言又读 o 韵的,普通话都应该读 uo。

普通话中 d、t、l 只与 uen 相拼,不与 en 拼。

(6)客家方言区人在说普通话时,常把与声母 zh、ch、sh、r 相拼的 ou 韵字读成 u 韵字。普通话中 ou 韵字比 u 韵字少得多,3500 个常用字中这类字只有 38 个,因此,可以采用以少记多的办法解决这个问题。

(7)客家方言区的人在说普通话时,阴平、阳平的调值要提高,因为客家方言(以长汀话为例)的阴平调值为 33,阳平调值为 24。发去声时,下降幅度要到位,因为客家方言(如长汀话)阴去的调值是 54,阳去的调值是 21。

客家方言区的人,还常把普通话的部分去声读成半上(21),把部分上声或去声的字读成阴平。

第四部分 朗读、说话

一、朗读作品[①]

作品 1 号

照北京的老规矩[1]，春节差不多在腊月的初旬就开始了。"腊七腊八，冻死寒鸦"，这是一年里最冷的时候。在腊八这天，家家都熬腊八粥。粥是用各种米，各种豆，与各种干果熬成的。这不是粥，而是小型的农业展览会。

除此之外，这一天还要泡腊八蒜。把蒜瓣[2]放进醋里，封起来，为过年吃饺子用。到年底，蒜泡得色如翡翠，醋也有了些辣味[3]，色味双美，使人忍不住要多吃几个饺子。在北京，过年时，家家吃饺子。

孩子们准备过年，第一件大事就是买杂拌儿[4]。这是用花生、胶枣、榛子[5]、栗子等干果与蜜饯掺和[6]成的。孩子们喜欢吃这些零七八碎儿[7]。第二件大事是买爆竹，特别是男孩子们。恐怕第三件事才是买各种玩意儿[8]——风筝[9]、空竹、口琴等。

孩子们欢喜，大人们也忙乱。他们必须预备过年吃的、喝的、穿的、用的，好在新年时显出万象更新的气象。

腊月二十三过小年，差不多就是过春节的"彩排"。天一擦黑儿[10]，鞭炮响起来，便有了过年的味道。这一天，是要吃糖的，街上早有好多卖麦芽糖与江米糖的，糖形或为长方块[11]或为瓜形，又甜又黏[12]，小孩子们最喜欢[13]。

过了二十三，大家更忙。必须大扫除一次，还要把肉、鸡、鱼、青菜、年糕什么的都预备充足——店//铺多数正月初一到初五关门，到正月初六才开张。

——节选自老舍的《北京的春节》

---

① 作品中的"//"是 400 个音节结束的标志。在普通话水平测试中，朗读的评分是以篇章的前400 个音节为对象。

"语音提示"中的斜体拼音，表示该字变调后的实际读音。

语音提示：

[1]规矩 guīju

[2]蒜瓣 suànbànr

[3]辣味 làwèir

[4]杂拌儿 zábànr

[5]榛子 zhēnzi

[6]掺和 chānhuo

[7]零七八碎儿 língqī-bāsuìr

[8]玩意儿 wányìr

[9]风筝 fēngzheng

[10]擦黑儿 cāhēir

[11]长方块 chángfāngkuàir

[12]黏 nián

[13]喜欢 xǐhuan

作品2号

盼望着，盼望着，东风来了，春天的脚步近了。

一切都像刚睡醒的样子，欣欣然张开了眼。山朗润起来了，水涨起来了，太阳的脸红起来了。

小草偷偷地从土里钻出来，嫩嫩的，绿绿的。园子里，田野里，瞧去，一大片一大片满是的。坐着，躺着，打两个滚[1]，踢几脚球[2]，赛几趟跑，捉几回迷藏。风轻悄悄的，草软绵绵的……

"吹面不寒杨柳风"，不错的，像母亲的手抚摸着你。风里带来些新翻的泥土的气息，混着青草味儿[3]，还有各种花的香，都在微微湿润的空气里酝酿[4]。鸟儿[5]将巢安在繁花绿叶当中，高兴起来了，呼朋引伴地卖弄清脆的喉咙，唱出宛转的曲子，跟轻风流水应和着。牛背上牧童的短笛，这时候也成天嘹亮地响着。

雨是最寻常的，一下就是三两天。可别恼。看，像牛毛，像花针，像细丝，密密地斜织着，人家屋顶上全笼着一层薄烟[6]。树叶儿[7]却绿得发亮，小草儿[8]也青得逼你的眼。傍晚时候，上灯了，一点点黄晕[9]的光，烘托出一片安静而和平的夜。在乡下[10]，小路上，石桥边，有撑起伞慢慢走着的人，地里还有工作的农民，披着蓑戴着笠。他们的房屋，稀稀疏疏的，在雨里静默着。

天上风筝[11]渐渐多了，地上孩子也多了。城里乡下，家家户户，老老小小，//也赶趟儿似的，一个个都出来了。舒活舒活筋骨，抖擞抖擞精神，各做各的一份儿事去。"一年之计在于春"，刚起头儿，有的是工夫，有的是希望。

春天像刚落地的娃娃，从头到脚都是新的，它生长着。

春天像小姑娘，花枝招展的，笑着，走着。

春天像健壮的青年，有铁一般的胳膊和腰脚，领着我们上前去。

——节选自朱自清《春》

语音提示：

[1]打两个滚 dǎ liǎng gè gǔnr

[2]踢几脚球 tī jǐ jiǎo qiúr

[3]青草味儿 qīngcǎo wèir

[4]酝酿 yùnniàng

[5]鸟儿 niǎo'ér

[6]薄烟 bóyān

[7]树叶儿 shùyèr

[8]小草儿 xiǎocǎor

[9]黄晕 huángyùn

[10]乡下 xiāngxia

[11]风筝 fēngzheng

作品3号

燕子去了，有再来的时候；杨柳枯了，有再青的时候；桃花谢了，有再开的时候。但是，聪明的，你告诉我，我们的日子为什么一去不复返呢？——是有人偷了他们罢：那是谁？又藏在何处呢？是他们自己逃走了罢：现在又到了哪里呢？

去的尽管去了，来的尽管来着；去来的中间，又怎样地匆匆呢？早上我起来的时候，小屋里射进两三方斜斜的太阳。太阳他有脚啊，轻轻悄悄[1]地挪移[2]了；我也茫茫然跟着旋转。于是——洗手的时候，日子从水盆里过去；吃饭的时候，日子从饭碗里过去；默默时，便从凝然[3]的双眼前过去。我觉察他去的匆匆了，伸出手遮挽[4]时，他又从遮挽着的手边过去；天黑时，我躺在床上，他便伶伶俐俐[5]地从我身上跨过，从我脚边飞去了。等我睁开眼和太阳再见，这算又溜走了一日。我掩着面叹息，但是新来的日子的影儿[6]又开始在叹息里闪过了。

在逃去如飞的日子里，在千门万户的世界里的我能做些什么呢？只有徘徊罢了，只有匆匆罢了；在八千多日的匆匆里，除徘徊外，又剩些什么呢？过去的日子如轻烟，被微风吹散了，如薄雾[7]，被初阳蒸融[8]了；我留着些什么痕迹呢？我何曾留着像游丝样的痕迹呢？我赤裸裸[9]//来到这世界，转眼间也将赤裸裸的回去罢？但不能平的，为什么偏白白走这一遭啊？

你聪明的，告诉我，我们的日子为什么一去不复返呢？

——节选自朱自清《匆匆》

语音提示：

[1]轻轻悄悄 qīngqīngqiāoqiāo

[2]挪移 nuóyí

[3]凝然 níngrán

[4]遮挽 zhēwǎn

[5]伶伶俐俐 línglínglìlì

[6]影儿 yǐng'ér

[7]薄雾 bówù

[8]蒸融 zhēngróng

[9]赤裸裸 chìluǒluǒ

作品 4 号

有的人在工作、学习中缺乏耐性和韧性[1]，他们一旦碰了钉子，走了弯路，就开始怀疑自己是否有研究才能。其实，我可以告诉大家，许多有名的科学家和作家，都是经过很多次失败，走过很多弯路才成功的。有人看见一个作家写出一本好小说，或者看见一个科学家发表几篇有分量的论文，便仰慕不已，很想自己能够信手拈来[2]，妙手成章，一觉醒来，誉满天下。其实，成功的作品和论文只不过是作家、学者们整个创作和研究中的极小部分，甚至数量上还不及失败作品的十分之一。大家看到的只是他们成功的作品，而失败的作品是不会公开发表出来的。

要知道，一个科学家在攻克科学堡垒[3]的长征中，失败的次数和经验，远比成功的经验要丰富、深刻得多。失败虽然不是什么令人快乐的事情，但也决不应该因此气馁[4]。在进行研究时，研究方向不正确，走了些岔路[5]，白费了许多精力，这也是常有的事。但不要紧，可以再调换[6]方向进行研究。更重要的是要善于吸取失败的教训，总结已有的经验，再继续前进。

根据我自己的体会，所谓天才，就是坚持不断的努力。有些人也许觉得我在数学方面有什么天分，//其实从我身上是找不到这种天分的。我读小学时，因为成绩不好，没有拿到毕业证书，只拿到一张修业证书。初中一年级时，我的数学也是经过补考才及格的。但是说来奇怪，从初中二年级以后，我就发生了一个根本转变，因为我认识到既然我的资质差些，就应该多用点儿时间来学习。别人学一小时，我就学两小时，这样，我的数学成绩得以不断提高。

一直到现在我也贯彻这个原则：别人看一篇东西要三小时，我就花三个半小时。经过长期积累，就多少可以看出成绩来。并且在基本技巧烂熟之后，往往能够一个钟头就看懂一篇人家看十天半月也解不透的文章。所以，前一段时间的加倍努力，在后一段时间能收到预想不到的效果。

是的，聪明在于学习，天才在于积累。

——节选自华罗庚《聪明在于学习，天才在于积累》

语音提示：

[1]韧性 rènxìng   [4]气馁 qìněi

[2]信手拈来 xìnshǒu-niānlái   [5]岔路 chàlù

[3]堡垒 bǎolěi   [6]调换 diàohuàn

作品 5 号

去过故宫大修现场的人，就会发现这里和外面工地的劳作景象有个明显的区别：

这里没有起重机,建筑材料都是以手推车的形式送往工地,遇到人力无法运送的木料时,工人们会使用百年不变的工具——滑轮组。故宫修缮[1],尊重着"四原"原则,即原材料、原工艺、原结构、原型制。在不影响体现传统工艺技术手法特点的地方[2],工匠可以用电动工具,比如开荒料、截头[3]。大多数时候工匠都用传统工具:木匠[4]画线用的是墨斗[5]、画签、毛笔、方尺、杖竿[6]、五尺;加工制作木构件使用的工具有锛[7]、凿[8]、斧、锯、刨[9]等等。

最能体现大修难度的便是瓦作中"苦背"[10]的环节。"苦背"是指在房顶做灰背的过程,它相当于为木建筑添上防水层。有句口诀是三浆三压[11],也就是上三遍石灰浆,然后再压上三遍。但这是个虚数。今天是晴天,干得快,三浆三压硬度就能符合要求,要是赶上阴天,说不定就要六浆六压。任何一个环节的疏漏都可能导致漏雨,而这对建筑的损坏是致命的。

"工"字早在殷墟甲骨卜辞[12]中就已经出现过。《周官》与《春秋左传》记载周王朝与诸侯都设有掌管营造的机构。无数的名工巧匠为我们留下了那么多宏伟的建筑,但却//很少被列入史籍,扬名于后世。

匠人之所以称之为"匠",其实不仅仅是因为他们拥有了某种娴熟的技能,毕竟技能还可以通过时间的累积"熟能生巧",但蕴藏在"手艺"之上的那种对建筑本身的敬畏和热爱却需要从历史的长河中去寻觅。

将壮丽的紫禁城完好地交给未来,最能仰仗的便是这些默默奉献的匠人。故宫的修护注定是一场没有终点的接力,而他们就是最好的接力者。

——节选自单霁翔《大匠无名》

语音提示:

[1]修缮 xiūshàn

[2]地方 dìfang

[3]截头 jié tóu

[4]木匠 mùjiang

[5]墨斗 mòdǒu

[6]杖竿 zhànggān

[7]锛 bēn

[8]凿 záo

[9]刨 bào

[10]苦背 shànbèi

[11]三浆三压 sānjiāng-sānyā

[12]卜辞 bǔcí

作品 6 号

立春过后,大地渐渐从沉睡中苏醒过来。冰雪融化,草木萌发,各种花次第开放。再过两个月,燕子翩然[1]归来。不久,布谷鸟也来了。于是转入炎热的夏季,这是植物孕育果实的时期。到了秋天,果实成熟,植物的叶子渐渐变黄,在秋风中簌簌[2]地落下来。北雁南飞,活跃在田间草际的昆虫也都销声匿迹[3]。到处呈现一片衰草连天的景象,准备迎接风雪载途[4]的寒冬。在地球上温带和亚热带区域里,年年如是,周而复始。

几千年来,劳动人民注意了草木荣枯[5]、候鸟[6]去来等自然现象同气候的关系,据以安排农事。杏花开了,就好像大自然在传语要赶快耕地;桃花开了,又好像在暗示要赶快种谷子。布谷鸟开始唱歌,劳动人民懂得它在唱什么:"阿公阿婆,割麦插禾。"这样看来,花香鸟语,草长莺飞,都是大自然的语言。

这些自然现象,我国古代劳动人民称它为物候[7]。物候知识在我国起源很早。古代流传下来的许多农谚[8]就包含了丰富的物候知识。到了近代,利用物候知识来研究农业生产,已经发展为一门科学,就是物候学。物候学记录植物的生长荣枯,动物的养育往来,如桃花开、燕子来等自然现象,从而了解随着时节//推移的气候变化和这种变化对动植物的影响。

——节选自竺可桢《大自然的语言》

语音提示:

[1]翩然 piānrán   [5]荣枯 róngkū

[2]簌簌 sùsù   [6]候鸟 hòuniǎo

[3]销声匿迹 xiāoshēng-nìjì   [7]物候 wùhòu

[4]风雪载途 fēngxuě-zàitú   [8]农谚 nóngyàn

作品 7 号

当高速列车从眼前呼啸而过时,那种转瞬即逝[1]的感觉让人们不得不发问:高速列车跑得那么快,司机能看清路吗?

高速列车的速度非常快,最低时速标准是二百公里。且不说能见度低的雾霾[2]天,就是晴空万里的大白天,即使是视力好的司机,也不能保证正确识别地面的信号。当肉眼看到前面有障碍时,已经来不及反应。

专家告诉我,目前,我国时速三百公里以上的高铁线路不设置信号机,高速列车不用看信号行车,而是通过列控系统自动识别前进方向。其工作流程为,由铁路专用的全球数字移动通信系统来实现数据传输,控制中心实时接收无线电波信号,由计算机自动排列出每趟列车的最佳运行速度和最小行车间隔[3]距离,实现实时追踪[4]控制,确保高速列车间隔合理地安全运行。当然,时速二百至二百五十公里的高铁线路,仍然[5]设置信号灯控制装置,由传统的轨道电路进行信号传输。

中国自古就有"千里眼"的传说,今日高铁让古人的传说成为现实。

所谓"千里眼",即高铁沿线的摄像头,几毫米见方的石子儿[6]也逃不过它的法眼。通过摄像头实时采集沿线高速列车运行的信息,一旦//出现故障或者异物侵限,高铁调度指挥中心监控终端的界面上就会出现一个红色的框将目标锁定,同时,监控系统马上报警显示。调度指挥中心会迅速把指令传递给高速列车司机。

——节选自王雄《当今"千里眼"》

语音提示:

[1]转瞬即逝 zhuǎnshùn-jíshì   [4]追踪 zhuīzōng

[2]雾霾 wùmái   [5]仍然 réngrán

[3]间隔 jiàngé   [6]石子儿 shízǐr

作品 8 号

从肇庆市驱车半小时左右,便到了东郊风景名胜鼎湖山。下了几天的小雨刚停,满山笼罩着轻纱似的[1]薄雾[2]。

过了寒翠桥,就听到淙淙[3]的泉声。进山一看,草丛石缝,到处都涌流着清亮的泉水。草丰林茂,一路上泉水时隐时现,泉声不绝于耳。有时几股泉水交错流泻[4],遮断路面,我们得寻找着垫脚的石块[5]跳跃着前进。愈往上走树愈密,绿阴愈浓。湿漉漉[6]的绿叶,犹如大海的波浪,一层一层涌向山顶。泉水隐到了浓阴的深处,而泉声却更加清纯悦耳。忽然,云中传来钟声,顿时山鸣谷应,悠悠扬扬。安详厚重的钟声和欢快活泼[7]的泉声,在雨后宁静的暮色中,汇成一片美妙的音响。

我们循着钟声,来到了半山腰的庆云寺。这是一座建于明代、规模宏大的岭南著名古刹[8]。庭院里繁花似锦,古树参天。有一株与古刹同龄的茶花,还有两株从斯里兰卡引种[9]的、有二百多年树龄的菩提树。我们决定就在这座寺院里借宿。

入夜,山中万籁俱寂[10],只有泉声一直传送到枕边。一路上听到的各种泉声,这时候躺在床上,可以用心细细地聆听[11]、辨识、品味。那像小提琴一样轻柔的,是草丛中流淌[12]的小溪的声音;那像琵琶一样清脆的,//是在石缝间跌落的涧水的声音;那像大提琴一样厚重回响的,是无数道细流汇聚于空谷的声音;那像铜管齐鸣一样雄浑磅礴的,是飞瀑急流跌入深潭的声音。还有一些泉声忽高忽低,忽急忽缓,忽清忽浊,忽扬忽抑,是泉水正在绕过树根,拍打卵石,穿越草丛,流连花间……

蒙眬中,那滋润着鼎湖山万木,孕育出蓬勃生机的清泉,仿佛汩汩地流进了我的心田。

——节选自谢大光《鼎湖山听泉》

语音提示：

[1]似的 shìde

[2]薄雾 bówù

[3]淙淙 cóngcóng

[4]流泻 liúxiè

[5]石块 shíkuàir

[6]湿漉漉 shīlùlù

[7]活泼 huópo

[8]古刹 gǔchà

[9]引种 yǐnzhòng

[10]万籁俱寂 wànlài-jùjì

[11]聆听 língtīng

[12]流淌 liútǎng

作品9号

　　我常想读书人是世间幸福人，因为他除了拥有现实的世界之外，还拥有另一个更为浩瀚[1]也更为丰富的世界。现实的世界是人人都有的，而后一个世界却为读书人所独有。由此我想，那些失去或不能阅读的人是多么的不幸，他们的丧失[2]是不可补偿的。世间有诸多的不平等，财富的不平等，权力的不平等，而阅读能力的拥有或丧失却体现为精神的不平等。

　　一个人的一生，只能经历自己拥有的那一份欣悦，那一份苦难，也许再加上他亲自闻知的那一些关于自身以外的经历和经验。然而，人们通过阅读，却能进入不同时空的诸多他人的世界。这样，具有阅读能力的人，无形间获得了超越有限生命的无限可能性。阅读不仅使他多识了草木虫鱼之名，而且可以上溯[3]远古下及未来，饱览存在的与非存在的奇风异俗。

　　更为重要的是，读书加惠于人们的不仅是知识的增广，而且还在于精神的感化与陶冶[4]。人们从读书学做人，从那些往哲先贤以及当代才俊的著述[5]中学得他们的人格。人们从《论语》[6]中学得智慧的思考，从《史记》中学得严肃的历史精神，从《正气歌》中学得人格的刚烈，从马克思学得人世//的激情，从鲁迅学得批判精神，从托尔斯泰学得道德的执着。歌德的诗句刻写着睿智的人生，拜伦的诗句呼唤着奋斗的热情。一个读书人，一个有机会拥有超乎个人生命体验的幸运人。

——节选自谢冕《读书人是幸福人》

语音提示：

[1]浩瀚 hàohàn

[2]丧失 sàngshī

[3]上溯 shàngsù

[4]陶冶 táoyě

[5]著述 zhùshù

[6]论语 Lúnyǔ

作品 10 号

我爱月夜，但我也爱星天。从前在家乡七八月的夜晚在庭院里纳凉[1]的时候，我最爱看天上密密麻麻的繁星。望着星天，我就会忘记一切，仿佛回到了母亲的怀里似的[2]。

三年前在南京我住的地方[3]有一道后门，每晚我打开后门，便看见一个静寂的夜。下面是一片菜园，上面是星群密布的蓝天。星光在我们的肉眼里虽然微小，然而它使我们觉得光明无处不在。那时候我正在读一些天文学的书，也认得一些星星，好像它们就是我的朋友，它们常常在和我谈话一样。

如今在海上，每晚和繁星相对，我把它们认得很熟了。我躺在舱面上，仰望天空。深蓝色的天空里悬着无数半明半昧[4]的星。船在动，星也在动，它们是这样低，真是摇摇欲坠呢！渐渐地我的眼睛[5]模糊[6]了，我好像看见无数萤火虫在我的周围飞舞。海上的夜是柔和的，是静寂的，是梦幻的。我望着许多认识的星，我仿佛看见它们在对我眨眼，我仿佛听见它们在小声说话。这时我忘记了一切。在星的怀抱中我微笑着，我沉睡[7]着。我觉得自己是一个小孩子，现在睡在母亲的怀里了。

有一夜，那个在哥伦波[8]上船的英国人指给我看天上的巨人。他用手指着：//那四颗明亮的星是头，下面的几颗是身子，这几颗是手，那几颗是腿和脚，还有三颗星算是腰带。经他这一番指点，我果然看清楚了那个天上的巨人。看，那个巨人还在跑呢！

——节选自巴金《繁星》

语音提示：

[1]纳凉 nàliáng
[2]似的 shìde
[3]地方 dìfang
[4]半明半昧 bànmíng-bànmèi

[5]眼睛 yǎnjing
[6]模糊 móhu
[7]沉睡 chénshuì
[8]哥伦波 Gēlúnbō

作品 11 号

钱塘江大潮，自古以来被称为天下奇观。

农历八月十八是一年一度的观潮日。这一天早上，我们来到了海宁市的盐官镇，据说这里是观潮最好的地方[1]。我们随着观潮的人群，登上了海塘大堤[2]。宽阔的钱塘江横卧在眼前。江面很平静，越往东越宽，在雨后的阳光下，笼罩着一层蒙蒙的薄雾[3]。镇海古塔、中山亭和观潮台屹立[4]在江边。远处，几座小山在云雾中若隐若现。江潮还没有来，海塘大堤上早已人山人海。大家昂首东望，等着，盼着。

午后一点左右，从远处传来隆隆的响声，好像闷雷滚动[5]。顿时人声鼎沸[6]，有人告诉我们，潮来了！我们踮[7]着脚往东望去，江面还是风平浪静，看不出有什么变化。过了一会儿[8]，响声越来越大，只见东边水天相接的地方出现了一条白线，人群又沸腾起来。

那条白线很快地向我们移来，逐渐拉长，变粗，横贯江面。再近些，只见白浪翻滚，形成一堵两丈多高的水墙。浪潮越来越近，犹如千万匹白色战马齐头并进，浩浩荡荡地飞奔而来；那声音如同山崩地裂，好像大地都被震得颤动起来。

霎时[9]，潮头奔腾西去，可是余波还在漫天卷地般涌来，江面上依旧风号浪吼[10]。过了好久，钱塘江才恢复了//平静。看看堤下，江水已经涨了两丈来高了。

——节选自赵宗成、朱明元《观潮》

语音提示：

[1]地方 dìfang

[2]大堤 dàdī

[3]薄雾 bówù

[4]屹立 yìlì

[5]闷雷滚动 mènléi gǔndòng

[6]人声鼎沸 rénshēng-dǐngfèi

[7]踮 diǎn

[8]一会儿 yí huìr

[9]霎时 shàshí

[10]风号浪吼 fēngháo-lànghǒu

作品 12 号

我和几个孩子站在一片园子里，感受秋天的风。园子里长着几棵高大的梧桐树，我们的脚底下，铺了一层厚厚的梧桐叶。叶枯黄，脚踩在上面，嘎吱[1]嘎吱脆响。风还在一个劲儿[2]地刮，吹打着树上可怜的几片叶子，那上面，就快成光秃秃的了。

我给孩子们上写作课，让孩子们描摹[3]这秋天的风。以为他们一定会说寒冷、残酷和荒凉之类的，结果却出乎我的意料。

一个孩子说，秋天的风，像把大剪刀，它剪呀剪的，就把树上的叶子全剪光了。

我赞许了这个比喻。有二月春风似剪刀之说，秋天的风，何尝不是一把剪刀呢？只不过，它剪出来的不是花红叶绿，而是败柳残荷。

剪完了，它让阳光来住，这个孩子突然接着说一句。他仰向我的小脸[4]，被风吹着，像只通红的小苹果。我怔住[5]，抬头看树，那上面，果真的，爬满阳光啊，每根枝条上都是。失与得，从来都是如此均衡，树在失去叶子的同时，却承接了满树的阳光。

一个孩子说，秋天的风，像个魔术师，它会变出好多好吃的，菱角[6]呀，花生呀，苹果呀，葡萄呀。还有桂花，可以做桂花糕。我昨天吃了桂花糕，妈妈说，是风变出来的。

　　我笑了。小可爱，经你这么一说，秋天的风，还真是香的。我和孩//子们一起嗅，似乎就闻见了风的味道，像块蒸得热气腾腾的桂花糕。

——节选自丁立梅《孩子和秋风》

语音提示：

[1]嘎吱 gāzhī　　　　　　　[4]小脸 xiǎoliǎnr

[2]一个劲儿 yígèjìnr　　　　[5]怔住 zhèngzhù

[3]描摹 miáomó　　　　　　[6]菱角 língjiao

作品 13 号

　　夕阳落山不久，西方的天空，还燃烧[1]着一片橘红色的晚霞。大海，也被这霞光染成了红色，而且比天空的景色更要壮观。因为它是活动的，每当一排排波浪涌起的时候，那映照在浪峰上的霞光，又红又亮，简直就像一片片霍霍燃烧着的火焰，闪烁[2]着，消失了。而后面的一排，又闪烁着，滚动着，涌了过来。

　　天空的霞光渐渐地淡下去了，深红的颜色变成了绯红[3]，绯红又变为浅红。最后，当这一切红光都消失了的时候，那突然显得高而远了的天空，则呈现出一片肃穆[4]的神色。最早出现的启明星，在这蓝色的天幕上闪烁起来了。它是那么大，那么亮，整个广漠的天幕上只有它在那里放射着令人注目的光辉，活像一盏悬挂在高空的明灯。

　　夜色加浓，苍空中的"明灯"越来越多了。而城市各处的真的灯火也次第亮了起来，尤其是围绕在海港周围山坡上的那一片灯光，从半空倒映[5]在乌蓝的海面上，随着波浪，晃动[6]着，闪烁着，像一串流动着的珍珠，和那一片片密布在苍穹[7]里的星斗[8]互相辉映，煞是好看。

　　在这幽美的夜色中，我踏着软绵绵的沙滩，沿着海边，慢慢地向前走去。海水，轻轻地抚摸着细软的沙滩，发出温柔的//唰唰声。晚来的海风，清新而又凉爽。我的心里，有着说不出的兴奋和愉快。

　　夜风轻飘飘地吹拂着，空气中飘荡着一种大海和田禾相混合的香味儿，柔软的沙滩上还残留着白天太阳炙晒的余温。那些在各个工作岗位上劳动了一天的人们，三三两两地来到这软绵绵的沙滩上，他们浴着凉爽的海风，望着那缀满了星星的夜空，尽情地说笑，尽情地休憩。

——节选自峻青《海滨仲夏夜》

语音提示：

[1] 燃烧 ránshāo   [5] 倒映 dàoyìng

[2] 闪烁 shǎnshuò   [6] 晃动 huàngdòng

[3] 绯红 fēihóng   [7] 苍穹 cāngqióng

[4] 肃穆 sùmù   [8] 星斗 xīngdǒu

作品 14 号

生命在海洋里诞生绝不是偶然的，海洋的物理和化学性质，使它成为孕育[1]原始生命的摇篮。

我们知道，水是生物的重要组成部分，许多动物组织的含水量在百分之八十以上，而一些海洋生物的含水量高达百分之九十五。水是新陈代谢的重要媒介，没有它，体内的一系列生理和生物化学反应就无法进行，生命也就停止。因此，在短时期内动物缺水要比缺少食物更加危险。水对今天的生命是如此重要，它对脆弱[2]的原始生命，更是举足轻重了。生命在海洋里诞生，就不会有缺水之忧。

水是一种良好的溶剂。海洋中含有许多生命所必需的无机盐，如氯化钠[3]、氯化钾、碳酸盐、磷酸盐，还有溶解氧，原始生命可以毫不费力地从中吸取它所需要的元素。

水具有很高的热容量，加之海洋浩大，任凭夏季烈日曝晒[4]，冬季寒风扫荡，它的温度变化却比较小。因此，巨大的海洋就像是天然的"温箱"，是孕育原始生命的温床。

阳光虽然为生命所必需，但是阳光中的紫外线却有扼杀[5]原始生命的危险。水能有效地吸收紫外线，因而又为原始生命提供了天然的"屏障"[6]。

这一切都是原始生命得以产生和发展的必要条件。//

——节选自童裳亮《海洋与生命》

语音提示：

[1] 孕育 yùnyù   [4] 曝晒 pùshài

[2] 脆弱 cuìruò   [5] 扼杀 èshā

[3] 氯化钠 lǜhuànà   [6] 屏障 píngzhàng

作品 15 号

在我国历史地理中，有三大都城[1]密集区，它们是：关中盆地、洛阳盆地、北京小平原。其中每一个地区都曾诞生[2]过四个以上大型王朝的都城。而关中盆地、洛阳盆地是前朝历史的两个都城密集区,正是它们构成了早期文明核心地带中最重要的内容。

为什么这个地带会成为华夏文明最先进的地区?这主要是由两个方面的条件促成的,一个是自然环境方面的,一个是人文环境方面的。

在自然环境方面,这里是我国温带季风气候带的南部,降雨、气温、土壤等条件都可以满足旱作农业的需求。中国北方的古代农作物,主要是一年生的粟[3]和黍[4]。黄河中下游的自然环境为粟黍作物的种植和高产提供了得天独厚的条件。农业生产的发达,会促进整个社会经济的发展,从而推动社会的进步。

在人文环境方面,这里是南北方、东西方大交流的轴心[5]地区。在最早的六大新石器文化分布形势图中可以看到,中原处于这些文化分布的中央地带。无论是考古发现还是历史传说,都有南北文化长距离交流、东西文化相互碰撞的证据[6]。中原地区在空间上恰恰位居中心,成为信息最发达、眼界最宽广、活动最//繁忙、竞争最激烈的地方。正是这些活动,推动了各项人文事务的发展,文明的方方面面就是在处理各类事务的过程中被开创出来的。

——节选自唐晓峰《华夏文明的发展与融合》

语音提示:

[1]都城 dūchéng   [4]黍 shǔ

[2]诞生 dànshēng   [5]轴心 zhóuxīn

[3]粟 sù   [6]证据 zhèngjù

作品 16 号

于很多中国人而言,火车就是故乡。在中国人的心中,故乡的地位尤为重要,老家的意义非同寻常,所以,即便是坐过无数次火车,但印象最深刻的,或许还是返乡那一趟车。那一列列返乡的火车所停靠的站台边,熙攘[1]的人流中,匆忙的脚步里,张望的目光下,涌动着的都是思乡的情绪。每一次看见返乡那趟火车,总觉得是那样可爱与亲切,仿佛[2]看见了千里之外的故乡。上火车后,车启动的一刹那[3],在车轮与铁轨碰撞[4]的"况且"声中,思乡的情绪便陡然[5]在车厢里弥漫[6]开来。你知道,它将驶向的,是你最熟悉也最温暖的故乡。再过几个或者十几个小时,你就会回到故乡的怀抱。这般感受,相信在很多人的身上都曾发生过。尤其在春节、中秋等传统节日到来之际,亲人团聚的时刻,更为强烈。

火车是故乡,火车也是远方。速度的提升,铁路的延伸,让人们通过火车实现了向远方自由流动的梦想。今天的中国老百姓,坐着火车,可以去往九百六十多万平方公里土地上的天南地北,来到祖国东部的平原,到达祖国南方的海边,走进祖国西部的沙漠,踏上祖国北方的草原,去观三山五岳,去看大江大河……

火车与空//间有着密切的联系,与时间的关系也让人觉得颇有意思。那长长的车厢,仿佛一头连着中国的过去,一头连着中国的未来。

——节选自舒翼《记忆像铁轨一样长》

语音提示:

[1] 熙攘 xīrǎng

[2] 仿佛 fǎngfú

[3] 一刹那 yíchànà

[4] 碰撞 pèngzhuàng

[5] 陡然 dǒurán

[6] 弥漫 mímàn

作品 17 号

奶奶给我讲过这样一件事:有一次她去商店,走在她前面的一位阿姨推开沉重[1]的大门,一直等到她跟上来才松开手。当奶奶向她道谢的时候,那位阿姨轻轻地说:"我的妈妈和您的年龄差不多,我希望她遇到这种时候,也有人为她开门。"听了这件事,我的心温暖[2]了许久。

一天,我陪患病[3]的母亲去医院输液,年轻的护士为母亲扎了两针也没有扎进血管[4]里,眼见针眼[5]处鼓起青包。我正要抱怨几句,一抬头看见了母亲平静的眼神——她正在注视着护士额头上密密的汗珠,我不禁[6]收住了涌到嘴边的话。只见母亲轻轻地对护士:"不要紧,再来一次!"第三针果然成功了。那位护士终于长出了一口气,她连声说:"阿姨,真对不起。我是来实习的,这是我第一次给病人扎针[7],太紧张了。要不是您的鼓励,我真不敢给您扎了。"母亲用另一只手拉着我,平静地对护士说:"这是我的女儿,和你差不多大小,正在医科大学读书,她也将面对自己的第一个患者。我真希望她第一次扎针的时候,也能得到患者的宽容[8]和鼓励。"听了母亲的话,我的心里充满了温暖与幸福。

是啊,如果我们在生活中能将心比心,就会对老人生出一份//尊重,对孩子增加一份关爱,就会使人与人之间多一些宽容和理解。

——节选自姜桂华《将心比心》

语音提示:

[1] 沉重 chénzhòng

[2] 温暖 wēnnuǎn

[3] 患病 huànbìng

[4] 血管 xuèguǎn

[5] 针眼 zhēnyǎnr

[6] 不禁 bùjīn

[7] 扎针 zhā zhēn

[8] 宽容 kuānróng

作品 18 号

晋祠之美，在山，在树，在水。

这里的山，巍巍的，有如一道屏障；长长的，又如伸开的两臂，将晋祠拥在怀中。春日黄花满山，径幽香远；秋来草木萧疏，天高水清。无论什么时候拾级[1]登山都会心旷神怡。

这里的树，以古老苍劲[2]见长。有两棵老树：一棵是周柏[3]，另一棵是唐槐。那周柏，树干劲直[4]，树皮皱裂[5]，顶上挑着几根青青的疏枝，偃卧[6]于石阶旁。那唐槐，老干粗大，虬枝盘屈[7]，一簇簇柔条，绿叶如盖。还有水边殿外的松柏槐柳，无不显出苍劲的风骨。以造型奇特见长的，有的偃如老妪负水[8]，有的挺如壮士托天，不一而足。圣母殿前的左扭柏，拔地而起，直冲云霄，它的树皮上的纹理一齐向左边拧去，一圈一圈，丝纹不乱，像地下旋起了一股烟，又似天上垂下了一根绳。晋祠在古木的荫护[9]下，显得分外[10]幽静、典雅。

这里的水，多、清、静、柔。在园里信步，但见这里一泓深潭[11]，那里一条小渠。桥下有河，亭中有井，路边有溪。石间细流脉脉[12]，如线如缕；林中碧波闪闪，如锦如缎。这些水都来自"难老泉"。泉上有亭，亭上悬挂着清代著名学者傅山写的"难老泉"三个字。这么多的水长流不息，日日夜夜发出叮叮咚咚的响声。水的清澈真令人叫绝，无论//多深的水，只要光线好，游鱼碎石，历历可见。水的流势都不大，清清的微波，将长长的草蔓拉成一缕缕的丝，铺在河底，挂在岸边，合着那些金鱼、青苔以及石栏的倒影，织成一条条大飘带，穿亭绕榭，冉冉不绝。当年李白来到这里，曾赞叹说："晋祠流水如碧玉。"当你沿着流水去观赏那亭台楼阁时，也许会这样问：这几百间建筑怕都是在水上漂着的吧！

——节选自梁衡《晋祠》

语音提示：

[1]拾级 shèjí
[2]苍劲 cāngjìng
[3]周柏 zhōubǎi
[4]劲直 jìngzhí
[5]皱裂 zhòuliè
[6]偃卧 yǎnwò

[7]虬枝盘曲 qiúzhī pánqū
[8]老妪负水 lǎoyù fù shuǐ
[9]荫护 yìnhù
[10]分外 fènwài
[11]一泓深潭 yì hóng shēntán
[12]细流脉脉 xìliú mòmò

作品 19 号

人们常常把人与自然对立起来，宣称[1]要征服自然。殊不知[2]在大自然面前，人类永远只是一个天真幼稚的孩童,只是大自然机体上普通的一部分,正像一株小草只是她的普通一部分一样。如果说自然的智慧是大海,那么,人类的智慧就只是大海中的一个小水滴,虽然这个水滴也能映照大海,但毕竟不是大海,可是,人们竟然不自量力[3]地宣称要用这滴水来代替大海。

看着人类这种狂妄[4]的表现,大自然一定会窃笑[5]——就像母亲面对无知的孩子那样的笑。人类的作品飞上了太空,打开了一个个微观世界,于是人类沾沾自喜[6],以为揭开了大自然的秘密。可是,在自然看来,人类上下翻飞的这片巨大空间,不过是咫尺[7]之间而已,就如同鲲鹏[8]看待斥鷃[9]一般,只是蓬蒿[10]之间罢了。即使从人类自身智慧发展史的角度看,人类也没有理由过分自傲:人类的知识与其祖先相比诚然有了极大的进步,似乎有嘲笑古人的资本;可是,殊不知对于后人而言我们也是古人,一万年以后的人们也同样会嘲笑今天的我们,也许在他们看来,我们的科学观念还幼稚得很,我们的航天器在他们眼中不过是个非常简单的//儿童玩具。

——节选自严春友《敬畏自然》

语音提示:

[1]宣称 xuānchēng   [6]沾沾自喜 zhānzhān-zìxǐ

[2]殊不知 shūbùzhī   [7]咫尺 zhǐchǐ

[3]不自量力 *búzìliànglì*   [8]鲲鹏 kūnpéng

[4]狂妄 kuángwàng   [9]斥鷃 chìyàn

[5]窃笑 qièxiào   [10]蓬蒿 pénghāo

作品 20 号

舞台上的幕布拉开了,音乐奏起来了。演员们踩着音乐的拍子,以庄重而有节奏的步法走到灯光前面来了。灯光射在他们五颜六色的服装和头饰上,一片金碧辉煌的彩霞。

当女主角[1]穆桂英以轻盈[2]而矫健的步子出场的时候,这个平静的海面陡然[3]动荡起来了,它上面卷起了一阵暴风雨:观众像触了电似[4]的迅即[5]对这位女英雄报以雷鸣般的掌声。她开始唱了。她圆润的歌喉在夜空中颤动[6],听起来辽远而又切近,柔和而又铿锵[7]。戏词像珠子似的从她的一笑一颦[8]中,从她优雅的"水袖"中,从她婀娜[9]的身段中,一粒一粒地滚下来,滴在地上,溅到空中,落进每一个人的心里,引起一片深远的回音。这回音听不见,却淹没了刚才涌起的那一阵热烈的掌声。

观众像着了魔一样,忽然变得鸦雀无声。他们看得入了神。他们的感情和舞台上女主角的感情融在了一起。女主角的歌舞渐渐进入高潮。观众的情感也渐渐进入高潮。潮在涨[10]。没有谁能控制住它。这个一度平静下来的人海忽然又动荡起来了。戏就在这时候要到达顶点。我们的女主角在这时候就像一朵盛开的鲜花,观众想把这朵鲜花捧在手里,不让//它消逝。他们不约而同地从座位上立起来,像潮水一样,涌到我们这位艺术家面前。舞台已经失去了界限,整个的剧场成了一个庞大的舞台。

我们这位艺术家是谁呢?他就是梅兰芳同志。半个世纪的舞台生涯过去了,六十六岁的高龄,仍然能创造出这样富有朝气的美丽形象,表现出这样充沛的青春活力,这不能不说是奇迹。这奇迹的产生是必然的,因为我们拥有这样热情的观众和这样热情的艺术家。

——节选自叶君健《看戏》

语音提示:

[1]女主角 nǚzhǔjué

[2]轻盈 qīngyíng

[3]陡然 dǒurán

[4]似的 shìde

[5]迅即 xùnjí

[6]颤动 chàndòng

[7]铿锵 kēngqiāng

[8]一笑一颦 yí xiào yì pín

[9]婀娜 ēnuó

[10]涨 zhǎng

作品 21 号

十年,在历史上不过是一瞬间[1]。只要稍加注意,人们就会发现:在这一瞬间里,各种事物都悄悄经历了自己的千变万化。

这次重新访日,我处处感到亲切和熟悉,也在许多方面发觉了日本的变化。就拿奈良[2]的一个角落来说吧,我重游了为[3]之感受很深的唐招提寺,在寺内各处匆匆走了一遍,庭院依旧,但意想不到还看到了一些新的东西[4]。其中之一,就是近几年从中国移植来的"友谊[5]之莲"。

在存放鉴真[6]遗像的那个院子里,几株中国莲昂然[7]挺立,翠绿的宽大荷叶正迎风而舞,显得十分愉快。开花的季节已过,荷花朵朵已变为莲蓬累累[8]。莲子[9]的颜色正在由青转紫,看来已经成熟了。

我禁不住想:"因"已转化为"果"。

中国的莲花开在日本,日本的樱花开在中国,这不是偶然。我希望这样一种盛况延续不衰。

在这些日子里,我看到了不少多年不见的老朋友,又结识了一些新朋友。大家喜欢涉及的话题之一,就是古长安和古奈良。那还用得着问吗,朋友们缅怀[10]过去,正是瞩望[11]未来。瞩目于未来的人们必将获得未来。

我不例外,也希望一个美好的未来。

为了中日人民之间的友谊,我将不会浪费今后生命的每一瞬间。//

——节选自严文井《莲花和樱花》

语音提示:

[1]瞬间 shùnjiān

[2]奈良 Nàiliáng

[3]为 wèi

[4]东西 dōngxi

[5]友谊 yǒuyì

[6]鉴真 Jiànzhēn

[7]莲蓬累累 liánpeng léiléi

[8]莲子 liánzǐ

[9]昂然 ángrán

[10]缅怀 miǎnhuái

[11]瞩望 zhǔwàng

作品 22 号

我打猎归来,沿着花园的林阴路走着。狗跑在我前边。

突然,狗放慢脚步,蹑足潜行[1],好像嗅到了前边有什么野物。

我顺着林阴路望去,看见了一只嘴边还带黄色、头上生着柔毛的小麻雀。风猛烈地吹打着林阴路上的白桦树[2],麻雀从巢里跌落[3]下来,呆呆地伏在地上,孤立无援地张开两只羽毛还未丰满的小翅膀[4]。

我的狗慢慢向它靠近。忽然,从附近一棵树上飞下一只黑胸脯[5]的老麻雀,像一颗石子似的落到狗的跟前。老麻雀全身倒竖[6]着羽毛,惊恐万状,发出绝望、凄惨的叫声,接着向露出[7]牙齿、大张着的狗嘴扑去。

老麻雀是猛扑下来救护幼雀的。它用身体掩护着自己的幼儿……但它整个小小的身体因恐怖而战栗[8]着,它小小的声音也变得粗暴嘶哑[9],它在牺牲自己!

在它看来,狗该是多么庞大的怪物[10]啊!然而,它还是不能站在自己高高的、安全的树枝上……一种比它的理智更强烈的力量,使它从那儿扑下身来。

我的狗站住了,向后退了退……看来,它也感到了这种力量。

我赶紧唤住惊慌失措[11]的狗,然后我怀着崇敬[12]的心情,走开了。

是啊,请不要见笑。我崇敬那只小小的、英勇的鸟儿[13],我崇敬它那种爱的冲动和力量。

爱,我//想,比死和死的恐惧更强大。只有依靠它,依靠这种爱,生命才能维持下去,发展下去。

——节选自[俄]屠格涅夫《麻雀》,巴金译

语音提示：

[1]蹑足潜行 nièzú-qiánxíng

[2]白桦树 báihuàshù

[3]跌落 diēluò

[4]翅膀 chìbǎng

[5]胸脯 xiōngpú

[6]倒竖 dàoshù

[7]露出 lòuchū

[8]战栗 zhànlì

[9]嘶哑 sīyǎ

[10]怪物 guàiwu

[11]惊慌失措 jīnghuāng-shīcuò

[12]崇敬 chóngjìng

[13]鸟儿 niǎo'ér

作品 23 号

在浩瀚无垠[1]的沙漠里，有一片美丽的绿洲，绿洲里藏着一颗闪光的珍珠。这颗珍珠就是敦煌莫高窟。它坐落在我国甘肃省敦煌市三危山和鸣沙山的怀抱中。

鸣沙山东麓[2]是平均高度为十七米的崖壁。在一千六百多米长的崖壁上，凿[3]有大小洞窟七百余个，形成了规模宏伟的石窟群。其中四百九十二个洞窟中，共有彩色塑像两千一百余尊，各种壁画共四万五千多平方米。莫高窟是我国古代无数艺术匠师留给人类的珍贵文化遗产。

莫高窟的彩塑，每一尊都是一件精美的艺术品。最大的有九层楼那么高，最小的还不如一个手掌大。这些彩塑个性鲜明，神态各异。有慈眉善目的菩萨，有威风凛凛[4]的天王，还有强壮勇猛的力士……

莫高窟壁画的内容丰富多彩，有的是描绘古代劳动人民打猎、捕鱼、耕田、收割的情景，有的是描绘人们奏乐、舞蹈、演杂技的场面，还有的是描绘大自然的美丽风光。其中最引人注目的是飞天。壁画上的飞天，有的臂挎[5]花篮，采摘鲜花；有的反弹琵琶[6]，轻拨银弦[7]；有的倒悬身子[8]，自天而降；有的彩带飘拂[9]，漫天遨游；有的舒展着双臂，翩翩起舞[10]。看着这些精美动人的壁画，就像走进了//灿烂辉煌的艺术殿堂。

莫高窟里还有一个面积不大的洞窟——藏经洞。洞里曾藏有我国古代的各种经卷、文书、帛画、刺绣、铜像等共六万多件。由于清朝政府腐败无能，大量珍贵的文物被外国强盗掠走。仅存的部分经卷，现在陈列于北京故宫等处。

莫高窟是举世闻名的艺术宝库。这里的每一尊彩塑、每一幅壁画、每一件文物，都是中国古代人民智慧的结晶。

——节选自苏教版小学《语文》第九册中《莫高窟》

语音提示：

[1]浩瀚无垠 hàohàn wúyín

[2]东麓 dōnglù

[3]凿 záo

[4]威风凛凛 wēifēng-lǐnlǐn

[5]挎 kuà

[6]琵琶 pí·pá

[7]轻拨银弦 qīng bō yínxián

[8]倒悬身子 dào xuán shēnzi

[9]飘拂 piāofú

[10]翩翩起舞 piānpiān-qǐwǔ

作品 24 号

　　森林涵养[1]水源，保持水土，防止水旱灾害的作用非常大。据专家测算[2]，一片十万亩面积的森林，相当于一个两百万立方米的水库，这正如农谚[3]所说的："山上多栽树，等于修水库。雨多它能吞，雨少它能吐。"

　　说起森林的功劳，那还多得很。它除了为人类提供木材及许多种生产、生活的原料之外，在维护生态环境方面也是功劳卓著，它用另一种"能吞能吐"[4]死的特殊功能孕育了人类。因为地球在形成之初，大气中的二氧化碳含量很高，氧气很少，气温也高，生物是难以生存的。大约在四亿年之前，陆地才产生了森林。森林慢慢将大气中的二氧化碳吸收，同时吐出新鲜氧气，调节气温，这才具备了人类生存的条件，地球上才最终有了人类。

　　森林，是地球生态系统的主体，是大自然的总调度室[5]，是地球的绿色之肺。森林维护地球生态环境的这种"能吞能吐"的特殊功能是其他任何物体都不能取代的。然而，由于地球上的燃烧物增多，二氧化碳的排放量急剧[6]增加，使得地球生态环境急剧恶化，主要表现为全球气候变暖，水分蒸发加快，改变了气流的循环，使气候变化加剧，从而引发热浪、飓风[7]、暴雨、洪涝[8]及干旱。

　　为了//使地球的这个"能吞能吐"的绿色之肺恢复健壮，以改善生态环境，抑制全球变暖，减少水旱等自然灾害，我们应该大力造林、护林，使每一座荒山都绿起来。

　　　　　　　　　　　　　　　　——节选自《"能吞能吐"的森林》

语音提示：

[1]涵养 hányǎng

[2]测算 cèsuàn

[3]农谚 nóngyàn

[4]能吞能吐 néngtūn-néngtǔ

[5]调度室 diàodùshì

[6]急剧 jíjù

[7]飓风 jùfēng

[8]洪涝 hónglào

作品 25 号

中国没有人不爱荷花的。可我们楼前池塘中独独缺少荷花。每次看到或想到，总觉得是一块心病。有人从湖北来，带来了洪湖的几颗莲子[1]，外壳呈黑色，极硬。据说，如果埋在淤泥[2]中，能够千年不烂。我用铁锤在莲子上砸开了一条缝[3]，让莲芽能够破壳而出，不至永远埋在泥中。把五六颗敲破的莲子投入池塘中，下面就是听天由命了。

这样一来，我每天就多了一件工作：到池塘边上去看上几次。心里总是希望，忽然有一天，"小荷才露尖尖角"，有翠绿的莲叶长出水面。可是，事与愿违[4]，投下去的第一年，一直到秋凉落叶，水面上也没有出现什么东西[5]。但是到了第三年，却忽然出了奇迹[6]。有一天，我忽然发现，在我投莲子的地方[7]长出了几个圆圆的绿叶，虽然颜色极惹人喜爱，但是却细弱单薄[8]，可怜分分地平卧在水面上，像水浮莲的叶子一样。

真正的奇迹出现在第四年上。到了一般荷花长叶的时候，在去年飘浮[9]着五六个叶片的地方，一夜之间，突然长出了一大片绿叶，叶片扩张的速度，范围的扩大，都是惊人地快。几天之内，池塘内不小一部分[10]，已经全为绿叶所覆盖。而且原来平卧在水面上的像是水浮莲一样的//叶片，不知道是从哪里聚集来了力量，有一些竟然跃出了水面，长成了亭亭的荷叶。这样一来，我心中的疑云一扫而光：池塘中生长的真正是洪湖莲花的子孙了。我心中狂喜，这几年总算是没有白等。

——节选自季羡林《清塘荷韵》

语音提示：

[1]莲子 liánzǐ

[2]淤泥 yūní

[3]缝 fèngr

[4]事与愿违 shìyǔyuànwéi

[5]东西 dōngxi

[6]奇迹 qíjì

[7]地方 dìfang

[8]单薄 dānbó

[9]飘浮 piāofú

[10]部分 bùfen

作品 26 号

在原始社会里，文字还没有创造出来，却先有了歌谣[1]一类的东西。这也就是文艺。

文字创造出来以后，人就用它把所见所闻所想所感的一切记录下来。一首歌谣，不但口头唱，还要刻呀，漆呀，把它保留在什么东西上。这样，文艺和文字就并了家。

后来纸和笔普遍地使用了，而且发明了印刷术[2]。凡是需要记录下来的东西，要多少份就可以有多少份。于是所谓文艺,从外表说,就是一篇稿子,一部书,就是许多文字的集合体[3]。

文字是一道桥梁[4],通过了这一道桥梁,读者才和作者会面。不但会面,并且了解作者的心情,和作者的心情相契合[5]。

就作者的方面说,文艺的创作决不是随便取许多文字来集合在一起。作者着手[6]创作,必然对于人生先有所见,先有所感。他把这些所见所感写出来,不作抽象的分析,而作具体的描写,不作刻板的记载[7],而作想象的安排。他准备写的不是普通的论说文、记叙文;他准备写的是文艺。他动手写,不但选择那些最适当[8]的文字,让它们集合起来,还要审查那些写下来的文字,看有没有应当修改或是增减[9]的。总之,作者想做到的是:写下来的文字正好传达出他的所见所感。

就读者的//方面说,读者看到的是写在纸面或者印在纸面的文字,但是看到文字并不是他们的目的。他们要通过文字去接触作者的所见所感。

——节选自叶圣陶《驱遣我们的想象》

语音提示:

[1]歌谣 gēyáo
[2]印刷术 yìnshuāshù
[3]集合体 jíhétǐ
[4]桥梁 qiáoliáng
[5]契合 qìhé
[6]着手 zhuóshǒu
[7]记载 jìzǎi
[8]适当 shìdàng
[9]增减 zēngjiǎn

作品 27 号

语言,也就是说话,好像是极其稀松平常[1]的事儿。可是仔细想想,实在是一件了不起的大事。正是因为[2]说话跟吃饭、走路一样的平常,人们才不去想它究竟是怎么回事儿。其实这三件事儿都是极不平常的,都是使人类不同于别的动物的特征[3]。

记得在小学里读书的时候,班上有一位"能文"的大师兄,在一篇作文的开头写下这么两句:"鹦鹉[4]能言,不离于禽[5];猩猩[6]能言,不离于兽[7]。"我们看了都非常佩服[8]。后来知道这两句是有来历的,只是字句有些出入。又过了若干年,才知道这两句话都有问题。鹦鹉能学人说话,可只是作为现成的公式来说,不会加以变化。只有人们说话是从具体情况出发,情况一变,话也跟着变。

西方学者拿黑猩猩做实验,它们能学会极其有限的一点儿符号[9]语言,可是学不会把它变成有声语言。人类语言之所以能够"随机应变[10]",在于一方面能把语音分析成若干音素,又把这些音素组合成音节,再把音节连缀[11]起来。另一方面,又能分析外界事物及其变化,形成无数的"意念",一一配以语音,然后综合运用,表达各种复杂的意思[12]。一句话，人类语言的特点就在于能用变化无穷的语音，表达变化无穷的//意义。这是任何其他动物办不到的。

——节选自吕叔湘《人类的语言》

语音提示：

[1]稀松平常 xīsōng píngcháng

[2]因为 yīn·wèi

[3]特征 tèzhēng

[4]鹦鹉 yīngwǔ

[5]不离于禽 bù lí yú qín

[6]猩猩 xīngxing

[7]不离于兽 bù lí yú shòu

[8]佩服 pèi·fú

[9]符号 fúhào

[10]随机应变 suíjī-yìngbiàn

[11]连缀 liánzhuì

[12]意思 yìsi

作品 28 号

父亲喜欢下象棋。那一年，我大学回家度假，父亲教我下棋。

我们俩摆好棋，父亲让我先走三步，可不到三分钟，三下五除二，我的兵将损失大半，棋盘上空荡荡的，只剩下老帅、士和一车两卒[1]在孤军奋战。我还不肯罢休，可是已无力回天，眼睁睁看着父亲"将军"，我输了。

我不服气，摆棋再下。几次交锋，基本上都是不到十分钟我就败下阵来。我不禁[2]有些泄气。父亲对我说："你初学下棋，输是正常[3]的。但是你要知道[4]输在什么地方[5]；否则，你就是再下上十年，也还是输。"

"我知道，输在棋艺上。我技术上不如你，没经验。"

"这只是次要因素，不是最重要的。"

"那最重要的是什么？"我奇怪地问。

"最重要的是你的心态不对。你不珍惜你的棋子[6]。"

"怎么不珍惜呀？我每走一步，都想半天。"我不服气地说。

"那是后来，开始你是这样吗？我给你计算过，你三分之二的棋子是在前三分之一的时间内丢失的。这期间你走棋不假思索，拿起来就走，失了也不觉得可惜。因为[7]你觉得棋子很多，失一两个不算什么。"

我看看父亲，不好意思[8]地低下头。"后三分之二的时间，你又犯了相反的错误[9]：对棋子过于珍惜，每走一步，都思前想后，患得患失，一个棋也不想失，//结果一个一个都失去了。"

——节选自林夕《人生如下棋》

语音提示：

[1]一车两卒 yì jū liǎng zú

[2]不禁 bùjīn

[3]正常 zhèngcháng

[4]知道 zhī·dào

[5]地方 dìfang

[6]棋子 qízǐ

[7]因为 yīn·wèi

[8]不好意思 bù hǎoyìsi

[9]错误 cuò·wù

作品 29 号

仲夏，朋友相邀游十渡。在城里住久了，一旦进入山水之间，竟有一种生命复苏的快感。

下车后，我们舍弃了大路，挑选了一条半隐半现在庄稼地[1]里的小径，弯弯绕绕地来到了十渡渡口。夕阳下的拒马河慷慨地撒出一片散金碎玉[2]，对我们表示欢迎。

岸边山崖上刀斧痕犹存的崎岖[3]小道，高低凸凹[4]，虽没有"难于上青天"的险恶，却也有踏空了滚到拒马河洗澡的风险。狭窄处只能手扶岩石贴壁而行。当"东坡草堂"几个红漆大字赫然[5]出现在前方岩壁时，一座镶嵌[6]在岩崖间的石砌茅草屋同时跃进眼底。草屋被几级石梯托得高高的，屋下俯瞰[7]着一湾河水，屋前顺山势辟出[8]了一片空地，算是院落吧！右侧有一小小的蘑菇形[9]的凉亭，内设石桌石凳，亭顶褐黄色的茅草像流苏般向下垂泻，把现实和童话串成了一体。草屋的构思者最精彩的一笔，是设在院落边沿的柴门和篱笆[10]，走近这儿，便有了"花径不曾缘客扫，蓬门今始为君开"的意思。

当我们重登凉亭时，远处的蝙蝠山[11]已在夜色下化为剪影，好像就要展翅扑来。拒马河趁人们看不清它的容貌时豁开[12]了嗓门儿[13]韵味十足地唱呢！偶有不安分的小鱼儿和青蛙蹦跳//成声，像是为了强化这夜曲的节奏。此时，只觉世间唯有水声和我，就连偶尔从远处赶来歇脚的晚风，也悄无声息。

当我渐渐被夜的凝重与深邃所融蚀，一缕新的思绪涌动时，对岸沙滩上燃起了篝火，那鲜亮的火光，使夜色有了躁动感。篝火四周，人影绰约，如歌似舞。朋友说，那是北京的大学生们，结伴来这儿度周末的。遥望那明灭无定的火光，想象着篝火映照的青春年华，也是一种意想不到的乐趣。

——节选自刘延《十渡游趣》

语音提示：

[1]庄稼地 zhuāngjiadì

[2]散金碎玉 sǎnjīn-suìyù

[3]崎岖 qíqū

[4]凸凹 tū'āo

[5]赫然 hèrán

[6]镶嵌 xiāngqiàn

[7]俯瞰 fǔkàn

[8]辟出 pìchū

[9]蘑菇形 móguxíng

[10]篱笆 líba

[11]蝙蝠山 Biānfú Shān

[12]豁开 huōkāi

[13]嗓门儿 sǎngménr

作品 30 号

在闽西南和粤东北[1]的崇山峻岭[2]中,点缀[3]着数以千计的圆形围屋或土楼,这就是被誉为"世界民居奇葩[4]"的客家民居。

客家人是古代从中原繁盛的地区迁到南方的。他们的居住地大多在偏僻[5]、边远的山区,为了防备盗匪的骚扰[6]和当地人的排挤,便建造了营垒式住宅,在土中掺[7]石灰,用糯米饭、鸡蛋清作黏合剂[8],以竹片、木条作筋骨,夯筑[9]起墙厚一米,高十五米以上的土楼。它们大多为三至六层楼,一百至二百多间房屋如橘瓣状排列,布局均匀,宏伟壮观。大部分土楼有两三百年甚至五六百年的历史,经受无数次地震撼动、风雨侵蚀[10]以及炮火攻击而安然无恙[11],显示了传统建筑文化的魅力。

客家先民崇尚圆形,认为圆是吉祥、幸福和安宁的象征。土楼围成圆形的房屋均按八卦布局排列,卦与卦之间设有防火墙,整齐划一。

客家人在治家、处事[12]、待人、立身等方面,无不体现出明显的文化特征。比如,许多房屋大门上刻着这样的正楷对联:"承前祖德勤和俭,启后子孙读与耕",表现了先辈希望子孙和睦相处[13]、勤俭持家的愿望。楼内房间大小一模一样[14],他们不分贫富、贵贱,每户人家平等地分到底层至高层各//一间房。各层房屋的用途惊人地统一,底层是厨房兼饭堂,二层当贮仓[15],三层以上作卧室,两三百人聚居一楼,秩序井然,毫不混乱。土楼内所保留的民俗文化,让人感受到中华传统文化的深厚久远。

——节选自张宇生《世界民居奇葩》

语音提示:

[1]粤东北 Yuèdōngběi

[2]崇山峻岭 chóngshān-jùnlǐng

[3]点缀 diǎnzhuì

[4]奇葩 qípā

[5]偏僻 piānpì

[6]骚扰 sāorǎo

[7]掺 chān

[8]黏合剂 niánhéjì

[9]夯筑 hāngzhù

[10]侵蚀 qīnshí

[11]安然无恙 ānrán-wúyàng

[12]处事 chǔshì

[13]和睦相处 hémù xiāngchǔ

[14]一模一样 yì mú-yí yàng

[15]贮仓 zhùcāng

作品 31 号

我国的建筑,从古代的宫殿到近代的一般住房,绝大部分是对称[1]的,左边怎么样,右边也怎么样。苏州园林可绝不讲究对称,好像故意避免似的[2]。东边有了一个亭子或者一道回廊,西边决不会来一个同样的亭子或者一道同样的回廊。这是为什么?我想,用图画来比方[3],对称的建筑是图案画,不是美术画,而园林是美术画,美术画要求自然之趣,是不讲究对称的。

苏州园林里都有假山和池沼[4]。

假山的堆叠,可以说是一项艺术而不仅是技术。或者是重峦叠嶂[5],或者是几座小山配合着竹子花木,全在乎设计者和匠师们生平多阅历,胸中有丘壑[6],才能使游览者攀登的时候忘却苏州城市,只觉得身在山间。

至于池沼,大多引用活水。有些园林池沼宽敞,就把池沼作为全园的中心,其他景物配合着布置。水面假如成河道模样[7],往往安排桥梁。假如安排两座以上的桥梁,那就一座一个样,决不雷同。

池沼或河道的边沿很少砌[8]齐整的石岸,总是高低屈曲任其自然。还在那儿布置几块玲珑的石头[9],或者种些花草。这也是为了取得从各个角度看都成一幅画[10]的效果。池沼里养着金鱼或各色鲤鱼,夏秋季节荷花或睡莲开//放,游览者看“鱼戏莲叶间”,又是入画的一景。

——节选自叶圣陶《苏州园林》

语音提示:

[1]对称 duìchèn   [6]丘壑 qiūhè

[2]似的 shìde   [7]模样 múyàng

[3]比方 bǐfang   [8]砌 qì

[4]池沼 chízhǎo   [9]石头 shítou

[5]重峦叠嶂 chóngluán-diézhàng   [10]一幅画 yì fú huà

作品 32 号

泰山极顶看日出,历来被描绘成十分壮观的奇景。有人说:登泰山而看不到日出,就像一出大戏没有戏眼,味儿[1]终究有点[2]寡淡。

我去爬山那天,正赶上个难得的好天,万里长空,云彩丝儿[3]都不见。素常烟雾腾腾的山头,显得眉目分明。同伴们都欣喜地说:“明天早晨准可以看见日出了。”我也是抱着这种想头[4],爬上山去。

一路从山脚往上爬,细看山景,我觉得挂在眼前的不是五岳独尊的泰山,却像一幅[5]规模惊人的青绿山水画,从下面倒展开来。在画卷中最先露出[6]的是山根[7]底那座明朝建筑岱宗坊[8],慢慢地便现出王母池、斗母宫[9]、经石峪[10]。山是一层比一层深,一叠比一叠奇,层层叠叠,不知还会有多深多奇。万山丛中,时而点染着极其工细的人物。王母池旁的吕祖殿[11]里有不少尊明塑,塑着吕洞宾等一些人,姿态神情是那样有生气,你看了,不禁[12]会脱口赞叹说:"活啦。"

画卷继续展开,绿阴森森[13]的柏洞[14]露面[15]不太久,便来到对松山。两面奇峰对峙[16]着,满山峰都是奇形怪状的老松,年纪怕都有上千岁了,颜色竟那么浓,浓得好像要流下来似的。来到这儿,你不妨权当[17]一次画里的写意人物,坐在路旁的对松亭里,看看山色,听听流//水和松涛。

一时间,我又觉得自己不仅是在看画卷,却又像是在零零乱乱翻着一卷历史稿本。

——节选自杨朔《泰山极顶》

语音提示:

[1]味儿 wèir

[2]有点 yǒudiǎnr

[3]云彩丝儿 yúncaisīr

[4]想头 xiǎngtou

[5]一幅 yì fú

[6]露出 lòuchū

[7]山根 shāngēnr

[8]岱宗坊 Dàizōngfāng

[9]斗母宫 Dǒumǔgōng

[10]经石峪 Jīngshíyù

[11]吕祖殿 Lǚzǔdiàn

[12]不禁 bùjīn

[13]绿阴森森 lùyīn sēnsēn

[14]柏洞 Bǎidòng

[15]露面 lòumiàn

[16]对峙 duìzhì

[17]权当 quán dàng

作品 33 号

在太空的黑幕上,地球就像站在宇宙舞台中央那位最美的大明星,浑身散发出夺人心魄的彩色的、明亮的光芒,她披着浅蓝色的纱裙和白色的飘带,如同天上的仙女缓缓飞行。

地理知识告诉我,地球上大部分地区覆盖着海洋,我果然看到了大片蔚蓝色的海水,浩瀚[1]的海洋骄傲地披露[2]着广阔壮观的全貌,我还看到了黄绿相间[3]的陆地,连绵的山脉纵横其间[4];我看到我们平时所说的天空,大气层中飘浮着片片雪白的云彩[5],那么轻柔,那么曼妙,在阳光普照下,仿佛贴在地面上一样。海洋、陆地、白云,它们呈现在飞船下面,缓缓驶来,又缓缓离去。

我知道自己还是在轨道上飞行,并没有完全脱离地球的怀抱,冲向宇宙的深处,然而这也足以让我震撼了,我并不能看清宇宙中众多的星球,因为[6]实际上它们离我们的距离非常遥远,很多都是以光年计算。正因为如此,我觉得宇宙的广袤[7]真实地摆在我的眼前,即便作为中华民族第一个飞天的人我已经跑到离地球表面四百公里的空间,可以称为太空人了,但是实际上在浩瀚的宇宙面前,我仅像一粒尘埃。

虽然独自在太空飞行,但我想到了此刻千万//中国人翘首以待,我不是一个人在飞,我是代表所有中国人,甚至人类来到了太空。我看到的一切证明了中国航天技术的成功,我认为我的心情一定要表达一下,就拿出太空笔,在工作日志背面写了一句话:"为了人类的和平与进步,中国人来到太空了。"以此来表达一个中国人的骄傲和自豪。

——节选自杨利伟《天地九重》

语音提示:

[1]浩瀚 hàohàn

[2]披露 pīlù

[3]黄绿相间 huáng-lǜ xiāngjiàn

[4]纵横其间 zònghéng qíjiān

[5]云彩 yúncai

[6]因为 yīn·wèi

[7]广袤 guǎngmào

作品 34 号

最使我难忘的,是我小学时候的女教师蔡芸芝[1]先生[2]。

现在回想起来,她那时有十八九岁。右嘴角边有榆钱大小一块[3]黑痣[4]。在我的记忆里,她是一个温柔和美丽的人。

她从来不打骂我们。仅仅有一次,她的教鞭好像要落下来,我用石板一迎,教鞭轻轻地敲在石板边上,大伙[5]笑了,她也笑了。我用儿童的狡猾的眼光察觉,她爱我们,并没有存心要打的意思。孩子们是多么善于观察这一点啊。

在课外的时候,她教我们跳舞,我现在还记得她把我扮成女孩子表演跳舞的情景。

在假日里,她把我们带到她的家里和女朋友[6]的家里。在她的女朋友的园子里,她还让我们观察蜜蜂;也是在那时候,我认识[7]了蜂王,并且平生第一次吃了蜂蜜。

她爱诗,并且爱用歌唱的音调教我们读诗。直到现在我还记得她读诗的音调,还能背诵她教我们的诗:

圆天盖着大海,

黑水托着孤舟,

远看不见山,

那天边只有云头,

也看不见树,

那水上只有海鸥……

今天想来,她对我的接近文学和爱好文学,是有着多么有益的影响!

像这样的教师,我们怎么会不喜欢她,怎么会不愿意和她亲近呢?我们见了她不由得就围上去。即使她写字的时候,我//们也默默地看着她,连她握铅笔的姿势都急于模仿。

——节选自魏巍《我的老师》

语音提示:

[1]蔡芸芝 Cài Yúnzhī

[2]先生 xiānsheng

[3]一块 yí kuàir

[4]黑痣 hēizhì

[5]大伙 dàhuǒr

[6]朋友 péngyou

[7]认识 rènshi

作品 35 号

我喜欢出发。

凡是到达了的地方,都属于昨天。哪怕那山再青,那水再秀,那风再温柔。太深的流连[1]便成了一种羁绊[2],绊住的不仅有双脚,还有未来。

怎么能不喜欢出发呢?没见过大山的巍峨[3],真是遗憾;见了大山的巍峨没见过大海的浩瀚[4],仍然遗憾;见了大海的浩瀚没见过大漠的广袤[5],依旧遗憾;见了大漠的广袤没见过森林的神秘,还是遗憾。世界上有不绝的风景,我有不老的心情。

我自然知道,大山有坎坷[6],大海有浪涛,大漠有风沙,森林有猛兽。即便这样,我依然喜欢[7]。

打破生活的平静便是另一番景致,一种属于年轻的景致。真庆幸,我还没有老。即便真老了又怎么样,不是有句话叫老当益壮吗?

于是,我还想从大山那里学习深刻,我还想从大海那里学习勇敢,我还想从大漠那里学习沉着[8],我还想从森林那里学习机敏。我想学着品味一种缤纷[9]的人生。

人能走多远?这话不是要问两脚而是要问志向。人能攀多高?这事不是要问双手而是要问意志。于是,我想用青春的热血[10]给自己树起一个高远的目标。不仅是为了争取一种光荣,更是为了追求一种境界。目标实现了,便是光荣;目标实现不了,人生也会因//这一路风雨跋涉变得丰富而充实;在我看来,这就是不虚此生。

是的,我喜欢出发,愿你也喜欢。

——节选自汪国真《我喜欢出发》

语音提示：

[1]流连 liúlián

[2]羁绊 jībàn

[3]巍峨 wēi'é

[4]浩瀚 hàohàn

[5]广袤 guǎngmào

[6]坎坷 kǎnkě

[7]喜欢 xǐhuan

[8]沉着 chénzhuó

[9]缤纷 bīnfēn

[10]热血 rèxuè

作品 36 号

乡下[1]人家[2]总爱在屋前搭一瓜架，或种南瓜，或种丝瓜，让那些瓜藤[3]攀上棚架，爬上屋檐。当花儿落了的时候，藤上便结出了青的、红的瓜，它们一个个挂在房前，衬着那长长的藤，绿绿的叶。青、红的瓜，碧绿的藤和叶，构成了一道别有风趣的装饰，比那高楼门前蹲着一对石狮子或是竖着两根大旗杆[4]，可爱多了。

有些人家，还在门前的场地上种几株花，芍药[5]，凤仙，鸡冠花，大丽菊，它们依着时令，顺序开放，朴素中带着几分华丽，显出一派独特的农家风光。还有些人家，在屋后种几十枝竹，绿的叶，青的竿，投下一片浓浓的绿荫[6]。几场春雨过后，到那里走走，你常常会看见许多鲜嫩[7]的笋，成群地从土里探出头来。

鸡，乡下人家照例总要养几只的。从他们的房前屋后走过，你肯定会瞧见一只母鸡，率领一群小鸡，在竹林中觅食；或是瞧见耸着尾巴[8]的雄鸡，在场地上大踏步地走来走去。

他们的屋后倘若[9]有一条小河，那么在石桥旁边，在绿树荫下，你会见到一群鸭子游戏水中，不时地把头扎到水下去觅食。即使附近的石头上有妇女在捣衣，它们也从不吃惊。

若是在夏天的傍晚出去散步，你常常会瞧见乡下人家吃晚饭//的情景。他们把桌椅饭菜搬到门前，天高地阔地吃起来。天边的红霞，向晚的微风，头上飞过的归巢的鸟儿，都是他们的好友。它们和乡下人家一起，绘成了一幅自然、和谐的田园风景画。

——节选自陈醉云《乡下人家》

语音提示：

[1]乡下 xiāngxia

[2]人家 rénjiā

[3]瓜藤 guāténg

[4]旗杆 qígān

[5]芍药 sháoyao

[6]绿荫 lùyīn

[7]鲜嫩 xiānnèn

[8]尾巴 wěiba

[9]倘若 tǎngruò

作品 37 号

我们的船渐渐地逼近[1]榕树了。我有机会看清它的真面目:是一棵大树,有数不清的丫枝,枝上又生根,有许多根一直垂到地上,伸进泥土里。一部分树枝垂到水面,从远处看,就像一棵大树斜躺在水面上一样。

现在正是枝繁叶茂的时节。这棵榕树好像在把它的全部生命力展示给我们看。那么多的绿叶,一簇堆在另一簇的上面,不留一点儿缝隙[2]。翠绿的颜色明亮地在我们的眼前闪耀,似乎每一片树叶上都有一个新的生命在颤动[3],这美丽的南国的树!

船在树下泊[4]了片刻,岸上很湿,我们没有上去。朋友说这里是"鸟的天堂",有许多鸟在这棵树上做窝,农民不许人去捉它们。我仿佛听见几只鸟扑翅的声音,但是等到我的眼睛[5]注意地看那里时,我却看不见一只鸟的影子。只有无数的树根立在地上,像许多根木桩。地是湿的,大概涨潮时河水常常冲上岸去。"鸟的天堂"里没有一只鸟,我这样想到。船开了,一个朋友拨着船[6],缓缓地流到河中间去。

第二天,我们划着船到一个朋友的家乡去,就是那个有山有塔的地方[7]。从学校出发,我们又经过那"鸟的天堂"。

这一次是在早晨[8],阳光照在水面上,也照在树梢上。一切都//显得非常光明。我们的船也在树下泊了片刻。

起初四周围非常清静。后来忽然起了一声鸟叫。我们把手一拍,便看见一只大鸟飞了起来,接着又看见第二只,第三只。我们继续拍掌,很快地这个树林就变得很热闹了。到处都是鸟声,到处都是鸟影。大的,小的,花的,黑的,有的站在枝上叫,有的飞起来,在扑翅膀。

——节选自巴金《小鸟的天堂》

语音提示:

[1]逼近 bījìn　　　　　　[5]眼睛 yǎnjing

[2]缝隙 fèngxì　　　　　　[6]拨着船 bōzhe chuán

[3]颤动 chàndòng　　　　　[7]地方 dìfang

[4]泊 bó　　　　　　　　　[8]早晨 zǎo·chén

作品 38 号

两百多年前,科学家做了一次实验。他们在一间屋子里横七竖八[1]地拉了许多绳子[2],绳子上系着许多铃铛[3],然后把蝙蝠[4]的眼睛[5]蒙上[6],让它在屋子里飞。蝙蝠飞了几个钟头,铃铛一个也没响,那么多的绳子,它一根也没碰着。

科学家又做了两次实验：一次把蝙蝠的耳朵塞上[7]，一次把蝙蝠的嘴封住，让它在屋子里飞。蝙蝠就像没头苍蝇[8]似的[9]到处乱撞，挂在绳子上的铃铛响个不停。

三次实验的结果[10]证明，蝙蝠夜里飞行，靠的不是眼睛，而是靠嘴和耳朵[11]配合起来探路的。

后来，科学家经过反复研究，终于揭开了蝙蝠能在夜里飞行的秘密。它一边飞，一边从嘴里发出超声波。而这种声音，人的耳朵是听不见的，蝙蝠的耳朵却能听见。超声波向前传播时，遇到障碍物就反射回来，传到蝙蝠的耳朵里，它就立刻改变飞行的方向。

知道[12]蝙蝠在夜里如何飞行，你猜到飞机夜间飞行的秘密了吗？现代飞机上安装了雷达，雷达的工作原理与蝙蝠探路类似。雷达通过天线发出无线电波，无线电波遇到障碍物就反射回来，被雷达接收到，显示在荧光屏[13]上。从雷达的荧光屏上，驾驶员能够清楚[14]地看到前方有没有障碍物，所//以飞机飞行就更安全了。

——节选自《夜间飞行的秘密》

语音提示：

[1]横七竖八 héngqī-shùbā

[2]绳子 shéngzi

[3]铃铛 língdang

[4]蝙蝠 biānfú

[5]眼睛 yǎnjing

[6]蒙上 méng·shàng

[7]塞上 sāi·shàng

[8]苍蝇 cāngying

[9]似的 shìde

[10]结果 jiéguǒ

[11]耳朵 ěrduo

[12]知道 zhī·dào

[13]荧光屏 yíngguāngpíng

[14]清楚 qīngchu

作品 39 号

北宋时候，有位画家叫张择端。他画了一幅[1]名扬中外的画《清明上河图》。这幅画长五百二十八厘米，高二十四点八厘米，画的是北宋都城汴梁[2]热闹[3]的场面。这幅画已经有八百多年的历史了，现在还完整地保存在北京的故宫博物院里。

张择端画这幅画的时候，下了很大的功夫[4]。光是画上的人物，就有五百多个：有从乡下[5]来的农民，有撑船的船工，有做各种买卖[6]的生意人[7]，有留着长胡子的道士[8]，有走江湖的医生，有摆小摊[9]的摊贩，有官吏和读书人，三百六十行，哪一行的人都画在上面了。

画上的街市可热闹了。街上有挂着各种招牌[10]的店铺、作坊[11]、酒楼、茶馆[12]，走在街上的，是来来往往、形态各异的人：有的骑着马，有的挑着担，有的赶着毛驴，有的推着独轮车,有的悠闲地在街上溜达[13]。画面上的这些人,有的不到一寸,有的甚至只有黄豆那么大。别看画上的人小,每个人在干什么,都能看得清清楚楚。

最有意思的是桥北头[14]的情景:一个人骑着马,正往桥下走。因为[15]人太多,眼看就要碰上对面来的一乘轿子[16]。就在这个紧急时刻,那个牧马人一下子拽住[17]了马笼头[18],这才没碰上那乘轿子。不过,这么一来,倒把马右边的//两头小毛驴吓得又踢又跳。站在桥栏杆边欣赏风景的人,被小毛驴惊扰了,连忙回过头来赶小毛驴。你看,张择端画的画,是多么传神啊!

《清明上河图》使我们看到了八百年以前的古都风貌,看到了当时普通老百姓的生活场景。

——节选自滕明道《一幅名扬中外的画》

语音提示:

[1]一幅 yì fú

[2]汴梁 Biànliáng

[3]热闹 rènao

[4]功夫 gōngfu

[5]乡下 xiāngxia

[6]买卖 mǎimai

[7]生意人 shēngyirén

[8]道士 dàoshi

[9]小摊 xiǎotānr

[10]招牌 zhāopai

[11]作坊 zuōfang

[12]茶馆 cháguǎn

[13]溜达 liūda

[14]桥北头 qiáoběitou

[15]因为 yīn·wèi

[16]一乘轿子 yí shèng jiàozi

[17]拽住 zhuàizhù

[18]马笼头 mǎlóngtou

作品 40 号

二〇〇〇年,中国第一个以科学家名字命名的股票"隆平高科"上市。八年后,名誉董事长袁隆平所持有的股份以市值计算已经过亿。从此,袁隆平又多了个"首富科学家"的名号。而他身边的学生和工作人员,却很难把这位老人和"富翁"联系起来。

"他哪里有富人的样子。"袁隆平的学生们笑着议论。在学生们的印象里,袁老师永远黑黑瘦瘦,穿一件软塌塌[1]的衬衣。在一次会议上,袁隆平坦言:"不错,我身价二〇〇八年就一千零八亿了,可我真的有那么多钱吗?没有。我现在就是靠每个月六千多元的工资生活,已经很满足了。我今天穿的衣服就五十块钱,但我喜欢[2]的还是昨天穿的那件十五块钱的衬衫,穿着很精神[3]。"袁隆平认为,"一个人的时间和精力是有限的,如果老想着享受,哪有心思[4]搞科研?搞科学研究就是要淡泊[5]名利,踏实[6]做人"。

在工作人员眼中,袁隆平其实就是一位身板[7]硬朗[8]的"人民农学家","老人下田从不要人搀扶[9]，拿起套鞋，脚一蹬[10]就走"。袁隆平说："我有八十岁的年龄，五十多岁的身体，三十多岁的心态，二十多岁的肌肉弹性。"袁隆平的业余生活非常丰富，钓鱼、打排球、听音乐……他说，就是喜欢这些//不花钱的平民项目。

二〇一〇年九月，袁隆平度过了他的八十岁生日。当时，他许了个愿：到九十岁时，要实现亩产一千公斤！如果全球百分之五十的稻田种植杂交水稻，每年可增产一点五亿吨粮食，可多养活四亿到五亿人口。

——节选自刘畅《一粒种子造福世界》

语音提示：

[1]软塌塌 ruǎntātā

[2]喜欢 xǐhuan

[3]精神 jīngshen

[4]心思 xīnsi

[5]淡泊 dànbó

[6]踏实 tāshi

[7]身板 shēnbǎnr

[8]硬朗 yìnglang

[9]搀扶 chānfú

[10]蹬 dēng

作品 41 号

北京的颐和园[1]是个美丽的大公园。

进了颐和园的大门，绕过大殿，就来到有名的长廊[2]。绿漆的柱子，红漆的栏杆，一眼望不到头。这条长廊有七百多米长，分成二百七十三间。每一间的横槛[3]上都有五彩的画，画着人物、花草、风景，几千幅画没有哪两幅[4]是相同的。长廊两旁栽满了花木，这一种花还没谢，那一种花又开了。微风从左边的昆明湖上吹来，使人神清气爽。

走完长廊，就来到了万寿山脚下。抬头一看，一座八角宝塔形的三层建筑耸立[5]在半山腰上，黄色的琉璃瓦闪闪发光。那就是佛香阁[6]。下面的一排排金碧辉煌[7]的宫殿，就是排云殿。

登上万寿山，站在佛香阁的前面向下望，颐和园的景色大半收在眼底。葱郁的树丛，掩映[8]着黄的绿的琉璃瓦[9]屋顶和朱红的宫墙。正前面，昆明湖静得像一面镜子，绿得像一块碧玉。游船、画舫[10]在湖面慢慢地滑过，几乎不留一点儿痕迹[11]。向东远眺，隐隐约约可以望见几座古老的城楼和城里的白塔。

从万寿山下来，就是昆明湖。昆明湖围着长长的堤岸[12]，堤上有好几座式样不同的石桥，两岸栽着数不清的垂柳。湖中心有个小岛，远远望去，岛上一片葱绿，树丛中露出[13]宫殿的一角。//游人走过长长的石桥，就可以去小岛上玩。这座石桥有十七个桥洞，叫十七孔桥。桥栏杆上有上百根石柱，柱子上都雕刻着小狮子。这么多的狮子，姿态不一，没有哪两只是相同的。

颐和园到处有美丽的景色，说也说不尽，希望你有机会去细细游赏。

——节选自袁鹰《颐和园》

语音提示：

[1]颐和园 Yíhéyuán

[2]长廊 chángláng

[3]横槛 héngjiàn

[4]哪两幅 nǎ liǎng fú

[5]耸立 sǒnglì

[6]佛香阁 Fóxiānggé

[7]金碧辉煌 jīnbì-huīhuáng

[8]掩映 yǎnyìng

[9]琉璃瓦 liú·líwǎ

[10]画舫 huàfǎng

[11]痕迹 hénjì

[12]堤岸 dī'àn

[13]露出 lòuchū

作品 42 号

一谈到读书，我的话就多了！

我自从会认字后不到几年，就开始读书。倒不是四岁时读母亲给我的商务印书馆出版的国文教科书第一册的"天、地、日、月、山、水、土、木"以后的那几册，而是七岁时开始自己读的"话说天下大势，分久必合，合久必分……"的《三国演义》。

那时，我的舅父杨子敬[1]先生[2]每天晚饭后必给我们几个表兄妹讲一段《三国演义》，我听得津津有味[3]，什么"宴桃园豪杰三结义，斩黄巾英雄首立功"，真是[4]好听极了。但是他讲了半个钟头，就停下去干他的公事了。我只好带着对于故事[5]下文的无限悬念[6]，在母亲的催促[7]下，含泪上床。

此后，我决定咬了牙，拿起一本《三国演义》来，自己一知半解地读了下去，居然越看越懂，虽然字音都读得不对，比如把"凯"念作"岂"，把"诸"[8]念作"者"之类，因为[9]我只学过那个字一半部分[10]。

谈到《三国演义》，我第一次读到关羽死了，哭了一场[11]，把书丢下了。第二次再读到诸葛亮死了，又哭了一场，又把书丢下了，最后忘了是什么时候才把全书读到"分久必合"的结局。

这时我同时还看了母亲针线笸箩[12]里常放着的那几本《聊斋志异》，聊斋故事是短篇的，可以随时拿起放下，又是文言的，这对于我的//作文课很有帮助，因为老师曾在我的作文本上批着"柳州风骨，长吉清才"的句子，其实我那时还没有读过柳宗元和李贺的文章，只因那时的作文，都是用文言写的。

书看多了，从中也得到一个体会，物怕比，人怕比，书也怕比，"不比不知道，一比吓一跳"。

因此，某年的六一国际儿童节，有个儿童刊物要我给儿童写几句指导读书的话，我只写了九个字，就是：

读书好，多读书，读好书。

——节选自冰心《忆读书》

语音提示：

[1]杨子敬 Yáng Zǐjìng

[2]先生 xiānsheng

[3]津津有味 jīnjīn-yǒuwèi

[4]真是 zhēnshi

[5]故事 gùshi

[6]悬念 xuánniàn

[7]催促 cuīcù

[8]诸 zhū

[9]因为 yīn·wèi

[10]部分 bùfen

[11]哭了一场 kūle yì cháng

[12]笸箩 pǒluo

作品 43 号

徐霞客是明朝末年的一位奇人。他用双脚，一步一步地走遍了半个中国大陆，游览过许多名山大川，经历过许多奇人异事。他把游历的观察和研究记录下来，写成了《徐霞客游记》这本千古奇书。

当时的读书人，都忙着追求科举功名，抱着"十年寒窗无人问，一举成名天下知"的观念，埋头于经书之中。徐霞客却卓尔不群[1]，醉心于古今史籍及地志、山海图经的收集和研读。他发现此类书籍很少，记述简略且多有相互矛盾之处，于是他立下雄心壮志，要走遍天下，亲自考察。

此后三十多年，他与长风为伍，云雾为伴，行程九万里，历尽千辛万苦，获得了大量第一手考察资料。徐霞客日间攀险峰，涉危涧[2]，晚上就是再疲劳，也一定录下当日[3]见闻。即使荒野露宿[4]，栖身[5]洞穴[6]，也要"燃松拾穗[7]，走笔为记"。

徐霞客的时代，没有火车，没有汽车，没有飞机，他所去的许多地方[8]连道路都没有，加上明朝末年治安不好，盗匪[9]横行[10]，长途旅行是非常艰苦又非常危险的事。

有一次，他和三个同伴到西南地区，沿路考察石灰岩地形和长江源流。走了二十天，一个同伴难耐[11]旅途劳顿，不辞而别。到了衡阳附近又遭遇土匪抢劫[12]，财物尽失，还险//些被杀害。好不容易到了南宁，另一个同伴不幸病死，徐霞客忍痛继续西行。到了大理，最后一个同伴也因为吃不了苦，偷偷地走了，还带走了他仅存的行囊。但是，他还是坚持目标，继续他的研究工作，最后找到了答案，推翻历史上的错误，证明长江的源流不是岷江而是金沙江。

——节选自《阅读大地的徐霞客》

语音提示：

[1]卓尔不群 zhuó'ěr-bùqún

[2]危涧 wēijiàn

[3]当日 dàngrì

[4]露宿 lùsù

[5]栖身 qīshēn

[6]洞穴 dòngxué

[7]燃松拾穗 rán sōng shí suì

[8]地方 dìfang

[9]盗匪 dàofěi

[10]横行 héngxíng

[11]难耐 nán nài

[12]抢劫 qiǎngjié

作品 44 号

造纸术[1]的发明，是中国对世界文明的伟大贡献之一。

早在几千年前，我们的祖先就创造了文字。可那时候还没有纸，要记录一件事情，就用刀把文字刻在龟甲和兽骨上，或者把文字铸刻[2]在青铜器上。后来，人们又把文字写在竹片和木片上。这些竹片、木片用绳子[3]穿起来，就成了一册书。但是，这种书很笨重，阅读、携带、保存都很不方便。古时候用"学富五车"形容一个人学问[4]高，是因为[5]书多的时候[6]需要用车来拉。再后来，有了蚕丝织成的帛[7]，就可以在帛上写字了。帛比竹片、木片轻便，但是价钱太贵，只有少数人能用，不能普及。

人们用蚕茧制作丝绵时发现，盛放蚕茧的篾席[8]上，会留下一层薄片[9]，可用于书写。考古学家发现，在两千多年前的西汉时代，人们已经懂得了用麻来造纸。但麻纸比较粗糙[10]，不便书写。

大约在一千九百年前的东汉时代，有个叫蔡伦的人，吸收了人们长期积累的经验，改进了造纸术。他把树皮、麻头、稻草、破布等原料剪碎或切断，浸在水里捣烂成浆；再把浆捞出来晒干，就成了一种既轻便又好用的纸。用这种方法造的纸，原料容易得到，可以大量制造，价格又便宜[11]，能满足多数人的需要，所//以这种造纸方法就传承下来了。

我国的造纸术首先传到邻近的朝鲜半岛和日本，后来又传到阿拉伯世界和欧洲，极大地促进了人类社会的进步和文化的发展，影响了全世界。

——节选自《纸的发明》

语音提示：

[1]造纸术 zàozhǐshù

[2]铸刻 zhùkè

[3]绳子 shéngzi

[4]学问 xuéwen

[5]因为 yīn·wèi

[6]时候 shíhou

[7]帛 bó

[8]篾席 mièxí

[9]薄片 báopiàn　　　　　　　　　[11]便宜 piányi

[10]粗糙 cūcāo

作品 45 号

中国的第一大岛、台湾省的主岛台湾，位于中国大陆架的东南方，地处[1]东海和南海之间，隔着台湾海峡和大陆相望。天气晴朗的时候，站在福建沿海较高的地方，就可以隐隐约约地望见岛上的高山和云朵。

台湾岛形状狭长[2]，从东到西，最宽处只有一百四十多公里；由南至北，最长的地方约有三百九十多公里。地形像一个纺织用的梭子[3]。

台湾岛上的山脉纵贯[4]南北，中间的中央山脉犹如全岛的脊梁[5]。西部为海拔近四千米的玉山山脉，是中国东部的最高峰。全岛约有三分之一的地方是平地，其余为山地。岛内有缎带般的瀑布，蓝宝石似[6]的湖泊[7]，四季常青的森林和果园，自然景色十分优美。西南部的阿里山和日月潭，台北市郊的大屯山风景区，都是闻名世界的游览胜地。

台湾岛地处热带和温带之间，四面环海，雨水充足，气温受到海洋的调剂[8]，冬暖夏凉，四季如春，这给水稻和果木生长提供了优越的条件。水稻、甘蔗[9]、樟脑是台湾的"三宝"。岛上还盛产鲜果和鱼虾。

台湾岛还是一个闻名世界的"蝴蝶王国"。岛上的蝴蝶共有四百多个品种，其中有不少是世界稀有的珍贵品种。岛上还有不少鸟语花香的蝴//蝶谷，岛上居民利用蝴蝶制作的标本和艺术品，远销许多国家。

————节选自《中国的宝岛——台湾》

语音提示：

[1]地处 dìchǔ　　　　　　　　　　[6]似的 shìde

[2]狭长 xiácháng　　　　　　　　[7]湖泊 húpō

[3]梭子 suōzi　　　　　　　　　　[8]调剂 tiáojì

[4]纵贯 zòngguàn　　　　　　　　[9]甘蔗 gānzhe

[5]脊梁 jǐ·liáng

作品 46 号

对于中国的牛，我有着一种特别尊敬的感情。

留给我印象最深的，要算在田垄[1]上的一次"相遇"。

一群朋友[2]郊游，我领头在狭窄的阡陌[3]上走，怎料迎面来了几头耕牛，狭道容不下人和牛，终有一方要让路。它们还没有走近，我们已经预计斗不过畜牲[4]，恐怕难免踩到田地泥水里，弄得鞋袜又泥又湿了。正踟蹰[5]的时候，带头的一头牛，在离我们不远的地方停下来，抬起头看看，稍迟疑一下，就自动走下田去。一队耕牛，全跟着它离开阡陌，从我们身边经过。

我们都呆了，回过头来，看着深褐色[6]的牛队，在路的尽头消失，忽然觉得自己受了很大的恩惠。

中国的牛，永远沉默地为人做着沉重的工作。在大地上，在晨光或烈日下，它拖着沉重的犁[7]，低头一步又一步，拖出了身后一列又一列松土，好让人们下种[8]。等到满地金黄或农闲时候，它可能还得担当搬运负重的工作；或终日绕着石磨，朝同一方向，走不计程的路。

在它沉默的劳动中，人便得到应得的收成[9]。

那时候，也许，它可以松一肩重担，站在树下，吃几口嫩草。偶尔摇摇尾巴[10]，摆摆耳朵[11]，赶走飞附[12]身上的苍蝇[13]，已经算是它最闲适的生活了。

中国的牛，没有成群奔跑的习//惯，永远沉沉实实的，默默地工作，平心静气。这就是中国的牛！

——节选自(香港)小思《中国的牛》

语音提示：

[1]田垄 tiánlǒng

[2]朋友 péngyou

[3]阡陌 qiānmò

[4]畜牲 chùsheng

[5]踟蹰 chíchú

[6]深褐色 shēnhèsè

[7]犁 lí

[8]下种 xiàzhǒng

[9]收成 shōucheng

[10]摇摇尾巴 yáoyao wěiba

[11]摆摆耳朵 bǎibai ěrduo

[12]飞附 fēifù

[13]苍蝇 cāngying

作品 47 号

石拱桥[1]的桥洞成弧形[2]，就像虹。古代神话里说，雨后彩虹是"人间天上的桥"，通过彩虹就能上天。我国的诗人爱把拱桥比作虹，说拱桥是"卧虹""飞虹"，把水上拱桥形容为"长虹卧波"。

我国的石拱桥有悠久[3]的历史。《水经注》里提到的"旅人桥"，大约建成于公元二八二年，可能是有记载[4]的最早的石拱桥了。我国的石拱桥几乎到处都有。这些桥大小不一，形式多样，有许多是惊人的杰作。其中最著名的当推河北省赵县的赵州桥。

赵州桥非常雄伟，全长五十点八二米。桥的设计完全合乎科学原理，施工技术更是巧妙绝伦。全桥只有一个大拱，长达三十七点四米，在当时可算是世界上最长的石拱。桥洞不是普通半圆形，而是像一张弓，因而大拱上面的道路没有陡坡[5]，便于车马上下。大拱的两肩上，各有两个小拱。这个创造性的设计，不但节约了石料，减轻了桥身的重量，而且在河水暴涨[6]的时候，还可以增加桥洞的过水量，减轻洪水对桥身的冲击。同时，拱上加拱，桥身也更美观。大拱由二十八道拱圈拼成，就像这么多同样形状的弓合拢[7]在一起，做成一个弧形的桥洞。每道拱圈都能独立支撑上面的重量，一道坏了，其//他各道不致受到影响。全桥结构匀称，和四周景色配合得十分和谐；桥上的石栏石板也雕刻得古朴美观。赵州桥高度的技术水平和不朽的艺术价值，充分显示了我国劳动人民的智慧和力量。

——节选自茅以升《中国石拱桥》

语音提示：

[1]石拱桥 shígǒngqiáo   [5]陡坡 dǒupō

[2]弧形 húxíng   [6]暴涨 bàozhǎng

[3]悠久 yōujiǔ   [7]合拢 hélǒng

[4]记载 jìzǎi

作品 48 号

不管我的梦想能否成为事实，说出来总是好玩儿的：

春天，我将要住在杭州。二十年前，旧历的二月初，在西湖我看见了嫩柳[1]与菜花，碧浪与翠竹。由我看到的那点儿春光，已经可以断定，杭州的春天必定会教人[2]整天生活在诗与图画之中。所以，春天我的家应当是在杭州。

夏天，我想青城山应当算作最理想的地方[3]。在那里，我虽然只住过十天，可是它的幽静已拴住了我的心灵。在我所看见过的山水中，只有这里没有使我失望。到处都是绿，目之所及，那片淡而光润[4]的绿色都在轻轻地颤动，仿佛要流入空中与心中似的。这个绿色会像音乐，涤清[5]了心中的万虑。

秋天一定要住北平。天堂是什么样子，我不知道，但是从我的生活经验去判断，北平之秋便是天堂。论天气，不冷不热。论吃的，苹果、梨、柿子、枣儿[6]、葡萄[7]，每样都有若干种。论花草，菊花种类之多，花式之奇，可以甲天下。西山有红叶可见，北海可以划船——虽然荷花已残，荷叶可还有一片清香。衣食住行，在北平的秋天，是没有一项不使人满意的。

冬天，我还没有打好主意[8]，成都或者相当地合适，虽然并不怎样和暖，可是为了水仙，素心腊梅，各色的茶花，仿佛就受一点儿[9]寒//冷，也颇值得去了。昆明的花也多，而且天气比成都好，可是旧书铺与精美而便宜的小吃远不及成都那么多。好吧，就暂这么规定：冬天不住成都便住昆明吧。

——节选自老舍《"住"的梦》

语音提示：

[1]嫩柳 nènliǔ

[2]教人 jiào rén

[3]地方 dìfang

[4]光润 guāngrùn

[5]涤清 díqīng

[6]枣儿 zǎor

[7]葡萄 pú·táo

[8]主意 zhǔyi

[9]一点儿 yìdiǎnr

作品 49 号

在北京市东城区著名的天坛公园东侧，有一片占地面积近二十万平方米的建筑区域，大大小小的十余栋训练馆坐落其间。这里就是国家体育总局训练局。许多我们耳熟能详[1]的中国体育明星都曾在这里挥汗如雨，刻苦练习。

中国女排的一天就是在这里开始的。

清晨八点钟，女排队员们早已集合完毕，准备开始一天的训练。主教练郎平坐在场外长椅上，目不转睛[2]地注视着跟随助理教练们做热身运动的队员们，她身边的座位上则横七竖八地堆放着女排姑娘们的各式用品：水、护具、背包，以及各种外行人[3]叫不出名字的东西。不远的墙上悬挂着一面鲜艳的国旗，国旗两侧是"顽强拼搏"和"为国争光"两条红底黄字的横幅[4]，格外醒目。

"走下领奖台，一切从零开始"十一个大字，和国旗遥遥相望，姑娘们训练之余偶尔一瞥[5]就能看到。只要进入这个训练馆，过去的鲜花、掌声与荣耀皆成为历史，所有人都只是最普通的女排队员。曾经的辉煌、骄傲、胜利，在踏入这间场馆的瞬间[6]全部归零。

踢球跑、垫球跑、夹球[7]跑……这些对普通人而言和杂技差不多//的项目是女排队员们必须熟练掌握的基本技能。接下来的任务是小比赛。郎平将队员们分为几组，每一组由一名教练监督，最快完成任务的小组会得到一面小红旗。

看着这些年轻的姑娘们在自己的眼前来来去去，郎平的思绪常飘回到三十多年前。那时风华正茂的她是中国女排的主攻手，她和队友们也曾在这间训练馆里夜以继日地并肩备战。三十多年来，这间训练馆从内到外都发生了很大的变化：原本粗糙的地面变成了光滑的地板，训练用的仪器越来越先进，中国女排的团队中甚至还出现了几张陌生的外国面孔……但时光荏苒，不变的是这支队伍对排球的热爱和"顽强拼搏，为国争光"的初心。

——节选自宋元明《走下领奖台，一切从零开始》

语音提示：

[1]耳熟能详 ěrshú-néngxiáng   [5]一瞥 yìpiē

[2]目不转睛 mùbùzhuǎnjīng   [6]瞬间 shùnjiān

[3]外行人 wàihángrén   [7]夹球 jiāqiú

[4]横幅 héngfú

作品 50 号

在一次名人访问中，被问及上个世纪最重要的发明是什么时，有人说是电脑，有人说是汽车，等等。但新加坡的一位知名人士却说是冷气机。他解释，如果没有冷气，热带地区如东南亚[1]国家，就不可能有很高的生产力，就不可能达到今天的生活水准。他的回答实事求是，有理有据。

看了上述报道，我突发奇想：为什么没有记者问："二十世纪最糟糕的发明是什么？"其实二〇〇二年十月中旬，英国的一家报纸就评出了"人类最糟糕的发明"。获此"殊荣"的，就是人们每天大量使用的塑料袋。

诞生于上个世纪三十年代的塑料袋，其家族包括用塑料制成的快餐饭盒、包装纸、餐用杯盘、饮料瓶、酸奶杯、雪糕杯等。这些废弃物形成的垃圾，数量多、体积大、重量轻、不降解，给治理工作带来很多技术难题和社会问题。

比如，散落[2]在田间、路边及草丛中的塑料餐盒，一旦被牲畜[3]吞食，就会危及健康甚至导致死亡。填埋废弃塑料袋、塑料餐盒的土地，不能生长庄稼[4]和树木，造成土地板结，而焚烧[5]处理[6]这些塑料垃圾，则会释放出多种化学有毒气体，其中一种称为二噁英[7]的化合物，毒性极大。

此外，在生产塑料袋、塑料餐盒的过//程中使用的氟利昂[8]，对人体免疫系统和生态环境造成的破坏也极为严重。

——节选自林光如《最糟糕的发明》

语音提示：

[1]东南亚 Dōngnán Yà   [5]焚烧 fénshāo

[2]散落 sànluò   [6]处理 chǔlǐ

[3]牲畜 shēngchù   [7]二噁英 èr'èyīng

[4]庄稼 zhuāngjia   [8]氟利昂 fúlì'áng

二、说话题目

1. 我的一天
2. 老师
3. 珍贵的礼物
4. 假日生活
5. 我喜爱的植物
6. 我的理想(或愿望)
7. 过去的一年
8. 朋友
9. 童年生活
10. 我的兴趣爱好
11. 家乡(或熟悉的地方)
12. 我喜欢的季节(或天气)
13. 印象深刻的书籍(或报刊)
14. 难忘的旅行
15. 我喜欢的美食
16. 我所在的学校(或公司、团队、其他机构)
17. 尊敬的人
18. 我喜爱的动物
19. 我了解的地域文化(或风俗)
20. 体育运动的乐趣
21. 让我快乐的事情
22. 我喜欢的节日
23. 我欣赏的历史人物
24. 劳动的体会
25. 我喜欢的职业(或专业)

26. 向往的地方
27. 让我感动的事情
28. 我喜爱的艺术形式
29. 我了解的十二生肖
30. 学习普通话(或其他语言)的体会
31. 家庭对个人成长的影响
32. 生活中的诚信
33. 谈服饰
34. 自律与我
35. 对终身学习的看法
36. 谈谈卫生与健康
37. 对环境保护的认识
38. 谈社会公德(或职业道德)
39. 对团队精神的理解
40. 谈中国传统文化
41. 科技发展与社会生活
42. 谈个人修养
43. 对幸福的理解
44. 如何保持良好的心态
45. 对垃圾分类的认识
46. 网络时代的生活
47. 对美的看法
48. 谈传统美德
49. 对亲情(或友情、爱情)的理解
50. 小家、大家与国家

说明:1. 50个话题供普通话水平测试第五项——命题说话测试使用。

　　　2. 50个话题仅是对话题范围的规定,并不规定话题的具体内容。

第五部分　普通话水平计算机辅助测试

　　普通话水平计算机辅助测试是计算机和人工相结合的测试,即读单音节字词、读多音节词语和朗读短文采用机器测试,命题说话采用人工测试。普通话水平计算机辅助测试对测试及其管理的规范化、标准化、科学化有着重要意义。

　　普通话水平计算机辅助测试是建立在人工测试基础上的测试。它是在总结人工测试后,模拟测试员进行的测试。因此,对于受测者来说测试难度及测试方式没有大的变化,只是改变了受测环境。

一、把握计算机辅助测试的特点——定量分析

　　普通话水平计算机辅助测试尽管是以人工测试作为模本,但是机器判断问题在现阶段还不能与人完全一样,程序设计者只能把人工分析的结果作为目标,即根据普通话测试员的测试结果作为依据,然后根据机器的特点进行程序设计。机器判断问题与人工判断问题的最大不同是:机器是定量判断,即使是貌似定性的判断在操作上也是属定量判断;人脑是定性判断和定量判断相结合。

　　采用计算机辅助测试,要求受测者在测试中要始终把发音的标准度放在第一位。在人工测试中,受测者朗读中的感情处理可能会影响到测试员的打分,尽管测试大纲中没有感情处理的分数,但如果感情处理恰当,测试员可能会不知不觉地增加分数;而在机器测试中,感情是不加分的,有时因为感情的处理使字音、字调及句调稍微偏离理论上的标准反而会被扣分,这是需要注意的。

二、普通话水平计算机辅助测试流程与注意事项

(一)候测(信息采集)

　　应试者在测试当天,携带身份证,前往候测室,等待信息采集。

　　1.将身份证贴到终端设备相应的位置上进行身份信息验证。

2.指纹采集(适用于指纹识别系统)。应试人把右手拇指放在指纹采集器上,连续采集三次。

3.照片采集(适用于人脸识别系统)。应试人坐到工作人员指定的位置上采集照片。

4.系统抽签。

(二)正式测试

应试人根据自己的抽签号进入对应的测试机房。

1.指纹验证登录(适用于指纹识别系统)。应试人用采集指纹的手指,在指纹机上进行验证。

2.人脸验证登录(适用于人脸识别系统)。应试人进入对应的测试机房后,坐好并正对摄像头,系统将通过人脸识别的方式进行登录。

3.核对信息。身份验证通过后,电脑界面上会显示应试人的个人信息,应试人认真核对,确认无误后点"确定"按钮进入下一环节。如果信息错误,请告知工作人员。

4.佩戴耳机。应试人按照屏幕提示戴上耳机,并将麦克风调整到距嘴边 2～3 厘米,等待考场指令准备试音。

5.开始试音。当进入试音页面后,应试人会听到系统的提示语"现在开始试音",请务必在听到"嘟"的一声后朗读文本框中的个人信息。提示语结束后,以适中的音量和语速朗读文本框中的试音文字。试音结束,系统会提示试音成功与否。若试音失败,页面会弹出提示框,请点"确认"按钮重新试音。若试音成功,页面同样会弹出提示框"试音成功,请等待考场指令!"。

6.正式测试。应试人试音成功后,开始进行正式测试。

(三)试卷形式和测试过程

第一项:读单音节字词(10 分)

读单音节字词(100 个音节,共 10 分,限时 3.5 分钟)

1.测试目的:测查应试人声母、韵母、声调读音的标准程度。

2.试卷构成:100 个音节(不含轻声、儿化音节),限时 3.5 分钟,共 10 分。

3.评分标准:

(1)语音错误,每个音节扣 0.1 分。

(2)语音缺陷,每个音节扣 0.05 分。

4.应试技巧:

(1)在提示语结束并听到"嘟"的一声后,再开始朗读。

(2)测试时必须横向朗读。蓝黑字体是为了分行醒目,应不分颜色,逐字、逐行朗读,注意语音清晰,防止添字、漏字、改字。

(3)尽量不要重读,出现口误可及时重读一次。

(4)按正常语速朗读,不得超时,否则超时部分会不计分或出现评测失败。

(5)读完后请及时点击"下一题"按钮。

第二项:多音节词语(20分)

读多音节词语(100个音节,共20分,限时2.5分钟)

1.测试目的:测查应试人声母、韵母、声调和变调、轻声、儿化读音的标准程度。

2.试卷构成:100个音节(上声与上声相连词语不少于3个,上声与非上声相连的词语不少于4个,轻声不少于3个,儿化不少于4个),限时2.5分钟,共20分。

3.评分标准:

(1)语音错误,每个音节扣0.2分。

(2)语音缺陷,每个音节扣0.1分。

4.应试技巧:

(1)在提示语结束并听到"嘟"的一声后,再开始朗读。

(2)测试时必须横向朗读。蓝黑字体是为了分行醒目,应不分颜色,逐字、逐行朗读,注意语音清晰,防止添字、漏字、改字。

(3)尽量不要重读,出现口误可及时重读一次。

(4)按正常语速朗读,不得超时,否则超时部分会不计分或出现评测失败。

(5)读完后请及时点击"下一题"按钮。

第三项:朗读短文(30分)

朗读短文(400个音节,共30分,限时4分钟)

1.测试目的:测查应试人使用普通话朗读书面作品的水平。在测查声母、韵母、声调读音标准程度的同时,重点测查连读音变、停连、语调以及流畅程度。

2.试卷构成:短文1篇,400个音节,限时4分钟,共30分。

3.评分标准:

(1)每错1个音节,扣0.1分;漏读或增读1个音节,扣0.1分。

(2)声母或韵母的系统性语音缺陷,视程度扣0.5分、1分。

(3)语调偏误,视程度扣0.5分、1分、2分。

(4)停连不当,视程度扣0.5分、1分、2分。

(5)朗读不流畅(包括回读),视程度扣0.5分、1分、2分。

4.应试技巧:

(1)测试前应认真练读50篇短文,力争朗读流畅,不漏读,不增读,不回读。

(2)朗读时要把握好语调、语气,表情达意要准确、适度。

(3)按正常语速朗读,不得超时,否则超时部分会不计分或出现评测失败。

(4)朗读时保持音量稳定,音量大小与试音音量一致,音量过低会导致评测失败。

（5）读完后请及时点击"下一题"按钮。

第四项:命题说话(40分)

命题说话(在给定的两个话题中任选一个,共40分,限时3分钟)确认题目后,应试人有30秒的准备时间,听到"嘟"的一声后,开始答题。答题时应试人先读出所选择的说话题目,例如:我说话的题目是我喜爱的动物。

1.测试目的:测查应试人在无文字凭借的情况下说普通话的水平,重点测查语音标准程度、词汇语法规范程度和自然流畅程度。

2.试卷构成:50个话题中随机生成2个话题,应试人2选1进行命题说话,限时3分钟,共40分。

3.评分标准:

(1)语音标准程度,共25分。分六档:

一档:语音标准,或极少有失误,扣0分、1分、2分。

二档:语音错误在10次以下,有方音但不明显,扣3分、4分。

三档:语音错误在10次以下,但方音比较明显;或语音错误在10~15次之间,有方音但不明显,扣5分、6分。

四档:语音错误在10~15次之间,方音比较明显,扣7分、8分。

五档:语音错误超过15次,方音明显,扣9分、10分、11分。

六档:语音错误多,方音重,扣12分、13分、14分。

(2)词汇、语法规范程度,共10分。分三档:

一档:词汇、语法规范,扣0分。

二档:词汇、语法偶有不规范的情况,扣1分、2分。

三档:词汇、语法屡有不规范的情况,扣3分、4分。

(3)自然流畅程度,共5分。分三档:

一档:语言自然流畅,扣0分。

二档:语言基本流畅,口语化较差,有背稿子的表现,扣0.5分、1分。

三档:语言不连贯,语调生硬,扣2分、3分。

(4)说话不足3分钟,酌情扣分:缺时1分钟以内(含1分钟),扣1分、2分、3分;缺时1分钟以上,扣4分、5分、6分;说话不满30秒(含30秒),本测试项成绩计为0分。

(5)离题、内容雷同,视程度扣4分、5分、6分。

(6)无效语料(与考试话题无关的语料),比照缺时扣分。

4.应试技巧:

(1)本项测试由测试员通过信息管理平台在线评分。

(2)应试人按照电脑页面提示,在倒计时10秒内使用鼠标点击选择说话的题目,否则系统默认为第一个说话题。

（3）选择话题后，系统会给 30 秒的准备时间。应试人可以在这 30 秒里调整状态，大致考虑下所说的内容框架。（无论何种话题，都可以先列一个提纲，再围绕提纲，打一个腹稿。）

（4）30 秒倒计时结束，请以"我的说话题目是……"开始答题。命题说话共 3 分钟，3 分钟后系统将自动结束。

（5）说话内容需符合所选话题，离题或不具有评判价值的语料均会导致丢分；同时严禁携带文字或电子材料进入测试室，朗读文字材料将被取消测试资格。

（6）应试人应围绕一个话题连续说话 3 分钟，说话时按正常语速进行，不宜过快或过慢，允许句间停顿，但停顿时间超过 5 秒，超出部分累计以缺时论处。

（7）要认真对待说话项测试，端正态度，认真准备，说身边的事，说自己的话。

（8）测试完毕，系统将自动提交试卷，应试人摘下耳机，离开考场。

（四）测试注意事项

1.普通话水平测试 4 项题目，系统会依次显示各项内容，应试人只需根据屏幕显示的试题内容进行测试。

2.每项试题前都有一段语音提示，应试人在提示语结束并听到"嘟"的一声后，开始朗读。

3.朗读过程中，应做到吐字清晰，语速适中，音量同试音时保持一致。

4.朗读过程中，注意主屏下方的时间提示，确保在规定的时间内完成每项测试。

5.规定时间结束，系统会自动进入下一项试题。如某项试题时间有余，请单击屏幕右下角的"下一题"按钮。

6.命题说话必须说满 3 分钟，3 分钟后，系统会自动进行提交，弹出相应提示框"考试完成，请摘下耳机，安静离开考场"。

7.测试过程中，应试人不要说试卷以外的任何内容，以免影响测试成绩。

8.测试过程中若遇异常情况，请联系工作人员解决。

9.在测试过程中，部分应试人面对计算机可能会产生缺乏交流对象的不适感，需要应试人调整心态，可假设一位交流对象与之进行交流，帮助克服这种不适感。

附录一　普通话异读词审音表

中国文字改革委员会普通话审音委员会,于 1957 年、1959 年至 1962 年先后发表了《普通话异读词审音表初稿》正编、续编和三编,1963 年公布《普通话异读词三次审音总表初稿》。经过 20 多年的实际应用,普通话审音委员会在总结经验的基础上,于 1982 年至 1985 年组织专家学者进行审核修订,制定了《普通话异读词审音表》,这个审音表经过国家语言文字工作委员会、国家教育委员会、广播电视部(现为广播电影电视部)审查通过,于 1985 年 12 月联合发布。

说　　明

一、本表所审,主要是普通话有异读的词和有异读的作为“语素”的字。不列出多音多义字的全部读音和全部义项,与字典、词典形式不同。例如:“和”字有多种义项和读音,而本表仅列出原有异读的八条词语,分列于 hè 或 huo 两种读音之下(有多种读音,较常见的在前,下同);其余无异读的音、义均不涉及。

二、在字后注明“统读”的,表示此字不论用于任何词语中只读一音(轻声变读不受此限),本表不再举出词例。例如:“阀”字注明“fá(统读)”,原表“军阀”、“财阀”条和原表所无的“阀门”等词均不再举。

三、在字后不注“统读”的,表示此字有几种读音,本表只审订其中有异读的词语的读音。例如“艾”字本有 ài 和 yì 两音,本表只举“自怨自艾”一词,注明此处读 yì 音;至于 ài 音及其义项,并无异读,不再赘列。

四、有些字有文白二读,本表以“文”和“语”作注。前者一般用于书面语言,用于复音词和文言成语中,后者多用于口语中的单音词及少数日常生活事物的复音词中。这种情况在必要时各举词语为例。例如:“杉”字下注“(一)shān(文):紫～、红～、水～;(二)shā(语):～篙、～木”。

五、有些字除附举词例之外,酌加简单说明,以便读者分辨。说明或按具体字义,或按“动作义”、“名物义”等区分,例如:“畜”字下注“(一)chù(名物义):～力、家～、牲～、幼～;(二)xù(动作义):～产、～牧、～养”。

六、有些字的几种读音中某音用处较窄,另音用处甚宽,则注“除××(较少的词)念乙音外,其他都念甲音”,以避免列举词条繁而未尽、挂一漏万的缺点。例如:“结”

字下注"除'～了个果子'、'开花～果'、'～巴'、'～实'念 jiē 之外,其他都念 jié"。

七、由于轻声问题比较复杂,除《初稿》涉及的部分轻声词之外,本表一般不予审订,并删去部分原审的轻声词,例如"麻刀(dao)"、"容易(yi)"等。

八、本表酌增少量有异读的字或词,作了审订。

九、除因第二、六、七各条说明中所举原因而删略的词条之外,本表又删汰了部分词条。主要原因是:1.现已无异读(如"队伍"、"理会");2.罕用词语(如"俵分"、"仔密");3.方言土音(如"归里包堆[zuī]"、"告送[song]");4.不常用的文言词语(如"刍荛"、"觑觎");5.音变现象(如"胡里八涂[tū]"、"毛毛腾腾[tēngtēng]");6.重复累赘(如原表"色"字的有关词语分列达 23 条之多)。删汰条目不再编入。

十、人名、地名的异读审订,除原表已涉及的少量词条外,留待以后再审。

A

阿(一)ā

　～訇　～罗汉　～木林

　～姨

(二)ē

　～谀　～附　～胶

　～弥陀佛

挨(一)āi

　～个　～近

(二)ái

　～打　～说

癌 ái(统读)

霭 ǎi(统读)

蔼 ǎi(统读)

隘 ài(统读)

谙 ān(统读)

埯 ǎn(统读)

昂 áng(统读)

凹 āo(统读)

拗(一)ào

　～口

(二)niù

　执～ 脾气很～

坳 ào(统读)

B

拔 bá(统读)

把 bà

　印～子

白 bái(统读)

膀 bǎng

　翅～

蚌(一)bàng

　蛤～

(二)bèng

　～埠

傍 bàng(统读)

磅 bàng

　过～

龅 bāo(统读)

胞 bāo(统读)

薄(一)báo(语)

　常单用,如"纸很～"。

(二)bó(文)多用于复音词。

　～弱　稀～　淡～

　尖嘴～舌　单～　厚～

堡(一)bǎo

　碉～　～垒

(二)bǔ

~子　吴~　瓦窑~

柴沟~

（三）pù

十里~

暴（一）bào

~露

（二）pù

一~　（曝）十寒

爆 bào（统读）

焙 bèi（统读）

惫 bèi（统读）

背 bèi

~脊　~静

鄙 bǐ（统读）

俾 bǐ（统读）

笔 bǐ（统读）

比 bǐ（统读）

臂（一）bì

手~　~膀

（二）bei

胳~

庇 bì（统读）

髀 bì（统读）

避 bì（统读）

辟 bì

复~

裨 bì

~补　~益

婢 bì（统读）

痹 bì（统读）

壁 bì（统读）

蝙 biān（统读）

遍 biàn（统读）

骠（统读）biāo

黄~马

（二）piào

~骑　~勇

傧 bīn（统读）

缤 bīn（统读）

濒 bīn（统读）

鬓 bìn（统读）

屏（一）bǐng

~除　~弃

~气　~息

（二）píng

~藩　~风

柄 bǐng（统读）

波 bō（统读）

播 bō（统读）

菠 bō（统读）

剥（一）bō（文）

~削

（二）bāo（语）

泊（一）bó

淡~　飘~　停~

（二）pō

湖~　血~

帛 bó（统读）

勃 bó（统读）

钹 bó（统读）

伯（一）bó

~~（bo）　老~

（二）bǎi

大~子（丈夫的哥哥）

箔 bó（统读）

簸（一）bǒ

颠~

（二）bò

~箕

膊 bo

胳~

卜 bo

萝～

醭 bú(统读)

哺 bǔ(统读)

捕 bǔ(统读)

鹴 bǔ(统读)

埠 bù(统读)

C

残 cán(统读)

惭 cán(统读)

灿 càn(统读)

藏(一)cáng

　　矿～

　　(二)zàng

　　宝～

糙 cāo(统读)

嘈 cáo(统读)

螬 cáo(统读)

厕 cè(统读)

岑 cén(统读)

差(一)chā(文)

　　不～累黍　不～什么

　　偏～　色～　～别

　　视～　误～　电势～

　　一念之～　～池　～错

　　言～语错　一～二错

　　阴错阳～　～等　～额

　　～价　～强人意　～数

　　～异

　　(二)chà(语)

　　～不多

　　～不离　～点儿

　　(三)cī

　　参～

猹 chá(统读)

搽 chá(统读)

阐 chǎn(统读)

羼 chàn(统读)

颤(一)chàn

　　～动　发～

　　(二)zhàn～栗(战栗)

　　打～(打战)

忏 chàn(统读)

伥 chāng(统读)

场(一)chǎng

　　～合　～所

　　冷～　捧～

　　(二)cháng

　　外～　圩～　～院

　　一～雨

　　(三)chang

　　排～

钞 chāo(统读)

巢 cháo(统读)

嘲 cháo

　　～讽　～骂　～笑

耖 chào(统读)

车(一)chē

　　安步当～　杯水～薪

　　闭门造～　螳臂当～

　　(二)jū

　　(象棋棋子名称)

晨 chén(统读)

称 chèn

　　～心　～意　～职

　　对～　相～

撑 chēng(统读)

乘(动作义,念 chéng)

　　包～制　～便　～风破浪

　　～客　～势　～兴

橙 chéng(统读)

惩 chéng(统读)

澄（一）chéng（文）

　　～清

　　（如"～清混乱"、"～清问题"）

　　（二）dèng（语）

　　单用，如"把水～清了"。

痴 chī（统读）

吃 chī（统读）

弛 chí（统读）

褫 chǐ（统读）

尺 chǐ

　　～寸　　～头

豉 chǐ（统读）

侈 chǐ（统读）

炽 chì（统读）

舂 chōng（统读）

冲 chòng

　　～床　　～模

臭（一）chòu

　　遗～万年

　　（二）xiù

　　乳～　　铜～

储 chǔ（统读）

处 chǔ（动作义）

　　～罚　　～分　　～决

　　～理　　～女　　～置

畜（一）chù（名物义）

　　～力　　家～

　　牲～　　幼～

　　（二）xù（动作义）

　　～产　　～牧　　～养

触 chù（统读）

搐 chù（统读）

绌 chù（统读）

黜 chù（统读）

闯 chuǎng（统读）

创（一）chuàng

草～　　～举　　首～

～造　　～作

（二）chuāng

～伤　　重～

绰（一）chuò

～～有余

（二）chuo

宽～

疵 cī（统读）

雌 cí（统读）

赐 cì（统读）

伺 cì

　　～候

枞（一）cōng

　　～树

　　（二）zōng

　　～阳〔地名〕

从 cóng（统读）

丛 cóng（统读）

攒 cuán

　　万头～动　　万箭～心

脆 cuì（统读）

撮（一）cuō

　　～儿　　一～儿盐

　　一～儿匪帮

　　（二）zuǒ

　　一～儿毛

措 cuò（统读）

D

搭 dā（统读）

答（一）dá

　　报～　　～复

　　（二）dā

　　～理　　～应

打 dá

苏～　一～(十二个)

大(一)dà
　～夫(古官名)　～王(如
　爆破～王、钢铁～王)
　(二)dài
　～夫(医生)　～黄
　～王(如山～王)　～城
　〔地名〕

呆 dāi(统读)

傣 dǎi(统读)

逮(一)dài(文)
　如"～捕"。
　(二)dǎi(语)
　单用,如"～蚊子"、"～特务"。

当(一)dāng
　～地　～间儿
　～年(指过去)
　～日(指过去)
　～天(指过去)
　～时(指过去)
　螳臂～车
　(二)dàng
　一个～俩　安步～车
　适～　～年(同一年)
　～日(同一时候)
　～天(同一天)

档 dàng(统读)

蹈 dǎo(统读)

导 dǎo(统读)

倒(一)dǎo
　颠～　颠～是非
　颠～黑白　颠三～四
　倾箱～箧　排山～海
　～板　～嚼　～仓
　～嗓　～戈　潦～
　(二)dào

　～粪(把粪弄碎)

悼 dào(统读)

纛 dào(统读)

凳 dèng(统读)

羝 dī(统读)

氐 dī(古民族名)

堤 dī(统读)

提 dī
　～防

的 dí
　～当　～确

抵 dǐ(统读)

蒂 dì(统读)

缔 dì(统读)

谛 dì

点 dian
　打～(收拾、贿赂)

跌 diē(统读)

蝶 dié(统读)

订 dìng(统读)

都(一)dōu
　～来了
　(二)dū
　～市　首～
　大～(大多)

堆 duī(统读)

吨 dūn(统读)

盾 dùn(统读)

多 duō(统读)

咄 duō(统读)

掇(一)duō("拾取、采取"
　义)
　(二)duo
　撺～　掇～

裰 duō(统读)

踱 duó(统读)

度 duó

　忖～　～德量力

E

婀 ē(统读)

F

伐 fá(统读)

阀 fá(统读)

砝 fǎ(统读)

法 fǎ(统读)

发 fà

　理～　脱～　结～

帆 fān(统读)

藩 fān(统读)

梵 fàn(统读)

坊(一)fāng

　牌～　～巷

　(二)fáng

　粉～　磨～　碾～

　染～　油～　谷～

妨 fáng(统读)

防 fáng(统读)

肪 fáng(统读)

沸 fèi(统读)

汾 fén(统读)

讽 fěng(统读)

肤 fū(统读)

敷 fū(统读)

俘 fú(统读)

浮 fú(统读)

服 fú

　～毒　～药

拂 fú(统读)

辐 fú(统读)

幅 fú(统读)

甫 fǔ(统读)

复 fù(统读)

缚 fù(统读)

G

噶 gá(统读)

冈 gāng(统读)

刚 gāng(统读)

岗 gǎng

　～楼　～哨　～子

　门～　站～　山～子

港 gǎng(统读)

葛(一)gé

　～藤　～布　瓜～

　(二)gě〔姓〕(包括单、复姓)

隔 gé(统读)

革 gé

　～命　～新　改～

合 gě(一升的十分之一)

给(一)gěi(语)单用

　(二)jǐ(文)

　补～　供～　供～制

　～予　配～　自～自足

亘 gèn(统读)

更 gēng

　五～　～生

颈 gěng

　脖～子

供(一)gōng

　～给　提～　～销

　(二)gòng

　口～　翻～　上～

佝 gōu(统读)

枸 gǒu

　～杞

勾 gòu

～当

估（除"～衣"读 gù 外，都
　　读 gū）

骨（除"～碌"、"～朵"读 gū
　　外，都读 gǔ）

谷 gǔ

　～雨

锢 gù（统读）

冠（一）guān（名物义）

　～心病

　（二）guàn（动作义）

　沐猴而～　～军

庋 guǐ（统读）

犷 guǎng（统读）

桧（一）guì（树名）

　（二）huì（人名）

　"秦～"

刿 guì（统读）

聒 guō（统读）

蝈 guō（统读）

过（除姓氏读 guō 外，都读
　　guò）

H

虾 há

　～蟆

哈（一）hǎ

　～达

　（二）hà

　～什蚂

汗 hán

　可～

巷 hàng

　～道

号 háo

　寒～虫

和（一）hè

　唱～　附～　曲高～寡

　（二）huo

　搀～　搅～　暖～

　热～　软～

貉（一）hé（文）

　一丘之～

　（二）háo（语）

　～绒　～子

壑 hè（统读）

喝 hè

　～彩　～道　～令

　～止　呼幺～六

鹤 hè（统读）

黑 hēi（统读）

亨 hēng（统读）

横 héng（统读）

　～肉　～行霸道

　（二）hèng

　蛮～　～财

訇 hōng（统读）

虹（一）hóng（文）

　～彩　～吸

　（二）jiàng（语）单说

讧 hòng（统读）

囫 hú（统读）

瑚 hú（统读）

蝴 hú（统读）

桦 huà（统读）

徊 huái（统读）

踝 huái（统读）

浣 huàn（统读）

黄 huáng（统读）

荒 huang

　饥～（指经济困难）

诲 huì（统读）

贿 huì(统读)

会 huì

　一～儿

　多～儿　～厌(生理名
　词)

混 hùn

　～合　～乱　～凝土

　～淆　～血儿　～杂

蠖 huò(统读)

霍 huò(统读)

豁 huò

　～亮

获 huò(统读)

J

羁 jī(统读)

击 jī(统读)

奇 jī

　～数

芨 jī(统读)

缉(一)jī

　通～　侦～

　(二)qī

　～鞋口

几 jī

　茶～　条～

圾 jī(统读)

戢 jí(统读)

疾 jí(统读)

汲 jí(统读)

棘 jí(统读)

藉 jí

　狼～(籍)

嫉 jí(统读)

脊 jǐ(统读)

纪(一)jǐ〔姓〕

(二)jì

　～念　～律　纲～

　～元

偈 jì

　～语

绩 jì(统读)

迹 jì(统读)

寂 jì(统读)

箕 ji

　簸～

辑 ji

　逻～

茄 jiā

　雪～

夹 jiā

　～带藏掖　～道儿

　～攻　～棍　～生

　～杂　～竹桃　～注

浃 jiā(统读)

甲 jiǎ(统读)

歼 jiān(统读)

鞯 jiān(统读)

间(一)jiān

　～不容发　中～

　(二)jiàn

　中～儿　～道　～谍

　～断　～或　～接

　～距　～隙　～续

　～阻　～作　挑拨离～

趼 jiǎn(统读)

俭 jiǎn(统读)

缰 jiāng(统读)

膙 jiǎng(统读)

嚼(一)jiáo(语)

　味同～蜡

　咬文～字

（二）jué（文）

咀～ 过屠门而大～

（三）jiào

倒～（倒嚼）

侥 jiǎo

～幸

角（一）jiǎo

八～（大茴香） ～落

独～戏 ～膜 ～度

～儿（犄～） ～楼

勾心斗～ 号～

口～（嘴～）

鹿～菜 头～

（二）jué

～斗 ～儿（脚色）

口～（吵嘴） 主～儿

配～儿 ～力 捧～儿

脚（一）jiǎo

根～

（二）jué

～儿（也作"角儿"，脚色）

剿（一）jiǎo

围～

（二）chāo

～说 ～袭

校 jiào

～勘 ～样 ～正

较 jiào（统读）

酵 jiào（统读）

嗟 jiē（统读）

疖 jiē（统读）

结（除"～了个果子"、"开
花～果"、"～巴"、"～
实"念 jiē 之外，其他都
念 jié）

睫 jié（统读）

芥（一）jiè

～菜（一般的芥菜）

～末

（二）gài

～菜（也作"盖菜"）

～蓝菜

矜 jīn

～持 自～ ～怜

仅 jǐn

～～ 绝无～有

谨 jǐn（统读）

觐 jìn（统读）

浸 jìn（统读）

斤 jin

千～（起重的工具）

茎 jīng（统读）

粳 jīng（统读）

鲸 jīng（统读）

境 jìng（统读）

痉 jìng（统读）

劲 jìng

刚～

窘 jiǒng（统读）

究 jiū（统读）

纠 jiū（统读）

鞠 jū（统读）

鞫 jū（统读）

掬 jū（统读）

苴 jū（统读）

咀 jǔ

～嚼

矩（一）jǔ

～形

（二）ju

规～

俱 jù（统读）

龟 jūn

　　～裂（也作"皲裂"）

菌（一）jūn

　　细～　病～　杆～

　　霉～

　　（二）jùn

　　香～　～子

俊 jùn（统读）

K

卡（一）kǎ

　　～宾枪　～车　～介苗

　　～片　～通

　　（二）qiǎ

　　～子　关～

揩 kāi（统读）

慨 kǎi（统读）

忾 kài（统读）

勘 kān（统读）

看 kān

　　～管　～护　～守

糠 kāng（统读）

拷 kǎo（统读）

坷 kē（统读）

　　～拉（垃）

疴 kē（统读）

壳（一）ké（语）

　　～儿　贝～儿　脑～

　　驳～枪

　　（二）qiào（文）

　　地～　甲～　躯～

可（一）kě

　　～～儿的

　　（二）kè

　　～汗

恪 kè（统读）

刻 kè（统读）

克 kè

　　～扣

空（一）kōng

　　～心砖　～城计

　　（二）kòng

　　～心吃药

眍 kōu（统读）

矻 kū（统读）

酷 kù（统读）

框 kuàng（统读）

矿 kuàng（统读）

傀 kuǐ（统读）

溃（一）kuì

　　～烂

　　（二）huì

　　～脓

篑 kuì（统读）

括 kuò（统读）

L

垃 lā（统读）

邋 lā（统读）

罱 lǎn（统读）

缆 lǎn（统读）

蓝 lan

　　苤～

琅 láng（统读）

捞 lāo（统读）

劳 láo（统读）

醪 láo（统读）

烙（一）lào

　　～印　～铁　～饼

　　（二）luò

　　炮～　（古酷刑）

勒（一）lè（文）

~逼　~令　~派

~索　悬崖~马

(二)lēi(语)多单用

擂(除"~台"、"打~"读

lèi外,都读léi)

礌 léi(统读)

嬴 léi(统读)

蕾 lěi(统读)

累(一)lèi

(辛劳义,如"受~"

〔受劳~〕)

(二)léi

(如"~赘")

(三)lěi

(牵连义,如"带~"、"~

及"、"连~"、"赔~"、

"牵~"、"受~"〔受牵

~〕)

蠡(一)lí

管窥~测

(二)lǐ

~县　范~

喱 lí(统读)

连 lián(统读)

敛 liǎn(统读)

恋 liàn(统读)

量(一)liàng

~入为出　忖~

(二)liang

打~　掂~

踉 liàng

~跄

潦 liáo

~草　~倒

劣 liè(统读)

捩 liè(统读)

趔 liè(统读)

拎 līn(统读)

遴 lín(统读)

淋(一)lín

~浴　~漓　~巴

(二)lìn

~硝　~盐　~病

蛉 líng(统读)

榴 liú(统读)

馏(一)liú(文)

如"干~"、"蒸~"

(二)liù(语)

如"~馒头"

镏 liú

~金

碌 liù

~碡

笼(一)lóng(名物义)

~子　牢~

(二)lǒng(动作义)

~络　~括　~统

~罩

偻(一)lóu

佝~

(二)lǚ

伛~

瞜 lou

眍~

虏 lǔ(统读)

掳 lǔ(统读)

露(一)lù(文)

赤身~体　~天　~骨

~头角　藏头~尾

抛头~面　~头(矿)

(二)lòu(语)

~富　~苗　~光

～相　～马脚　～头

桐 lú(统读)

捋(一)lǚ

～胡子

(二)luō

～袖子

绿(一)lù(语)

(二)lù(文)

～林

鸭～江

孪 luán(统读)

挛 luán(统读)

掠 lüè(统读)

囵 lún(统读)

络 luò

～腮胡子

落(一)luò(文)

～膘　～花生　～魄

涨～　～槽　着～

(二)lào(语)

～架　～色　～炕

～枕　～儿　～子(一

种曲艺)

(三)là(语)遗落义

丢三～四　～在后面

M

脉(除"～～"念 mòmò 外，

一律念 mài)

漫 màn(统读)

蔓(一)màn(文)

～延　不～不支

(二)wàn(语)

瓜～　压～

牤 māng(统读)

氓 máng

流～

芒 máng(统读)

铆 mǎo(统读)

瑁 mào(统读)

虻 méng(统读)

盟 méng(统读)

祢 mí(统读)

眯(一)mí

～了眼(灰尘等入目,也

作"迷")

(二)mī

～了一会儿(小睡)

～缝着眼(微微合目)

靡(一)mí

～费

(二)mǐ

风～　委～　披～

秘(除"～鲁"读 bì 外,都

读 mì)

泌(一)mì(语)

分～

(二)bì(文)

～阳〔地名〕

娩 miǎn(统读)

缈 miǎo(统读)

皿 mǐn(统读)

闽 mǐn(统读)

茗 míng(统读)

酩 mǐng(统读)

谬 miù(统读)

摸 mō(统读)

模(一)mó

～范　～式　～型　～糊

～特儿　～棱两可

(二)mú

～子　～具　～样

膜 mó（统读）

摩 mó

　　按～　抚～

嬷 mó（统读）

墨 mò（统读）

糖 mò（统读）

沫 mò（统读）

缪 móu

　　绸～

N

难（一）nán

　　困～（或变轻声）

　　～兄～弟（难得的兄弟,现多用作贬义）

　　（二）nàn

　　排～解纷　发～　刁～

　　责～　～兄～弟（共患

　　难或同受苦难的人）

蝻 nǎn（统读）

蛲 náo（统读）

讷 nè（统读）

馁 něi（统读）

嫩 nèn（统读）

恁 nèn（统读）

妮 nī（统读）

拈 niān（统读）

鲇 nián（统读）

酿 niàng（统读）

尿（一）niào

　　糖～病

　　（二）suī（只用于口语名词）

　　尿（niào）～　～脬

啮 niè（统读）

宁（一）níng

　　安～

　　（二）nìng

　　～可　无～〔姓〕

忸 niǔ（统读）

脓 nóng（统读）

弄（一）nòng

　　玩～

　　（二）lòng

　　～堂

暖 nuǎn（统读）

衄 nǜ（统读）

疟（一）nüè（文）

　　～疾

　　（二）yào（语）

　　发～子

娜（一）nuó

　　婀～　袅～

　　（二）nà

　　（人名）

O

殴 ōu（统读）

呕 ǒu（统读）

P

杷 pá（统读）

琶 pá（统读）

牌 pái（统读）

排 pǎi（统读）

　　～子车

迫 pǎi

　　～击炮

湃 pài（统读）

爿 pán（统读）

胖 pán

　　心广体～（～为安舒貌）

蹒 pán（统读）

畔 pàn（统读）

乓 pāng(统读)

滂 pāng(统读)

脬 pāo(统读)

胚 pēi(统读)

喷（一）pēn

　～嚏

　（二）pèn

　～香

　（三）pen

　嚏～

澎 péng(统读)

坯 pī(统读)

披 pī(统读)

匹 pǐ(统读)

僻 pì(统读)

譬 pì(统读)

片（一）piàn

　～子　唱～　画～

　相～　影～　～儿会

　（二）piān(口语一部分

　词)

　～子　～儿　唱～儿

　画～儿　　相～儿

　影～儿

剽 piāo(统读)

缥 piāo

　～缈（飘渺）

撇 piē

　～弃

聘 pìn(统读)

乒 pīng(统读)

颇 pō(统读)

剖 pōu(统读)

仆（一）pū

　前～后继

　（二）pú

　～从

扑 pū(统读)

朴（一）pǔ

　俭～　～素　～质

　（二）pō

　～刀

　（三）pò

　～硝　厚～

璞 pú(统读)

瀑 pù

　～布

曝（一）pù

　一～十寒

　（二）bào

　～光（摄影术语）

Q

栖 qī

　两～

戚 qī(统读)

漆 qī(统读)

期 qī(统读)

蹊 qī

　～跷

蛴 qí(统读)

畦 qí(统读)

其 qí(统读)

骑 qí(统读)

企 qǐ(统读)

绮 qǐ(统读)

杞 qǐ(统读)

械 qì(统读)

洽 qià(统读)

签 qiān(统读)

潜 qián(统读)

荨（一）qián(文)

～麻

（二）xún（语）

～麻疹

嵌 qiàn（统读）

欠 qian

打哈～

戕 qiāng（统读）

镪 qiāng

～水

强（一）qiáng

～渡　～取豪夺　～制

博闻～识

（二）qiǎng

勉～　牵～　～词夺理

～迫　～颜为笑

（三）jiàng

倔～

襁 qiǎng（统读）

跄 qiàng（统读）

悄（一）qiāo

～～儿的

（二）qiǎo

～默声儿的

橇 qiāo（统读）

翘（一）qiào（语）

～尾巴

（二）qiáo（文）

～首　～楚　连～

怯 qiè（统读）

挈 qiè（统读）

趄 qie

趔～

侵 qīn（统读）

衾 qīn（统读）

噙 qín（统读）

倾 qīng（统读）

亲 qìng

～家

穹 qióng（统读）

黢 qū（统读）

曲（麯）qū

大～　红～　神～

渠 qú（统读）

瞿 qú（统读）

蠼 qú（统读）

苣 qǔ

～荬菜

龋 qǔ（统读）

趣 qù（统读）

雀 què

～斑　～盲症

R

髯 rán（统读）

攘 rǎng（统读）

桡 ráo（统读）

绕 rào（统读）

任 rén〔姓，地名〕

妊 rèn（统读）

扔 rēng（统读）

容 róng（统读）

糅 róu（统读）

茹 rú（统读）

孺 rú（统读）

蠕 rú（统读）

辱 rǔ（统读）

挼 ruó（统读）

S

靸 sǎ（统读）

噻 sāi（统读）

散（一）sǎn

懒～ 零零～～ ～漫

（二）san

零～

丧 sang

哭～着脸

扫（一）sǎo

～兴

（二）sào

～帚

埽 sào（统读）

色（一）sè（文）

（二）shǎi（语）

塞（一）sè（文）动作义

（二）sāi（语）名物义

如"活～"、"瓶～"

动作义，如"把洞～住"

森 sēn（统读）

煞（一）shā

～尾 收～

（二）shà

～白

啥 shá（统读）

厦（一）shà（语）

（二）xià（文）

～门 噶～

杉（一）shān（文）

紫～ 红～ 水～

（二）shā（语）

～篙 ～木

衫 shān（统读）

姗 shān（统读）

苫（一）shàn 动作义

如"～布"

（二）shān 名物义

如"草～子"

墒 shāng（统读）

猞 shē（统读）

舍 shè

宿～

慑 shè（统读）

摄 shè（统读）

射 shè（统读）

谁 shéi，又音 shuí

娠 shēn（统读）

什（甚）shén

～么

蜃 shèn（统读）

葚（一）shèn（文）

桑～

（二）rèn（语）

桑～儿

胜 shèng（统读）

识 shí

常～ ～货 ～字

似 shì

～的

室 shì（统读）

螫（一）shì（文）

（二）zhē（语）

匙 shi

钥～

殊 shū（统读）

蔬 shū（统读）

疏 shū（统读）

叔 shū（统读）

淑 shū（统读）

菽 shū（统读）

熟（一）shú（文）

（二）shóu（语）

署 shǔ（统读）

曙 shǔ（统读）

漱 shù（统读）

戍 shù（统读）

蟀 shuài（统读）

孀 shuāng（统读）

说 shuì

  游～

数 shuò

  ～见不鲜

硕 shuò（统读）

蒴 shuò（统读）

艘 sōu（统读）

嗾 sǒu（统读）

速 sù（统读）

塑 sù（统读）

虽 suī（统读）

绥 suí（统读）

髓 suǐ（统读）

遂（一）suì

  不～　毛～自荐

  （二）suí

  半身不～

隧 suì（统读）

隼 sǔn（统读）

莎 suō

  ～草

缩（一）suō

  收～

  （二）sù

  ～砂密（一种植物）

嗍 suō（统读）

索 suǒ（统读）

T

趿 tā（统读）

鳎 tǎ（统读）

獭 tǎ（统读）

沓（一）tà

重～

  （二）ta

疲～

  （三）dá

一～纸

苔（一）tái（文）

  （二）tāi（语）

探 tàn（统读）

涛 tāo（统读）

悌 tì（统读）

佻 tiāo（统读）

调 tiáo

  ～皮

帖（一）tiē

  妥～　伏伏～～

  俯首～耳

  （二）tiě

  请～　字～儿

  （三）tiè

  字～　碑～

听 tīng（统读）

庭 tíng（统读）

骰 tóu（统读）

凸 tū（统读）

突 tū（统读）

颓 tuí（统读）

蜕 tuì（统读）

臀 tún（统读）

唾 tuò（统读）

W

娲 wā（统读）

挖 wā（统读）

瓦 wà

  ～刀

喎 wāi（统读）

蜿 wān(统读)

玩 wán(统读)

惋 wǎn(统读)

脘 wǎn(统读)

往 wǎng(统读)

忘 wàng(统读)

微 wēi(统读)

巍 wēi(统读)

薇 wēi(统读)

危 wēi(统读)

韦 wéi(统读)

违 wéi(统读)

唯 wéi(统读)

圩(一)wéi

　～子

　(二)xū

　～(墟)场

纬 wěi(统读)

委 wěi

　～靡

伪 wěi(统读)

萎 wěi(统读)

尾(一)wěi

　～巴

　(二)yǐ

　马～儿

尉 wèi

　～官

文 wén(统读)

闻 wén(统读)

紊 wěn(统读)

喔 wō(统读)

蜗 wō(统读)

硪 wò(统读)

诬 wū(统读)

梧 wú(统读)

牾 wǔ(统读)

乌 wù

　～拉(也作"靰鞡")

　～拉草

杌 wù(统读)

鹜 wù(统读)

X

夕 xī(统读)

汐 xī(统读)

晰 xī(统读)

析 xī(统读)

皙 xī(统读)

昔 xī(统读)

溪 xī(统读)

悉 xī(统读)

螅 xī(统读)

蜥 xī(统读)

惜 xī(统读)

锡 xī(统读)

樨 xī(统读)

袭 xí(统读)

檄 xí(统读)

峡 xiá(统读)

暇 xiá(统读)

吓 xià

　杀鸡～猴

鲜 xiān

　屡见不～

　数见不～

锨 xiān(统读)

纤 xiān

　～维

涎 xián(统读)

弦 xián(统读)

陷 xiàn(统读)

霰 xiàn(统读)

向 xiàng(统读)

相 xiàng

～机行事

淆 xiáo(统读)

哮 xiào(统读)

些 xiē(统读)

颉 xié

～颃

携 xié(统读)

偕 xié(统读)

挟 xié(统读)

械 xiè(统读)

馨 xīn(统读)

囟 xìn(统读)

行 xíng

操～　德～　发～

品～

省 xǐng

内～　反～　～亲

不～人事

芎 xiōng(统读)

朽 xiǔ(统读)

宿 xiù

星～　二十八～

煦 xù(统读)

蓿 xu

苜～

癣 xuǎn(统读)

削(一)xuē(文)

剥～　～减　瘦～

(二)xiāo(语)

切～　～铅笔　～球

穴 xué(统读)

学 xué(统读)

雪 xuě(统读)

血(一)xuè(文)用于复音
词及成语,如"贫～"、
"心～"、"呕心沥～"、
"～泪史"、"狗～喷头"等

(二)xiě(语)口语多单用,
如"流了点儿～"及几个
口语常用词,如"鸡～"、
"～晕"、"～块子"等

谑 xuè(统读)

寻 xún(统读)

驯 xùn(统读)

逊 xùn(统读)

熏 xùn

煤气～着了

徇 xùn(统读)

殉 xùn(统读)

蕈 xùn(统读)

Y

押 yā(统读)

崖 yá(统读)

哑 yǎ

～然失笑

亚 yà(统读)

殷 yān

～红

芫 yán

～荽

筵 yán(统读)

沿 yán(统读)

焰 yàn(统读)

夭 yāo(统读)

肴 yáo(统读)

杳 yǎo(统读)

窈 yǎo(统读)

钥(一)yào(语)

～匙

（二）yuè（文）

　锁～

曜 yào（统读）

耀 yào（统读）

椰 yē（统读）

噎 yē（统读）

叶 yè

　～公好龙

曳 yè

　弃甲～兵

　摇～　　～光弹

屹 yì（统读）

轶 yì（统读）

谊 yì（统读）

懿 yì（统读）

诣 yì（统读）

艾 yì

　自怨自～

荫 yìn（统读）

（"树～"、"林～道"应作

"树阴"、"林阴道"）

应（一）yīng

　～届　　～名儿　　～许

　提出的条件他都～了

　是我～下来的任务

（二）yìng

　～承　　～付　　～声

　～时　　～验　　～邀

　～用　　～运　　～征

　里～外合

萦 yíng（统读）

映 yìng（统读）

佣 yōng（统读）

　～工

庸 yōng（统读）

臃 yōng（统读）

壅 yōng（统读）

拥 yōng（统读）

踊 yǒng（统读）

咏 yǒng（统读）

泳 yǒng（统读）

莠 yǒu（统读）

愚 yú（统读）

娱 yú（统读）

愉 yú（统读）

伛 yǔ（统读）

屿 yǔ（统读）

吁 yù

　呼～

跃 yuè（统读）

晕（一）yūn

　～倒　　头～

（二）yùn

　月～　　血～　　～车

酝 yùn（统读）

Z

匝 zā（统读）

杂 zá（统读）

载（一）zǎi

　登～　　记～

（二）zài

　搭～　　怨声～道

　重～　　装～　　～歌～舞

簪 zān（统读）

咱 zán（统读）

暂 zàn（统读）

凿 záo（统读）

择（一）zé

　选～

（二）zhái

～不开　～菜　～席

贼 zéi(统读)

憎 zēng(统读)

甑 zèng(统读)

喳 zhā

　唧唧～～

轧(除"～钢"、"～辊"念

　zhá 外,其他都念 yà)

　(gá 为方言,不审)

摘 zhāi(统读)

粘 zhān

　～贴

涨 zhǎng

　～落　高～

着(一)zháo

　～慌　～急　～家

　～凉　～忙　～迷

　～水　～雨

(二)zhuó

　～落　～手　～眼

　～意　～重　不～边际

(三)zhāo

　失～

沼 zhǎo(统读)

召 zhào(统读)

遮 zhē(统读)

蛰 zhé(统读)

辙 zhé(统读)

贞 zhēn(统读)

侦 zhēn(统读)

帧 zhēn(统读)

胗 zhēn(统读)

枕 zhěn(统读)

诊 zhěn(统读)

振 zhèn(统读)

知 zhī(统读)

织 zhī(统读)

脂 zhī(统读)

植 zhí(统读)

殖(一)zhí

　繁～　生～　～民

(二)zhi

　骨～

指 zhǐ(统读)

掷 zhì(统读)

质 zhì(统读)

蛭 zhì(统读)

秩 zhì(统读)

栉 zhì(统读)

炙 zhì(统读)

中 zhōng

　人～(人口上唇当中处)

种 zhòng

　点～(义同"点播"。动宾

　结构念 diǎnzhǒng,义为

　点播种子)

诌 zhōu(统读)

骤 zhòu(统读)

轴 zhòu

　大～子戏

　压～子

碡 zhou

　碌～

烛 zhú(统读)

逐 zhú(统读)

属 zhǔ

　～望

筑 zhù(统读)

著 zhù

　土～

转 zhuǎn

　运～

撞 zhuàng（统读）

幢（一）zhuàng

　一～楼房

　（二）chuáng

　经～（佛教所设刻有经

　咒的石柱）

拙 zhuō（统读）

苗 zhuó（统读）

灼 zhuó（统读）

卓 zhuó（统读）

综 zōng

　～合

纵 zòng（统读）

粽 zòng（统读）

镞 zú（统读）

组 zǔ（统读）

钻（一）zuān

　～探　～孔

　（二）zuàn

　～床　～杆　～具

佐 zuǒ（统读）

唑 zuò（统读）

柞（一）zuò

　～蚕　～绸

　（二）zhà

　～水（在陕西）

做 zuò（统读）

作（除"～坊"读 zuō 外，其

　余都读 zuò）

　　说明：上表发布于 1985 年，至今已有四十年。为全面贯彻《国家通用语言文字法》，推进普通话推广工作，国家语委于 2011 年 10 月启动了新中国成立以来第三次普通话审音工作，主要内容是研制普通话审音原则，根据当前语言生活发展需要修订 1985 年发布的《普通话异读词审音表》，建立健全普通话语音规范标准体系。由众多专家组成的普通话审音课题组，经过广泛调研与多年努力，终完成了《普通话异读词审音表（修订稿）》，并于 2016 年 6 月面向社会公开征求意见，但截至 2024 年此修订稿尚未正式发布。修订稿在例词选取、异读审定等方面有一些小变化，感兴趣者可自行扫码参考阅读。

附录二　多音多义字表①

A

阿　(1)ā　～姨　　～拉伯

　　(2)ē　～胶　　～谀

啊　(1)ā　(叹词,表赞叹或惊异)

　　(2)á　(叹词,表疑问或反问)

　　(3)ǎ　(叹词,表疑问或吃惊)

　　(4)à　(叹词,表应诺或醒悟)

　　(5)a　(语气词,表惊叹的语气)

挨　(1)āi　～次　　～近

　　(2)ái　～时间　忍饥～饿

唉　(1)āi　(叹词,应人声)

　　(2)ài　(叹词,表伤感或惋惜)

艾　(1)ài　～绒　　方兴未～

　　　　　(姓)

　　(2)yì　自怨自～

熬　(1)āo　～白菜　　～豆腐

　　(2)áo　～药　　～夜

拗　(1)ǎo　～断

　　(2)ào　～口

　　(3)niù　执～

B

扒　(1)bā　～皮　　～着栏杆

　　(2)pá　～鸡　　～手

　　　　　～子　　～痒

吧　(1)bā　～嗒　　～唧

　　(2)ba　(语气词,表允许、推测、请

　　　　　求等语气)

把　(1)bǎ　～关　　～握

　　(2)bà　刀～儿　印～子

耙　(1)bà　～地　　钉齿～

　　(2)pá　～开　　～子

罢　(1)bà　～工　　～免

　　　　　～手　　～职

　　(2)ba　[语气词,同"吧(2)"]

柏　(1)bǎi　～树　　～油

　　　　　(姓)

　　(2)bó　～林

　　(3)bò　(同"檗")

膀　(1)bǎng　肩～　　翅～

　　(2)pāng　～肿

　　(3)páng　～胱

蚌　(1)bàng　河～　　鹬～相争

　　(2)bèng　～埠(地名)

磅　(1)bàng　～秤　　过～

　　(2)páng　～礴

剥　(1)bāo　～皮　　～花生

　　(2)bō　～夺　　～削

薄　(1)báo　～板　　酒味～

　　(2)bó　～弱　　刻～

　　(3)bò　～荷

堡　(1)bǎo　～垒　　桥头～

　　(2)bǔ　～子　　瓦窑～

　　　　　(地名)

　　(3)pù　十里～(地名)

暴　(1)bào　～躁　　～动

　　　　　残～　　凶～

---

① 按第(1)音汉语拼音字母顺序排列

	(2)pù	一～十寒	
背	(1)bèi	～脊	～景
		～诵	违～
	(2)bēi	～枪	～包袱
奔	(1)bēn	～波	～放
		～跑	～腾
	(2)bèn	～头儿	投～
绷	(1)bēng	～带	～紧
		～子	棕～
	(2)běng	～着个脸	
	(3)bèng	～脆	～硬
		～瓷	
辟	(1)bì	复～	
	(2)pì	～谣	开天～地
臂	(1)bì	～膀	～章
		～助	
	(2)bei	胳～	
扁	(1)biǎn	～担	～豆
		～平	
	(2)piān	～舟	
便	(1)biàn	方～	随～
		～饭	～条
	(2)pián	～宜	
		大腹～～	
瘪	(1)biē	～三	
	(2)biě	～嘴	干～
别	(1)bié	～离	～人
		分～	类～
	(2)biè	～扭	
并	(1)bìng	～非	～排
		～且	合～
	(2)bīng	(太原市的别称)	
伯	(1)bó	～父	～爵
		～仲	老～
	(2)bǎi	大～子	
泊	(1)bó	～船	淡～

		落～	停～
	(2)pō	湖～	血～
膊	(1)bó	赤～	
	(2)bo	胳～	
簸	(1)bǒ	颠～	
	(2)bò	～箕	
卜	(1)bǔ	～辞	预～
	(2)bo	萝～	

C

采	(1)cǎi	～购	～纳
		～用	神～
	(2)cài	～地	～邑
参	(1)cān	～观	～加
		～考	～谋
	(2)shēn	海～	人～
		～商	～星
	(3)cēn	～差	
藏	(1)cáng	～书	暗～
		躲～	珍～
	(2)zàng	～青	～族
		宝～	道～
侧	(1)cè	～击	～面
		～影	～重
	(2)zhāi	～棱	～歪
	(3)zè	(同"仄")	
曾	(1)céng	～经	不～ 未～
	(2)zēng	～孙	～祖
		姓～	
叉	(1)chā	～腰	刀～
		钢～	交～
	(2)chá	～住了	
	(3)chǎ	～着腿	
	(4)chà	劈～	
差	(1)chā	～别	～错
		～距	误～

(2)chà ～劲 ～不多
～不离

(3)chāi ～遣 出～
当～ 交～

(4)cī 参～

查 (1)chá ～对 ～看
调～ 审～

(2)zhā （姓）

衩 (1)chǎ 裤～

(2)chà 开～

杈 (1)chā ～子

(2)chà 树～儿 打棉花～

刹 (1)chà ～那 古～

(2)shā ～把 ～车

拆 (1)chāi ～除 ～换
洗～ ～卸

(2)cā ～烂污

掺 (1)chān ～杂

(2)shǎn ～手

颤 (1)chàn ～动 ～抖
～悠 振～

(2)zhàn ～栗 打～

裳 (1)cháng 绿衣黄～

(2)shang 衣～

长 (1)cháng ～城 ～江
～久 ～空

(2)zhǎng ～辈 成～
家～ 滋～

场 (1)cháng ～院 打～
赶～ 一～雨

(2)chǎng ～地 ～合
广～ 会～

(3)chang 排～

厂 (1)chǎng ～房 ～矿
～长 工～

(2)ān （同"庵"）

吵 (1)chāo ～～

(2)chǎo ～架 ～嚷
～嘴 争～

朝 (1)cháo ～拜 ～代
～向
（姓）

(2)zhāo ～气 ～霞
～阳 ～夕

嘲 (1)cháo ～讽 ～弄 ～笑

(2)zhāo ～哳(zhā)

车 (1)chē ～队 ～间 ～辆
（姓）

(2)jū （象棋棋子名）

称 (1)chèn ～心 ～职
对～ 匀～

(2)chēng ～道 ～号
～呼 ～赞

(3)chèng （同"秤"）

乘 (1)chéng ～车 ～机
～客 ～凉

(2)shèng 千～之国

澄 (1)chéng ～澈 ～清

(2)dèng 把水～清了

匙 (1)chí ～子 羹～ 汤～

(2)shi 钥～

尺 (1)chǐ ～寸 ～码
皮～ 曲～

(2)chě （旧时乐谱记音符号之一）

冲 (1)chōng ～淡 ～动
～锋 ～刷

(2)chòng ～床 ～模
～压 ～劲儿

重 (1)chóng ～叠 ～复
～合 ～新

(2)zhòng ～大 ～点
庄～ 尊～

仇　(1)chóu　～敌　　　～恨
　　　　　　～视　　　复～
　　(2)qiú　（姓）

臭　(1)chòu　～虫　　　～气
　　　　　　～味相投
　　(2)xiù　乳～　　　铜～

处　(1)chǔ　～罚　　　～分
　　　　　　～境　　　～理
　　(2)chù　～所　　　到～
　　　　　　暗～　　　办事～

畜　(1)chù　～力　　　～生
　　　　　　家～　　　牲～
　　(2)xù　～产　　　～牧

揣　(1)chuāi　～在怀里
　　(2)chuǎi　～度　～测
　　　　　　摩～　不～冒昧
　　(3)chuài　挣～

传　(1)chuán　～播　～达
　　　　　　流～　遗～
　　(2)zhuàn　别～　列～
　　　　　　外～　自～

创　(1)chuāng　～伤　刀～
　　(2)chuàng　～建　～造
　　　　　　开～　首～

幢　(1)chuáng　人影～～
　　(2)zhuàng　一～楼

绰　(1)chuò　～号　　　～～有余
　　　　　　影影～～
　　(2)chāo　～起一根棍子
　　(3)chuo　宽～

刺　(1)cì　～刀　　　～激
　　　　　　冲～　　　讽～
　　(2)cī　～溜　　　～～冒烟

撮　(1)cuō　～合　～弄　～要
　　(2)zuǒ　一～毛

D

答　(1)dā　～理　　　～应
　　(2)dá　报～　　　问～

打　(1)dá　一～铅笔
　　(2)dǎ　～击　　　～扫

瘩　(1)dá　～背　　　～手
　　(2)da　疙～

大　(1)dà　～约　　　～众
　　(2)dài　～城(地名)　～夫
　　　　　　山～王

逮　(1)dǎi　～蝗虫　　～老鼠
　　(2)dài　～捕　　　力有未～

待　(1)dài　～机　　　～遇
　　　　　　等～　　　招～
　　(2)dāi　～会儿走(也作呆)

担　(1)dān　～当　　　～任
　　　　　　～心　　　～水
　　(2)dàn　～子　重～　货郎～

单　(1)dān　～纯　　　～独
　　　　　　传～　　　简～
　　(2)shàn　（姓）
　　(3)chán　～于(古代匈奴的君主)

掸　(1)dǎn　～衣服　　～桌子
　　　　　　鸡毛～子
　　(2)shàn　～族　　　～邦

弹　(1)dàn　炮～　炸～　子～
　　(2)tán　～琴　　　～性

当　(1)dāng　～前　　　～选
　　　　　　相～　　　应～
　　(2)dàng　～铺　　　～真
　　　　　　恰～　　　妥～

铛　(1)dāng　～的一声　～～响
　　(2)chēng（炊具名）

挡　(1)dǎng　～驾　　　阻～
　　(2)dàng　摒～

叨　(1)dāo　～～　　　唠～

　　(2)dáo　～咕

　　(3)tāo　～光　　～教　　～扰

倒　(1)dǎo　～闭　　　～下

　　(2)dào　～茶　　　～退

得　(1)dé　　～到　　　～意

　　(2)děi　可～注意　你～当心

　　(3)de　　吃～消　　对～起

的　(1)de　　红～花　　我～书

　　(2)dì　　目～　　　有～放矢

　　(3)dí　　～确

蹬　(1)dēng　～在凳子上

　　(2)dèng　～脚

嘀　(1)dí　　～咕

　　(2)dī　　～嗒

地　(1)dì　　～方　　　～球

　　　　　　　心～　　　土～

　　(2)de　　慢慢～走

点　(1)diǎn　～头　　　～子

　　　　　　　起～　　　重～

　　(2)dian　打～

佃　(1)diàn　～户　　　～农

　　(2)tián　～作

调　(1)diào　～查　　　～动

　　　　　　　曲～　　　声～

　　(2)tiáo　～和　　　～整

丁　(1)dīng　～当　　　～忧

　　　　　　　人～　　　壮～

　　(2)zhēng　～～(伐木声)

钉　(1)dīng　～子　　　螺丝～

　　(2)dìng　～钉子　　～扣子

斗　(1)dǒu　～胆　　　～室　　一～米

　　(2)dòu　～争　　　捕～

读　(1)dú　　～书　　　～者

　　　　　　　朗～　　　宣～

　　(2)dòu　句～

肚　(1)dù　　～子　　　炉～儿

　　　　　　　腿～子

　　(2)dǔ　　羊～儿　　猪～子

度　(1)dù　　～量　　　温～

　　　　　　　程～　　　制～

　　(2)duó　忖～　　　揣～

垛　(1)duǒ　门～子　　城墙～口

　　(2)duò　麦～　　　一～砖

蹲　(1)dūn　～点　　　～下

　　(2)cún　～了腿

敦　(1)dūn　～厚　　　～实

　　(2)duì　(古器具名)

囤　(1)dùn　粮～　　　花生～

　　(2)tún　～积　　　～粮

顿　(1)dùn　～时　　　停～

　　(2)dú　冒～(匈奴族的君主名)

E

恶　(1)ě　　～心

　　(2)è　　～霸　　　～毒

　　　　　　 ～劣　　　凶～

　　(3)wù　可～　　　厌～

　　　　　　 憎～　　　深～痛绝

　　(4)wū　(古作疑问代词或叹词)

F

发　(1)fā　　～表　　　～明

　　　　　　 ～展　　　启～

　　(2)fà　　～型　　头～　　千钧一～

蕃　(1)fān　～号　　　～茄

　　(2)pān　～禺(地名)

繁　(1)fán　～多　　　～华

　　　　　　 ～殖　　　频～

　　(2)pó　　(姓)

坊　(1)fāng　～间　　街～　　牌～

　　(2)fáng　磨～　　　碾～

		染～	油～
菲	(1)fēi	～律宾	芳～
	(2)fěi	～薄	～礼
分	(1)fēn	～别	～工
		～开	～明
	(2)fèn	～量	～子
		安～	本～
冯	(1)féng	（姓）	
	(2)píng	（同"凭"）	
缝	(1)féng	～补	～合
		～纫	～制
	(2)fèng	～隙	～裂
		天衣无～	
佛	(1)fó	～教	～像
	(2)fú	仿～	
否	(1)fǒu	～定	～认 ～则
	(2)pǐ	～极泰来	
夫	(1)fū	～妇	～妻
		～人	渔～
	(2)fú	（古作指示代词,助词或语气词）	
服	(1)fú	～从	～务
		～装	克～
	(2)fù	一～药	
脯	(1)fǔ	鹿～	果～
	(2)pú	胸～	
父	(1)fù	～亲	～老
	(2)fǔ	田～	渔～

G

盖	(1)gài	～子	覆～
		掩～	遮～
	(2)gě	（姓）	
干	(1)gān	～瘪	～脆
		～净	～扰
	(2)gàn	～部	～劲

		才～	骨～
杆	(1)gān	栏～	旗～
		桅～	电线～
	(2)gǎn	～菌	笔～儿
		枪～儿	
钢	(1)gāng	～板	～笔
		～琴	～铁
	(2)gàng	把刀～一～	
岗	(1)gǎng	～楼	～哨
		～位	门～
	(2)gāng	山～	花～石
膏	(1)gāo	～药	～腴
		石～	牙～
	(2)gào	～墨	～油
镐	(1)gǎo	～头	风～
	(2)hào	（地名）	
搁	(1)gē	～浅	～置 耽～
	(2)gé	～不住	
革	(1)gé	～除	～命
		改～	皮～
	(2)jí	病～	
格	(1)gē	～～笑	
	(2)gé	～子	～调
		～局	合～
葛	(1)gé	～布	～藤
		瓜～	纠～
	(2)gě	（姓） 诸葛（复姓）	
蛤	(1)gé	～蜊	～蚧
	(2)há	～蟆	
个	(1)gè	～别	～体
		～性	整～
	(2)gě	自～儿	
各	(1)gè	～别	～样
		～科	～自
	(2)gě	自～儿	
给	(1)gěi	送～	

	(2)jǐ	～予	供～
		自～自足	
更	(1)gēng	～改	～换
		～正	～变
	(2)gèng	～加	～好
		～其	～为
供	(1)gōng	～给	～销
		～养(供给生活教育费用)	
		～应	
	(2)gòng	～词	～认
		～养(用供品祭祀神佛或祖先)	口～
勾	(1)gōu	～结	～通
		～销	～引
	(2)gòu	～当	
		(姓)	
估	(1)gū	～计	～价
		～量	～算
	(2)gù	～衣	
骨	(1)gǔ	～干	～气
		～肉	～头
	(2)gū	～朵	～碌
谷	(1)gǔ	～物	～雨
		彩～	山～
	(2)yù	吐～浑(古代少数民族名)	
观	(1)guān	～察	～念
		～众	客～
	(2)guàn	白云～(道教庙宇)	
冠	(1)guān	～冕堂皇	桂～
		衣～楚楚	
	(2)guàn	～军	
		(姓)	
广	(1)guǎng	～大	～泛
		～阔	宽～
	(2)ān	(同"庵")	
龟	(1)guī	乌～	

	(2)jūn	～裂		
	(3)qiū	～兹(地名)		
柜	(1)guì	～台	衣～	
	(2)jǔ	～柳		
过	(1)guò	～程	～渡	
		悔～	难～	
	(2)guō	(姓)		
	(3)guo	吃～饭	找～他	

H

哈	(1)hā	～欠	～腰	
	(2)hǎ	～达		
		(姓)		
	(3)hà	～什蚂		
汗	(1)hàn	～水	～毛	
	(2)hán	可～		
夯	(1)hāng	～歌	打～	
	(2)bèn	(同"笨")		
号	(1)háo	～叫	怒～	
	(2)hào	～码	～召	
好	(1)hǎo	～处	友～	
	(2)hào	～奇	爱～	
呵	(1)hē	～斥	笑～～	
	(2)a	[同"阿"(5)]		
喝	(1)hē	～茶	～水	
	(2)hè	～彩	～令	吆～
合	(1)hé	～格	～伙	
		场～	符～	
	(2)gě	一～米		
和	(1)hé	～善	调～	
	(2)hè	～诗	附～	
	(3)huó	～面	～泥	
	(4)huò	～药	洗了三～	
	(5)hú	～了(打牌用语)		
荷	(1)hé	～包	～花	
	(2)hè	～枪	～重	

核　(1)hé　　电～　　　负～
　　　　　　～对　　　～心
　　　　　　考～　　　审～
　　(2)hú　　煤～儿　　桃～儿

哼　(1)hēng　～了几声
　　(2)hng　（叹词,表示不满或不信任）

横　(1)héng　～向　　　～心
　　　　　　　～行　　　纵～
　　(2)hèng　～财　　　～死　　蛮～

哄　(1)hōng　～堂大笑　乱～～
　　(2)hǒng　～骗　　　～小孩儿
　　(3)hòng　起～　　　一～而散

红　(1)hóng　～军　　　～旗
　　　　　　　火～　　　通～
　　(2)gōng　女～

虹　(1)hóng　彩～　　　霓～灯
　　(2)jiàng　出～了

侯　(1)hóu　封～　　　诸～
　　(2)hòu　闽～（地名）

糊　(1)hú　　～口　　　～涂
　　(2)hù　　面～　　　辣椒～
　　(3)hū　　～了一层纸

唬　(1)hǔ　　～人　　　吓～
　　(2)xià　（同"吓"）

华　(1)huá　光～　　　才～
　　(2)huà　（姓）
　　(3)huā　（同"花"）

哗　(1)huá　～然　　　喧～
　　(2)huā　～～　　　～啦

化　(1)huà　～合　　　变～
　　(2)huā　～钱　　　～工夫

划　(1)huà　～分　　　～清
　　　　　　　策～　　　规～
　　(2)huá　～船　　　～行　　～得来
　　(3)huai　刮～（安排、修理）

坏　(1)huài　～蛋　　　败～
　　　　　　　破～　　　损～
　　(2)pī　　（同"坏"）

还　(1)huán　～原　　　偿～
　　(2)hái　　～要　　　～有

荒　(1)huāng　～地　　　垦～
　　(2)huang　饥～

慌　(1)huāng　～张　　　惊～
　　(2)huang　累得～　　闷得～

晃　(1)huǎng　～眼　　　一～而过
　　(2)huàng　～动　　　～摇

会　(1)huì　　～面　　　机～
　　(2)kuài　～稽（山名）　～计

混　(1)hún　　～蛋　　　～浊
　　(2)hùn　　～合　　　～乱
　　　　　　　～淆　　　鬼～

豁　(1)huō　　～口　　　～出性命
　　(2)huò　　～达　　　～免
　　　　　　　～然开朗

J

稽　(1)jī　　　～留　　　～查　　滑～
　　(2)qǐ　　　～首

几　(1)jǐ　　　～个　　　～何
　　(2)jī　　　～乎　　　茶～

纪　(1)jì　　　～律　　　～念
　　　　　　　法～　　　世～
　　(2)jǐ　　　（姓）

荠　(1)jì　　　～菜　　　～宁
　　(2)qi　　　荸～

济　(1)jì　　　经～　　　救～
　　(2)jǐ　　　～南（地名）　～～一堂

夹　(1)jiā　　～板　　　～杂
　　(2)jiá　　～袄　　　～衫
　　(3)gā　　～肢窝

贾　(1)jiǎ　　（姓）

	(2)gǔ	商～	余勇可～
假	(1)jiǎ	～如	～设
	(2)jià	～期	休～
价	(1)jià	～格	代～
	(2)jiè	走～	
	(3)jie	成天～忙	震天～响
间	(1)jiān	车～	房～
		空～	时～
	(2)jiàn	～谍	～断
		～接	～隙
监	(1)jiān	～督	～护
		～牢	～狱
	(2)jiàn	太～	
		(姓)	
见	(1)jiàn	～面	～效
	(2)xiàn	同("现")	
渐	(1)jiàn	～变	～进
		防微杜～	
	(2)jiān	～染	东～于海
溅	(1)jiàn	水花四～	
	(2)jiān	～～(流水声)	
将	(1)jiāng	～军	～来
	(2)jiàng	～领	干～
浆	(1)jiāng	～液	泥～
	(2)jiàng	～糊	
降	(1)jiàng	～临	～落
	(2)xiáng	投～	～服
嚼	(1)jiáo	～舌	～碎
	(2)jué	咀～	
	(3)jiào	倒～	
角	(1)jiǎo	～落	号～
	(2)jué	～斗	主～
侥	(1)jiǎo	～幸	
	(2)yáo	僬～(古代传说中的矮人)	
脚	(1)jiǎo	～步	山～
	(2)jué	～色	

缴	(1)jiǎo	～款	～械
	(2)zhuó	缴～(系在箭上的绳)	
剿	(1)jiǎo	～匪	围～
	(2)chāo	～说	
教	(1)jiāo	～书	
	(2)jiào	～育	宗～
节	(1)jié	～目	～日
		～约	～奏
	(2)jiē	～子	～骨眼儿
结	(1)jié	～合	勾～
		冻～	～论
	(2)jiē	～巴	～实
		开花～果	
解	(1)jiě	～放	～决
		理～	误～
	(2)jiè	～款	～送
		～元	起～
	(3)xiè	～数	
		(姓)	
芥	(1)jiè	～菜	～末
	(2)gài	～菜	
仅	(1)jǐn	～有	不～
	(2)jìn	(将近)	
尽	(1)jìn	～力	～职
	(2)jǐn	～管	～先
劲	(1)jìn	～头儿	干～
	(2)jìng	～敌	刚～
禁	(1)jìn	～闭	～区
		～止	囚～
	(2)jīn	～受	不～
颈	(1)jǐng	～项	
	(2)gěng	脖～子	
沮	(1)jǔ	～遏	～丧
	(2)jù	～泽	
据	(1)jù	～点	～说
		根～	占～

	(2)jū	拮～			坷	(1)kě	坎～	
卷	(1)juǎn	～尺	～烟			(2)kē	～垃	
		席～	花～儿		吭	(1)kēng	不～一声	
	(2)juàn	～宗	画～			(2)háng	引～高歌	
		试～	第三～		空	(1)kōng	～间	～想
觉	(1)jué	～察	～醒				高～	天～
		发～	知～			(2)kòng	～白	～地
	(2)jiào	睡～					抽～	填～
倔	(1)jué	～强			溃	(1)kuì	～败	～逃
	(2)juè	～头	～脑				崩～	击～
菌	(1)jūn	病～	细～			(2)huì	～浓	
	(2)jùn	～子	香～					

K

L

咖	(1)kā	～啡			拉	(1)lā	～扯	～扰
	(2)gā	～喱				(2)lá	～家常	
卡	(1)kǎ	～车	～片			(3)lǎ	半～子	
		～其	～通		腊	(1)là	～八	～肉
	(2)qiǎ	～壳	～子				～味	～月
		发～	关～			(2)xī	～肉	
楷	(1)kǎi	～模	～书		啦	(1)la	～(语气词,表变化或出现新	
	(2)jiē	～树					的情况)	
看	(1)kàn	～见	～中			(2)lā	哩哩～～	
	(2)kān	～管	～守		蜡	(1)là	～烛	石～
扛	(1)káng	～枪	～长工			(2)zhà	(祭名)	
		～锄头	～活儿		蓝	(1)lán	～本	～天
	(2)gāng	～东西	力能～鼎				～图	蔚～
壳	(1)ké	蚌～	贝～			(2)lan	苤～	
		蛋～	外～		郎	(1)láng	～君	～中
	(2)qiào	地～	甲～				货～	新～
		金蝉脱～				(2)làng	屄壳～	
咳	(1)ké	～嗽	百日～		唠	(1)láo	～叨	～～叨叨
	(2)hāi	～声叹气				(2)lào	～嗑	～家常
可	(1)kě	～爱	～能		姥	(1)lǎo	～～	
		～惜	～以			(2)mǔ	阿～	
	(2)kè	～汗			烙	(1)lào	～饼	～花
							～铁	～印

	(2)luò	炮～	
乐	(1)lè	～观	安～
	(2)yuè	～队	音～
勒	(1)lè	～令	～索
		悬崖～马	
	(2)lēi	～紧	
肋	(1)lèi	～骨	～膜
	(2)lē	～脦	
累	(1)léi	～赘	～～
	(2)lěi	～积	拖～
	(3)lèi	～乏	劳～
擂	(1)léi	自吹自～	
	(2)lèi	～台	打～
棱	(1)léng	～角	瓦～
		模～两可	
	(2)líng	穆～(地名)	
哩	(1)lī	～～啦啦	
	(2)li	(语气词,表疑问或确定等语气)	
丽	(1)lì	美～	秀～
	(2)lí	～水(地名)	
俩	(1)liǎ	咱～	姐妹～
	(2)liǎng	伎～	
凉	(1)liáng	～快	凄～
	(2)liàng	～一～	
量	(1)liáng	～杯	测～
		衡～	思～
	(2)liàng	～变	～力
		产～	能～
	(3)liang	打～	掂～
撩	(1)liāo	～开	～起
	(2)liáo	～拨	～乱
燎	(1)liáo	星火～原	
	(2)liǎo	火把头发～了	
了	(1)liǎo	～解	明～
		敷衍～事	

	(2)le	(助词或语气词)		
潦	(1)liáo	～草	～倒	
		穷途～倒		
	(2)lǎo	(雨水大或路上的积水)		
咧	(1)liē	骂骂～～		
	(2)liě	～着嘴笑	龇牙～嘴	
	(3)lie	(语气词)		
裂	(1)liè	～缝	决～	
	(2)liě	～着杯		
淋	(1)lín	～漓	～浴	
		日晒雨～		
	(2)lìn	～病	～硝	～盐
令	(1)lǐng	一～纸		
	(2)líng	(姓)		
	(3)lìng	口～	命～	
溜	(1)liū	～冰	顺口～	
	(2)liù	大～	檐～	
		一～三间房		
馏	(1)liú	分～	干～	蒸～水
	(2)liù	～一～	～馒头	
六	(1)liù	～畜	～谷	
		～亲	～书	
	(2)lù	～安(地名)		
		～合(地名)		
笼	(1)lóng	～头	出～	
		灯～	牢～	
	(2)lǒng	～箱	～络	
		～统	～罩	
隆	(1)lóng	～冬	～起	
		～重	兴～	
	(2)lōng	轰～	黑咕～冬	
搂	(1)lǒu	～抱	～着	
	(2)lōu	～钱	～算	～柴火
芦	(1)lú	～根	～笋	
		～苇	葫～	
	(2)lǔ	油葫～		

陆　(1)lù　　～地　　　～续
　　　　　　　大～　　　登～
　　(2)liù　　("六"的大写)

碌　(1)lù　　骨～　　　劳～
　　(2)liù　　～碡

露　(1)lù　　暴～　　　透～
　　(2)lòu　　～富　　　～光
　　　　　　　～面　　　～马脚

率　(1)lù　　概～　　　功～
　　　　　　　频～　　　效～
　　(2)shuài　～领　　　草～
　　　　　　　轻～　　　坦～

绿　(1)lǜ　　～茶　　　～肥
　　　　　　　～化　　　～草
　　(2)lù　　～林好汉　鸭～江

抡　(1)lūn　　～刀　　　～拳
　　(2)lún　　～材

论　(1)lùn　　～调　　　～争
　　　　　　　～辩　　　～言
　　(2)lún　　～语(书名)

络　(1)luò　　活～　　　联～
　　(2)lào　　～子

落　(1)luò　　～后　　　～户
　　　　　　　冷～　　　流～
　　(2)lào　　～炕　　　～色　　～枕
　　(3)là　　　丢三～四

M

吗　(1)má　　干～
　　(2)mǎ　　～啡
　　(3)ma　　(语气词,表疑问)

蚂　(1)mǎ　　～蚁　　　～蟥
　　(2)mā　　～螂(蜻蜓)
　　(3)mà　　～蚱

埋　(1)mái　　～藏　　　～伏
　　(2)mán　　～怨

脉　(1)mài　　～搏　　　～络
　　(2)mò　　含情～～

蔓　(1)màn　　～草　　　～延
　　　　　　　枝～　　　滋～
　　(2)wàn　　瓜～　　　葡萄～
　　(3)mán　　～青

氓　(1)máng　流～
　　(2)méng　群～

猫　(1)māo　　～头鹰　　熊～
　　(2)máo　　～腰

冒　(1)mào　　～充　　　～犯
　　　　　　　～失　　　～险
　　(2)mò　　～顿(匈奴族君主名)

么　(1)me　　什～
　　(2)ma　　(同"吗")

没　(1)méi　　～用　　　～有
　　(2)mò　　～落　　　～收
　　　　　　　沉～　　　埋～

闷　(1)mèn　　沉～　　　烦～
　　　　　　　苦～　　　郁～
　　(2)mēn　　～热　　　～一～

蒙　(1)mēng　～骗　　　～～亮
　　(2)méng　～蔽　　　～混
　　　　　　　～昧　　　启～
　　(3)měng　～古

眯　(1)mí　　　～了眼
　　(2)mī　　　～缝着眼

糜　(1)mí　　　～烂
　　(2)méi　　～子

靡　(1)mí　　　～费　　　奢～
　　(2)mǐ　　　风～　　　萎～
　　　　　　　所向披～

泌　(1)mì　　　～尿　　　分～
　　(2)bì　　　～阳(地名)

秘　(1)mì　　　～方　　　～密
　　　　　　　奥～　　　神～

	(2) bì	～鲁（国名）		尿	(1) niào	～布 ～素
模	(1) mó	～范 ～糊			(2) suī	～脬
		～式 ～型		宁	(1) níng	～静 安～
	(2) mú	～具 ～样 ～子			(2) nìng	～可 ～愿
摩	(1) mó	按～ 抚～				～死不屈
	(2) mā	～挲		拧	(1) níng	～毛巾
磨	(1) mó	～炼 ～灭			(2) nǐng	～螺丝
	(2) mò	～坊 ～豆腐			(3) nìng	～脾气
抹	(1) mǒ	～眼泪 涂～		弄	(1) nòng	嘲～ 卖～
	(2) mò	～墙 转弯～角				玩～ 愚～
	(3) mā	～布 ～桌子			(2) lòng	～堂
		～不下脸		疟	(1) nüè	～疾
					(2) yào	发～子

N

哪	(1) nǎ	～儿 ～里
	(2) něi	～年（那一年）
	(3) na	（语气词"啊"的变读）
	(4) né	～吒
那	(1) nà	～里
	(2) nèi	～年（那一年）
	(3) nā	（姓）
娜	(1) nà	安～（人名）
	(2) nuó	婀～ 袅～
难	(1) nán	～道 艰～
	(2) nàn	～民 ～友
		避～ 责～
囊	(1) náng	～括 布～
	(2) nāng	～揣
呢	(1) ní	～绒 花～
	(2) ne	（语气词，表疑问或确认）
泥	(1) ní	～巴 ～坑
	(2) nì	～古 拘～
溺	(1) nì	～爱 沉～
	(2) niào	［同"尿"(1)]
粘	(1) nián	～土 ～液
	(2) zhān	～贴 ～牙

P

排	(1) pái	～斥 ～除
		～挤 安～
	(2) pǎi	～子车
胖	(1) pàng	～子 肥～
	(2) pán	心广体～
刨	(1) páo	～坑 ～土
	(2) bào	～床 ～刀
		～花 ～子
跑	(1) pǎo	～步 逃～
	(2) páo	虎～泉
泡	(1) pào	～沫 ～影
	(2) pāo	～桐 眼～
炮	(1) pào	～弹 礼～
	(2) páo	～烙 ～制
	(3) bāo	～羊肉
喷	(1) pēn	～泉 ～射
	(2) pèn	～香
	(3) pen	嚏～
劈	(1) pī	～开 ～面
	(2) pǐ	～叉 ～柴
片	(1) piān	唱～儿 相～儿

	(2)piàn	～断	～刻
		～面	名～
漂	(1)piāo	～泊	～流
	(2)piǎo	～白	～染
	(3)piào	～亮	
撇	(1)piē	～开	～弃
	(2)piě	～笔	～嘴
屏	(1)píng	～风	～幕
		～幛	荧光～
	(2)bǐng	～除	～气
		～弃	～息
迫	(1)pò	～害	压～
	(2)pǎi	～击炮	
魄	(1)pò	～力	气～
		体～	魂～
	(2)tuò	落～不羁(现在一般写作	
		"落拓")	
	(3)bó	落～(现在一般写作"落泊")	
仆	(1)pū	前～后继	
	(2)pú	～从	公～
铺	(1)pū	～盖	～张
	(2)pù	～位	店～
朴	(1)pǔ	～素	～俭
	(2)piáo	(姓)	
	(3)pō	～刀	
	(4)pò	～树	～厚
瀑	(1)pù	～布	～流
	(2)bào	～河	

Q

栖	(1)qī	～身	～息
	(2)xī	～～	
妻	(1)qī	夫～	
	(2)qì	(以女嫁人)	
奇	(1)qí	～怪	惊～
	(2)jī	～数	～偶

契	(1)qì	～约	默～
	(2)xiè	(商朝的祖先)	
铅	(1)qiān	～笔	～矿
	(2)yán	～山(地名)	
浅	(1)qiǎn	～薄	短～
	(2)jiān	流水～～	
强	(1)qiáng	～大	富～
	(2)qiǎng	～迫	牵～
	(3)jiàng	倔～	
抢	(1)qiǎng	～夺	～险
	(2)qiāng	～风	～水
呛	(1)qiàng	～人	够～
	(2)qiāng	吃～了	
悄	(1)qiāo	静～～	
	(2)qiǎo	～然	低声～语
翘	(1)qiáo	～首	～望
	(2)qiào	～舌音	～尾巴
切	(1)qiē	～除	～磋
	(2)qiè	～实	密～
茄	(1)qié	～子	蕃～
	(2)jiā	雪～	
且	(1)qiě	～慢	并～
	(2)jū	(文言助词)	
亲	(1)qīn	～爱	探～
	(2)qìng	～家	
区	(1)qū	～别	地～
	(2)ōu	(姓)	
曲	(1)qū	～线	～折
		歪～	(姓)
	(2)qǔ	～调	～艺
		歌～	戏～
圈	(1)quān	～套	圆～
	(2)juàn	猪～	
	(3)juān	把鸡～起来	
券	(1)quàn	债～	入场～
	(2)xuàn	拱～	

雀	(1) què	孔～	麻～
	(2) qiāo	～子	
	(3) qiǎo	～盲眼	

R

嚷	(1) rǎng	吵～	叫～	喧～
	(2) rāng	～～		
任	(1) rèn	～何	～务	
		担～	信～	
	(2) rén	（姓）		

S

撒	(1) sā	～谎	～手
		～腿	～网
	(2) sǎ	～播	～落
		～种	
塞	(1) sāi	～子	耳～
		活～	瓶～
	(2) sài	～外	边～
		要～	～翁失马
	(3) sè	～责	闭～
		梗～	阻～
散	(1) sǎn	～光	～漫
		懒～	闲～
	(2) sàn	～布	～发
		涣～	扩～
	(3) san	零～	
丧	(1) sāng	～乱	～葬
	(2) sàng	～气	～失
	(3) sang	哭～着脸	
臊	(1) sāo	～气	腥～
	(2) sào	害～	
扫	(1) sǎo	～除	～盲
	(2) sào	～帚	
色	(1) sè	颜～	特～
	(2) shǎi	～子	掉～儿

杉	(1) shā	～篙	～木
	(2) shān	水～	云～
煞	(1) shā	～车	～尾
	(2) shà	～白	～费苦心
		～有介事	
厦	(1) shà	大～	
	(2) xià	～门（地名）	
苫	(1) shān	草～子	
	(2) shàn	～背	～布
扇	(1) shàn	～子	电～
	(2) shān	～动	
上	(1) shǎng	～声	
	(2) shàng	～班	～课
捎	(1) shāo	～带	～个口信
	(2) shào	～色（退色）	
稍	(1) shāo	～～	～微
		～纵即逝	
	(2) shào	～息	
少	(1) shǎo	～量	缺～
	(2) shào	～年	～校
		～先队	
蛇	(1) shé	～蝎	
	(2) yí	委～	
舍	(1) shě	～得	～弃
		～身	取～
	(2) shè	宿～	校～
		退避三～	
沈	(1) shěn	～阳（地名）	
		（姓）	
	(2) chén	（同"沉"）	
甚	(1) shèn	～而	～至
		不求～解	
	(2) shén	［同"什"(2)］	
省	(1) shěng	～会	节～
	(2) xǐng	～视	反～
盛	(1) shèng	丰～	强～

（2）chéng　～器　　　　～饭

什　（1）shí　～锦

　　（2）shén　～么

石　（1）shí　～碑　　　　～油

　　（2）dàn　一～米

识　（1）shí　～别　　　　见～

　　（2）zhì　标～　　　　博闻强～

　　　　　　　附～

食　（1）shí　～物　　　　饮～

　　（2）sì　（拿东西给人吃）

氏　（1）shì　～族（姓）　　神农～

　　（2）zhī　月～（古民族名）

熟　（1）shú　～悉　　　　娴～

　　（2）shóu　饭～了

属　（1）shǔ　～实　　　　～于

　　　　　　　附～　　　　亲～

　　（2）zhǔ　～望　　　　～意

　　　　　　　前后相～

数　（1）shǔ　如～家珍　　不可胜～

　　（2）shù　～量　　　　～字

　　（3）shuò　～见不鲜

术　（1）shù　～语　　　　技～

　　（2）zhú　白～　　　　苍～

刷　（1）shuā　～洗　　　　～新

　　　　　　　冲～　　　　印～

　　（2）shuà　～白

衰　（1）shuāi　～败　　　　～弱

　　（2）cuī　等～

说　（1）shuō　～话　　　　传～

　　（2）shuì　游～

似　（1）sì　～乎　　　　类～

　　（2）shì　～的

伺　（1）sì　～机　　　　窥～

　　（2）cì　～候

宿　（1）sù　～舍　　　　归～

　　（2）xiǔ　住一～

（3）xiù　星～

遂　（1）suí　半身不～

　　（2）suì　～心　　　未～

　　　　　　　毛～自荐

缩　（1）suō　～影　　　　畏～

　　（2）sù　～砂密

T

踏　（1）tà　～步　　　　践～

　　（2）tā　～实

苔　（1）tāi　舌～

　　（2）tái　～藓　　　　青～

台　（1）tái　～阶　　　　舞～

　　（2）tāi　天～（地名）

趟　（1）tàng　走一～

　　（2）tāng　～地　　　　～水

提　（1）tí　～拔　　　　～倡

　　　　　　　～纲　　　　～供

　　（2）dī　～防　　　　～溜

体　（1）tǐ　～操　　　　～会

　　　　　　　集～　　　　身～

　　（2）tī　～己

挑　（1）tiāo　～担　　　　～拣

　　　　　　　　～剔　　　　～选

　　（2）tiǎo　～拨　　　　～动

　　　　　　　　～逗　　　　～战

帖　（1）tiē　妥～　　　　俯首～耳

　　（2）tiě　请～　　　　字～儿

　　（3）tiè　碑～　　　　字～

通　（1）tōng　～常　　　　～过

　　　　　　　　精～　　　　流～

　　（2）tòng　说了一～

同　（1）tóng　～化　　　　～情

　　　　　　　　共～　　　　相～

　　（2）tòng　胡～

吐　（1）tǔ　～露　　　　～气

		~痰	倾~
	(2)tù	~沫	呕~
褪	(1)tuì	~色	
	(2)tùn	~去	~套儿
屯	(1)tún	~垦	~粮
		~田	
	(2)zhūn	~邅	
驮	(1)tuó	~粮食	
	(2)duò	~子	
拓	(1)tuò	~荒	开~
		落~	
	(2)tà	~本	~片

W

瓦	(1)wǎ	~房	~解
		~砾	~片
	(2)wà	~刀	~瓦
万	(1)wàn	~代	~难
		~岁	~物
	(2)mò	~俟(复姓)	
亡	(1)wáng	~命	存~
		死~	兴~
	(2)wú	(同"无")	
王	(1)wáng	~法	~牌
		霸~	帝~
	(2)wàng	~天下	
为	(1)wéi	~首	~人
		行~	作~
	(2)wèi	~了	~什么
尾	(1)wěi	结~	收~
		末~	鸡~酒
	(2)yǐ	马~儿	
委	(1)wěi	~派	~任
		~婉	~员
	(2)wēi	~蛇	
尉	(1)wèi	~官	少~

	(2)yù	~迟(复姓)	
		~犁(地名)	
蔚	(1)wèi	~蓝	~然成风
		~为大观	
	(2)yù	~县(地名)	
纹	(1)wén	花~ 指~	皱~
	(2)wèn	碗上有一道~	
涡	(1)wō	~流	酒~
	(2)guō	~河	
乌	(1)wū	~龟	~云
	(2)wù	~拉	~拉草

X

洗	(1)xǐ	~涤	~礼
		冲~	清~
	(2)xiǎn	(姓)	
系	(1)xì	~列	~统
		关~	联~
	(2)jì	~鞋带	
吓	(1)xià	~人	惊~
	(2)hè	恫~ 恐~	威~
纤	(1)xiān	~尘	~维
	(2)qiàn	~手	拉~
鲜	(1)xiān	~红	~花
		海~	新~
	(2)xiǎn	~见	~有
铣	(1)xiǎn	~铁	
	(2)xǐ	~床	~刀
		~工	~汽缸
相	(1)xiāng	~比	~处
		~等	~信
	(2)xiàng	~片	~声
		亮~	首~
巷	(1)xiàng	~战	陋~
		街谈~议	
	(2)hàng	~道	

削　(1)xiāo　～减　　～弱　　瘦～
　　(2)xuē　～减　　剥～
肖　(1)xiào　～像　　生～
　　　　　　惟妙惟～
　　(2)xiāo　（姓萧俗作肖）
校　(1)xiào　学～　　～长
　　(2)jiào　～场　　～对
邪　(1)xié　～恶　　～道
　　　　　　歪风～气
　　(2)yé　莫～（古宝剑名）
芯　(1)xīn　灯～
　　(2)xìn　～子
兴　(1)xīng　～办　　～奋
　　　　　　～盛　　～旺
　　(2)xìng　～趣　　～致
　　　　　　高～　　扫～
行　(1)xíng　步～　　通～
　　(2)háng　～家　　同～
　　　　　　～市　　银～
吁　(1)xū　长～短叹
　　(2)yù　～请　　呼～
畜　(1)xù　～牧　　～产
　　(2)chù　～牲　　～类　　家～
旋　(1)xuán　～转　　～律
　　　　　　凯～　　回～
　　(2)xuàn　～工　　～风
　　　　　　天～地转
血　(1)xuè　～汗　　～洗
　　　　　　～统　　～液
　　(2)xiě　～淋淋
　　　　　　流了一点～
熏　(1)xūn　～风　　～染
　　　　　　～肉　　～陶
　　(2)xùn　煤气～人

Y

呀　(1)yā　（叹词）
　　(2)ya　（助词）
哑　(1)yǎ　～巴　　～场
　　　　　　～谜　　沙～
　　(2)yā　咿～
轧　(1)yà　～挤　　～花机
　　(2)zhá　～钢　　～辊
　　(3)gá　～朋友　　～账
咽　(1)yān　～喉　　～头
　　(2)yàn　～气　　吞～
　　(3)yè　悲～　　哽～　　呜～
腌　(1)yān　～肉　　～咸菜
　　(2)ā　～臢
燕　(1)yàn　～麦　　～雀
　　　　　　～窝　　～子
　　(2)yān　（姓）
要　(1)yào　～点　　～害
　　　　　　～领　　重～
　　(2)yāo　～求　　～挟
钥　(1)yào　～匙
　　(2)yuè　锁～
叶　(1)yè　～子　　树～
　　(2)xié　～韵
掖　(1)yè　～县（地名）　奖～
　　(2)yē　～进去
遗　(1)yí　～传　　～留
　　　　　　～失　　～物
　　(2)wèi　～赠
殷　(1)yīn　～切　　～勤　　～实
　　(2)yān　～红
饮　(1)yǐn　～恨　　～食
　　　　　　～水思源
　　(2)yìn　～马
应　(1)yīng　～当　　～届　　理～

	(2) yìng	～酬	～付	
		～邀	～答	
佣	(1) yōng	～工	雇～	
	(2) yòng	～金	～钱	
有	(1) yǒu	～办法		
	(2) yòu	(同"又")		
与	(1) yǔ	赠～	～人为善	
	(2) yù	～会	参～	
	(3) yú	(同"欤")		
予	(1) yǔ	赋～	寄～	
		赐～	准～	
	(2) yú	(我)		
雨	(1) yǔ	～季	～量	
		～伞	雷～	
	(2) yù	～雪		
语	(1) yǔ	～调	～汇	
	(2) yù	(告诉)		
员	(1) yuán	党～	成～	
		动～	学～	
	(2) yùn	(姓)		
	(3) yún	用于人名,如伍员,春秋时人。		
晕	(1) yūn	～倒	～厥	
		头～	眼～	
	(2) yùn	～车	～船	日～

Z

载	(1) zǎi	登～	记～	
		千～难逢		
	(2) zài	～体	～重	
		运～	装～	
咱	(1) zán	～俩	～们	多～
	(2) zǎ	～家		
攒	(1) zǎn	～钱	～粪	积～
	(2) cuán	～聚	～土	
脏	(1) zāng	～活	肮～	
	(2) zàng	～腑	心～	

择	(1) zé	抉～	选～	
	(2) zhái	～菜	～席	
扎	(1) zhā	～根	～实	
		～针	驻～	
	(2) zhá	～营	挣～	
	(3) zā	包～	结～	捆～
喳	(1) zhā	～～叫		
	(2) chā	喊喊～～		
栅	(1) zhà	～栏	铁～	
	(2) shān	～极	光～	
炸	(1) zhà	～弹	～毁	
		爆～	轰～	
	(2) zhá	～糕	～酱油	
占	(1) zhān	～卜	～卦	
	(2) zhàn	～据	～领	
		霸～	侵～	
涨	(1) zhǎng	～潮	～落	
		飞～	高～	
	(2) zhàng	～大	～破	
着	(1) zhāo	～数	失～	高～儿
	(2) zháo	～慌	～火	
		～急	～迷	
	(3) zhe	跟～	顺～	
	(4) zhuó	～装	～落	
		～手	沉～	
爪	(1) zhǎo	～牙	魔～	
		张牙舞～		
	(2) zhuǎ	～子		
召	(1) zhào	～唤	～集	
		～开	号～	
	(2) shào	(姓)		
折	(1) zhé	～断	～服	
		挫～	夭～	
	(2) zhē	～腾		
	(3) shé	～本	～耗	
这	(1) zhè	～般	～儿	

		～么	～些
	(2)zhèi	("这一"的合音)	
挣	(1)zhēng	～扎	
	(2)zhèng	～断　～钱　～脱	
正	(1)zhèng	～常	～当
		～确	～义
	(2)zhēng	～月	
症	(1)zhèng	～候	～状
		病～	急～
	(2)zhēng	～结	
只	(1)zhī	～身	船～
		片言～语	
	(2)zhǐ	～得	～好
		～要	～有
吱	(1)zhī	嘎～	咯～～
	(2)zī	(同"兹")	
殖	(1)zhí	繁～	生～
		养～	增～
	(2)shi	骨～	
掷	(1)zhì	～标枪	
	(2)zhī	～色子	
中	(1)zhōng	～华	～间
		～年	集～
	(2)zhòng	～计	～伤
		～暑	～意
种	(1)zhǒng	～类	～族
		各～	育～
	(2)zhòng	～地	耕～
		轮～	栽～
	(3)chóng	(姓)	
轴	(1)zhóu	～承	～心

		车～	曲～
	(2)zhòu	压～戏	
著	(1)zhù	～名	～作
		原～	卓～
	(2)zhuó	[同"着(4)"]	
转	(1)zhuǎn	～变	～达
		～化	～折
	(2)zhuàn	～盘	～椅
		打～	公～
赚	(1)zhuàn	～钱	
	(2)zuàn	～人	
椎	(1)zhuī	～骨	
	(2)chuí	铁～	～鼓
琢	(1)zhuó	雕～	
	(2)zuó	～磨(思考)	
仔	(1)zǐ	～细	
	(2)zǎi	(同"崽")	
	(3)zī	～肩	
综	(1)zōng	～合	错～
	(2)zèng	(织布机上的装置)	
卒	(1)zú	～业	兵～
		病～	走～
	(2)cù	(同"猝")	
钻	(1)zuān	～洞	～孔
		～探	～研
	(2)zuàn	～床	～井
		～石	电～
作	(1)zuò	～风	～文
		～业	～用
	(2)zuō	～坊	

修订后记

　　本书是《普通话口语教程》的配套教材,一方面注意与《普通话口语教程》衔接,另一方面立足于普通话水平测试指导。作为"指要",本书的重心是提供系统语音训练材料,进一步强调正音、正词和正句,尤其是从词汇和语法规范上对《普通话口语教程》作了有针对性的补充。两部书结合使用可以使教学达到互为补足,浑然一体的效果。另外,本书还为学习者提供了接受普通话水平测试的必备知识,也可以独立使用,堪称普通话水平测试的"津逮"。由于 2024 年 1 月 1 日国家语委正式实施新版《普通话水平测试实施纲要》,本次修订呼应新版纲要的内容,更新了部分字词、朗读作品、说话话题、普通话水平计算机辅助测试流程等内容,力求做到与时俱进,满足读者需求,并助力国家通用语言文字事业高质量发展。

　　本书编著者几乎都是国家级或省级普通话水平测试员。王勇卫、林华东负责全书整体框架设计与编写组织,郑小雅负责统稿与联络工作。各部分内容具体编校分工如下:

　　文件性材料:郭泽青

　　第一部分:陈燕玲

　　第二部分:蔡育红、李凤吟

　　第三部分:林华东、戴朝阳

　　第四部分:郑小雅、郑亚芳

　　第五部分:张晓琳

　　附录:郑小雅

　　本书的编写以国家语委颁布的《普通话水平测试大纲》(刘照雄主编,吉林人民出版社 1994 年版)和《普通话水平测试实施纲要(2021 年版)》(语文出版社 2022 年版)、《普通话水平测试应试指导》(语文出版社 2023 年版)为依据,同时参考了上海市普通话水平测试中心等其他单位编写的一些相关材料,在此谨向有关编著者表示由衷感谢!此外,厦门大学出版社相关工作人员对本书的出版予以全力的支持和帮助,在此一并表示诚挚谢意!

王勇卫　林华东

2024 年 8 月